目　次

地図の凡例

御殿場線
上大井
開成
河原
台
山北
田
栢山
下曽我
伊豆箱根鉄道大雄山線
塚原
岩原
富水
相模沼田
螢田
飯田岡
五百羅漢
穴部
足柄
東海道新幹線
東海道本線
二宮
国府津
井細田
緑町
鴨宮
大平台
箱根板橋
小田原
箱根湯本
風祭
入生田
塔ノ沢
早川
宮ノ下
箱根登山鉄道

0　　　　　5km

N

━━　新幹線

━━　JR在来線

━━　私鉄

──　JR旅客会社境界
※新幹線の境界駅は新青森,東京,新大阪,上越妙高,博多。

　　スイッチバック駅

JN112424

＊本誌掲載データは 2020 年 6 月現在のものです。本誌発行後に路線名や駅名が変更になることがあります。また，自然災害等の
　影響により不通または運休となっている区間も掲載しています。最新の情報はインターネットや時刻表などでご確認ください。

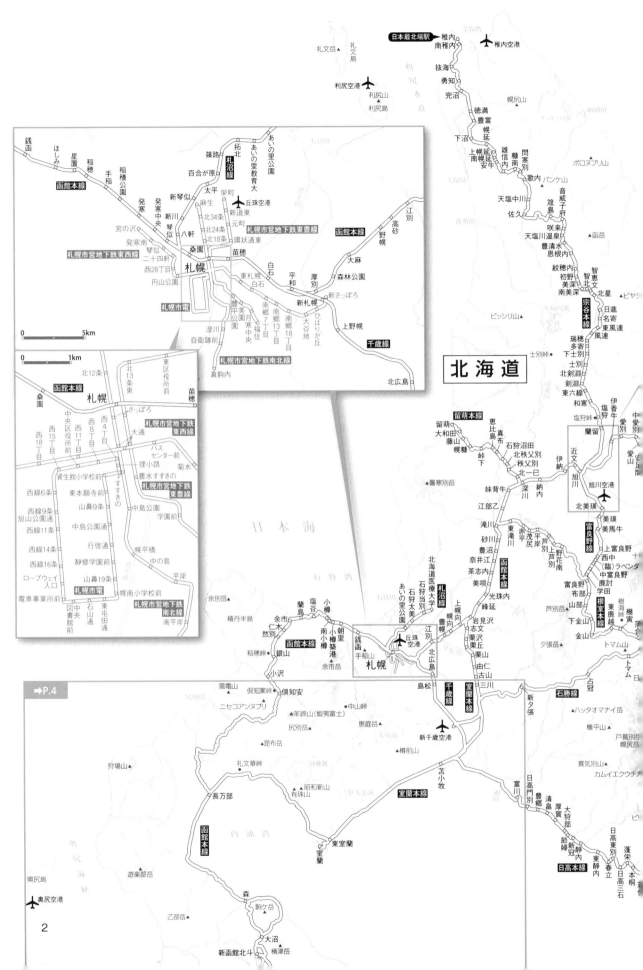

北海道

→P.4

2

宗谷本線
蘭留
北比布
比布
南比布
北永山
永山
旭川四条
新旭川
近文
旭川
神楽岡
緑が丘
西御料
西瑞穂
西神楽
西聖和

石北本線
伊香牛
将軍山
当麻
桜岡
北日ノ出
東旭川

函館本線

南永山

富良野線
旭川空港
千代ケ岡
北美瑛

0   10km

ルルイ山▲
▲爺爺山

オホーツク海

紋別空港
知床岳
国後島
硫黄山
羅臼岳
知床峠
者滑岳
臨岳
丸瀬布
瀬戸瀬
遠軽
安国
生野
生田原
白滝
北見峠
石北本線
緋牛内
端野
愛し野
柏陽
北見
東相内
西相内
相内
西留辺蘂
留辺蘂
武利岳
北見富士
石北峠
石狩岳
三国山
西クマネシリ岳
ノシ山
ノツ山
サンケ山▲
喜登牛山

網走
桂台
(臨)原生花園
浜小清水
止別
知床斜里
中斜里
南斜里
清里町
札弦
斜里岳
標津岳
知床半島
海別岳
羅臼山
泊山

呼人
女満別
西女満別
女満別空港
美幌

藻琴山
緑
美幌峠
アトサヌプリ
川湯温泉
カムイヌプリ
美留和
摩周

羅臼
知床連峠
根室海峡
歯舞群島
野付半島
中標津空港

釧網本線

釧北峠
雄阿寒岳
阿寒湖
離阿寒岳

磯分内
標茶

ウコタキヌプリ

勝清水
御影
芽室
大成
西帯広
柏林台
帯広
札内
幕別
利別
池田
十弗
豊頃
浦幌
新吉野
厚内

根室本線

茅沼
塘路
釧路湿原
細岡
遠矢

釧路空港

庶路
白糠
音別

西庶路
新富士
釧路
武佐
別保
門静
厚岸
上尾幌
尾幌

新大楽毛
大楽毛
東釧路

浜中
茶内
姉別
厚床
初田牛
別当賀
落石

根室本線

糸魚沢

根室
東根室
日本最東端駅
西和田
昆布盛

太平洋

ガリ岳
神威岳
楽古岳
様似
アポイ岳
豊似岳

とかち帯広空港

N

0   50km

北海道
県庁所在地:札幌   面積:377,971km²

Challenge!
[ ]年[ ]月[ ]日

Complete!!
[ ]年[ ]月[ ]日

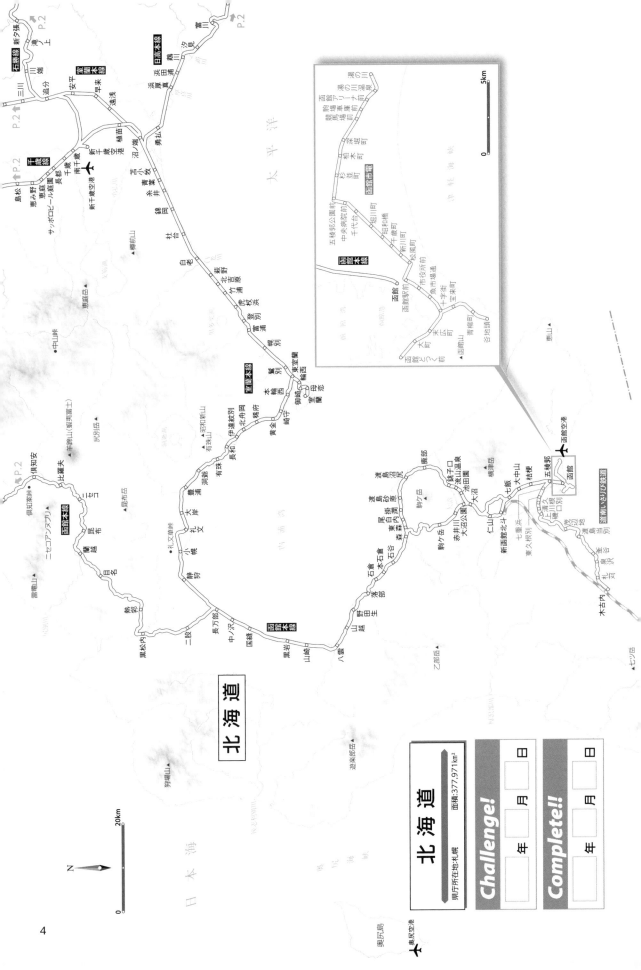

北海道

太 平 洋

日 本 海

津 軽 海 峡

N

20km
0

5km
0

北海道

| 面積:377,971km² |
| 県庁所在地札幌 |

Challenge!

| 年 | 月 | 日 |

Complete!!

| 年 | 月 | 日 |

石勝線 新夕張
滝ノ上
川端
三川
P.2
P.2

室蘭本線
追分
安平
早来
遠浅
沼ノ端

千歳線
P.2
島松
恵み野
恵庭
長都
サッポロビール庭園
新千歳空港
南千歳
新千歳空港
植苗

日高本線
浜厚真
鵡川
汐見
富川

苫小牧
勇払
錦岡
糸井
青葉

社台
白老
北吉原
竹浦
虎杖浜
登別

萩野
室蘭本線
鷲別
幌別
東室蘭
輪西
本輪西
崎守
黄金
稀府
北舟岡
伊達紋別
長和
有珠
洞爺
豊浦
大岸
礼文
小幌
静狩

御崎
母恋
室蘭

室蘭本線
函館本線
倶知安
ニセコアンヌプリ
比羅夫
ニセコ
昆布
蘭越
目名
熱郛
黒松内
二股
中ノ沢
長万部
国縫

山越
野田生
八雲
落部
石倉
本石倉
石谷
森
桂川

尾白内
東森
渡島砂原
渡島沼尻

鹿部
銚子口
流山温泉
池田園
大沼公園
大沼
赤井川
駒ヶ岳
駒ヶ岳

仁山
新函館北斗
七飯
大中山
七重浜
東久根別
五稜郭
函館

函館本線
北海道新幹線
木古内
泉沢
札苅
渡島当別
茂辺地
清川口
上磯
久根別

道南いさりび鉄道
五稜郭駅
函館空港
函館

(拡大図)

函館どっく前
大町
末広町
十字街
青柳町
谷地頭
宝来町
魚市場通
函館駅前
市役所前
松風町
新川町
千代台
中央病院前
五稜郭公園前
昭和橋
旭川町
深堀町
柏木町
杉並町
競馬場前
湯の川温泉
湯の川
函館アリーナ前

函館市電
函館本線

函館駅

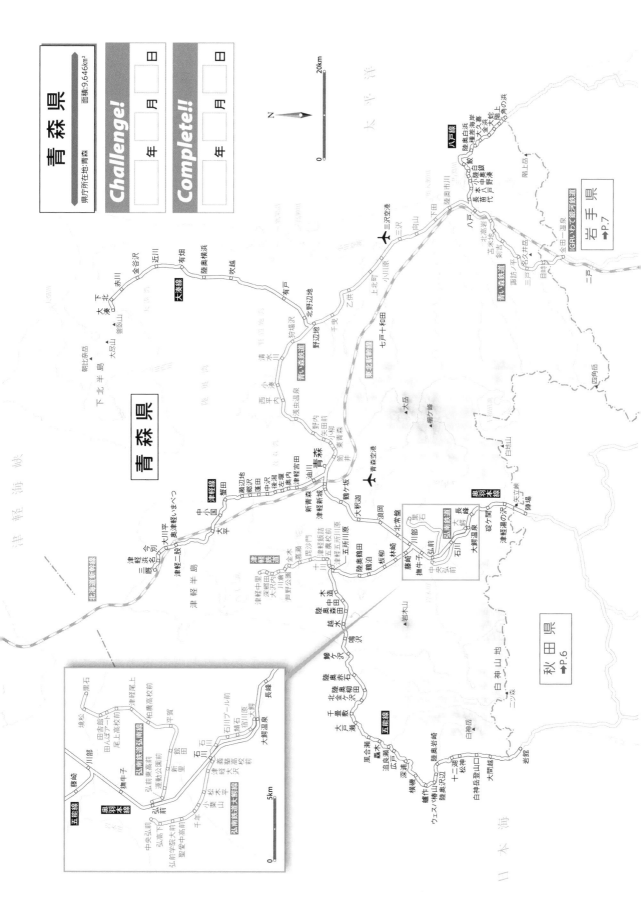

青森県　県庁所在地:青森　面積:9,646km²

Challenge!　　年　月　日
Complete!　　年　月　日

20km

N

太平洋

青森県

青森県

津軽海峡

日本海

八戸線
陸奥白浜　種差海岸　大久喜　金浜　大蛇
鮫　陸奥湊　小中野　本八戸　八戸　長苗代　北高岩　苗穂　八戸　陸奥市川　下田　向山　三沢　小川原　上北町　乙供　千曳　野辺地　狩場沢　清水川　小湊　浅虫温泉　西平内　野内　矢田前　小柳　東青森　筒井　青森

岩手県
IGRいわて銀河鉄道　→P.7
目時　三戸　諏訪ノ平　剣吉　苫米地　北高岩

二戸

青い森鉄道

三沢空港

青森空港

大湊線
大湊　下北　近川　金谷沢　陸奥横浜　有畑　吹越　陸奥湾　北野辺地　野辺地

朝比奈岳　大尽山　釜臥山　恐山　下北半島

奥羽本線
青森　新青森　津軽新城　鶴ヶ坂　大釈迦　浪岡　北常盤　浪打坂　川部　石川　弘前　撫牛子　津軽尾上　大鰐温泉　碇ヶ関　津軽湯の沢　陣場　白地山　稲ヶ峰　大岳　四角岳

津軽線
中小国　蟹田　瀬辺地　郷沢　蓬田　中沢　後潟　左堰　奥内　津軽宮田　油川　青森

北海道新幹線
三厩　今別　大川平　津軽二股　奥津軽いまべつ　津軽半島　三厩

津軽中里　深郷田　陸奥鶴田　大沢内　芦野公園　嘉瀬　金木　毘沙門　喜良市　五農校前　津軽飯詰　津軽五所川原

津軽鉄道

五所川原　十川　陸奥森田　越水　陸奥鶴田　木造　林崎　津軽五所川原

岩木川

岩木山

白神山地

五能線
川部　藤崎　陸奥鶴田　木造　越水　五所川原　板柳　鶴泊　陸奥森田　鳴沢　越水　陸奥柳田　陸奥赤石　鰺ヶ沢　北金ヶ沢　千畳敷　陸奥沢辺　風合瀬　大戸瀬　深浦　広戸　追良瀬　驫木　ウェスパ椿山　陸奥岩崎　十二湖　松神　白神岳登山口　白神岳　大間越　岩館

秋田県
→P.6

弘南鉄道大鰐線

奥羽本線

弘南鉄道弘南線
弘前　弘前東高前　運動公園前　新里　平賀　館田　津軽尾上　尾上高校前　田んぼアート　田舎館　境松　黒石

五能線
藤崎　川部

撫牛子　川部　熊本子

中央弘前　弘高下　弘前学院大前　聖愛中高前　千年　小栗山　松木平　津軽大沢　義塾高校前　石川　石川プール前　津軽大沢　大鰐　宿川原　鯖石　石川　大鰐温泉　長峰

5km

0

大鰐温泉

5

秋田県

県庁所在地:秋田　　面積:11,638km²

Challenge!

☐ 年 ☐ 月 ☐ 日

Complete!!

☐ 年 ☐ 月 ☐ 日

山形県
➡P.8

6

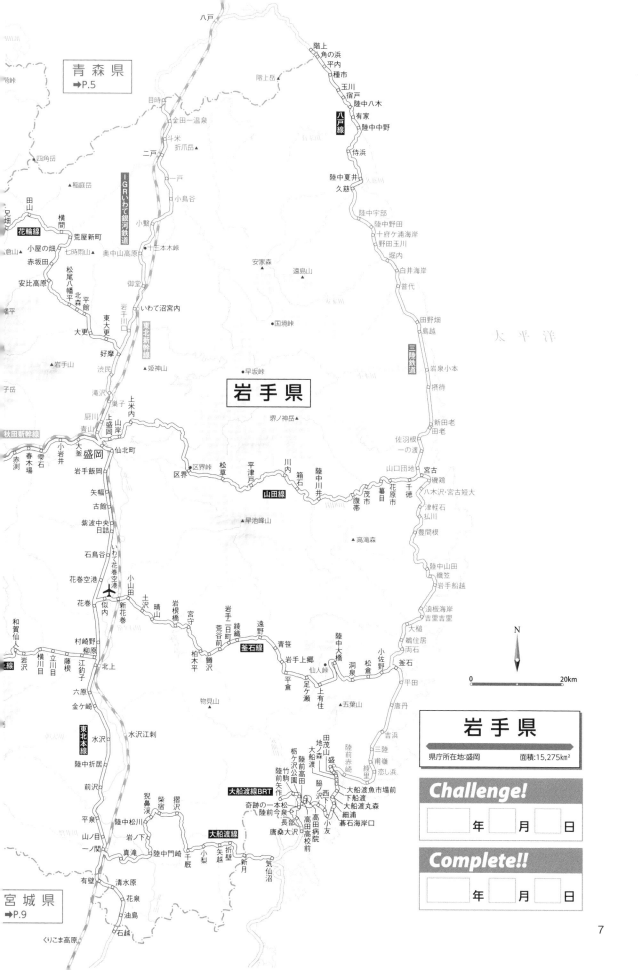

青森県
➡P.5

岩手県

太平洋

八戸線
IGRいわて銀河鉄道
花輪線
東北新幹線
秋田新幹線
三陸鉄道
山田線
釜石線
大船渡線BRT
大船渡線
東北本線

宮城県
➡P.9

八戸
階上
角の浜
平内
種市
玉川
宿戸
陸中八木
有家
陸中中野
侍浜
陸中夏井
久慈
陸中宇部
陸中野田
十府ケ浦海岸
野田玉川
堀内
白井海岸
普代
田野畑
島越
岩泉小本
摂待
新田老
田老
佐羽根
一の渡
山口団地
宮古
磯鶏
八木沢・宮古短大
津軽石
払川
豊間根
陸中山田
織笠
岩手船越
浪板海岸
吉里吉里
大槌
鵜住居
両石
釜石
平田
唐丹
吉浜
三陸
甫嶺
恋し浜

階上岳
安家森
遠島山
国境峠
早坂峠
堺ノ神岳

千徳
花原市
蟇目
茂市
腹帯
箱石
陸中川井
川内
平津戸
松草
区界

区界峠

目時
金田一温泉
二戸
斗米
折爪岳
一戸
小鳥谷
小繋
十三本木峠
奥中山高原
御堂
いわて沼宮内

田山
横間
荒屋新町
小屋の畑
赤坂田
安比高原
松尾八幡平
北森
平館
岩手川口
好摩
渋民
滝沢
巣子
上米内
山岸
上盛岡
盛岡
仙北町
仙北町
大釜
岩手飯岡
矢幅
古館
紫波中央
日詰
石鳥谷
花巻空港
花巻
新花巻
似内
村崎野
柳原
北上
六原
金ケ崎
水沢
水沢江刺
陸中折居
前沢
平泉
山ノ目
一ノ関

兄畑
倉山
七時雨山
岩手山
姫神山
早池峰山
高滝森
物見山
和賀仙人
小山田
土沢
晴山
岩根橋
宮守
岩手二日町
荒谷前
綾織
遠野
青笹
岩手上郷
平倉
足ケ瀬
上有住
陸中大橋
仙人峠
洞泉
小佐野
松倉

鱒沢
柏木平
猿ケ石
仙人峠
五葉山

田山
横間

赤渕
春木場
雪沼
小岩井
四角岳
稲庭岳
荷峠

田茂山
地森
大船渡
陸前高田
栃ケ沢公園
竹駒
陸前矢作
奇跡の一本松
陸前今泉
長部
唐桑
碁石海岸口
大沢
高田病院
高田高校前
小友
細浦
大船渡丸森
下船渡
大船渡魚市場前
盛
陸前赤崎
西下
脇ノ沢

猊鼻渓
柴宿
摺沢
陸中松川
岩ノ下
真滝
陸中門崎
千厩
小梨
矢越
折壁
新月
気仙沼

有壁
清水原
花泉
油島
石越

くりこま高原

N
0   20km

岩手県
県庁所在地:盛岡   面積:15,275km²

Challenge!
　　年　　月　　日

Complete!!
　　年　　月　　日

7

岩手県
➡P.7

宮城県

大船渡線
大船渡線BRT
気仙沼線BRT
気仙沼線

東北本線
陸羽東線
仙山線
東北新幹線
石巻線
仙石線
阿武隈急行
常磐線
仙台空港鉄道

太平洋

牡鹿半島

N

0   20km

栗駒山
鬼首峠
荒雄岳
鍋越峠
堺田
中山平温泉
鳴子温泉
鳴子御殿湯
川渡温泉
池月
上野目
有備館
岩出山
西大崎
東大崎
陸前谷地
北浦
古川
塚目
西古川
船形山
関山峠
奥新川
作並
熊ケ根
陸前白沢
愛子
葛岡
陸前落合
国見
仙台
太子堂
南仙台
名取
館腰
岩沼
槻木
逢隈
亘理
浜吉田
山下
坂元
新地
東白石
白石
白石蔵王
越河
貝田
北白川
大河原
船岡
東船岡
岡
横倉
角田
南角田
北丸森
丸森
あぶくま
兜

一ノ関
有壁
清水原
油島
石越
くりこま高原
新田
梅ケ沢
瀬峰
田尻
小牛田
松山町
鹿島台
品井沼
愛宕
松島
高城町
松島海岸
陸前浜田
陸前富山
手樽
陸前大塚
東名
野蒜
陸前小野
鹿妻
陸前山王
国府多賀城
新利府
岩切
中野栄
陸前高砂
福田町
多賀城
下馬
西塩釜
本塩釜
東塩釜
塩釜
利府
陸前大塚

志津川
志津川中央団地
南三陸町役場・病院前
陸前戸倉
御岳堂
陸前豊里
柳津
のの岳
和渕
前谷地
鹿又
佳景山
曽波神
陸前稲井
渡波
万石浦
沢田
浦宿
女川
石巻
陸前山下
蛇田
石巻あゆみ野
陸前赤井
陸前矢本
東矢本
矢本
陸前小野

長部
唐桑大沢
八幡大橋
上鹿折
気仙沼
新月
鹿折唐桑
不動の沢
南気仙沼
気仙沼市立病院
赤岩
松岩
岩月
最知
陸前階上
小金沢
大谷海岸
本吉
陸前小泉
蔵内
清水浜
陸前港
歌津

金華山

宮城県
県庁所在地:仙台   面積:7,282km²

Challenge!
□ 年 □ 月 □ 日

Complete!!
□ 年 □ 月 □ 日

泉中央
仙台市営地下鉄南北線
八乙女
黒松
旭ケ丘
台原
北仙台
北山
東北福祉大前
国見
北四番丁
勾当台公園
広瀬通
あおば通
仙台
青葉山
川内
国際センター
大町西公園
青葉通一番町
五橋
愛宕橋
河原町
長町一丁目
長町
長町南
富沢
太子堂
八木山動物公園
東照宮
苦竹
陸前原ノ町
宮城野原
小鶴新田
福田町
薬師堂
卸町
六丁の目
荒井
仙台市営地下鉄東西線
東仙台
岩切
東北本線
東北新幹線
仙山線
仙石線
連坊

仙台空港

0   2km

9

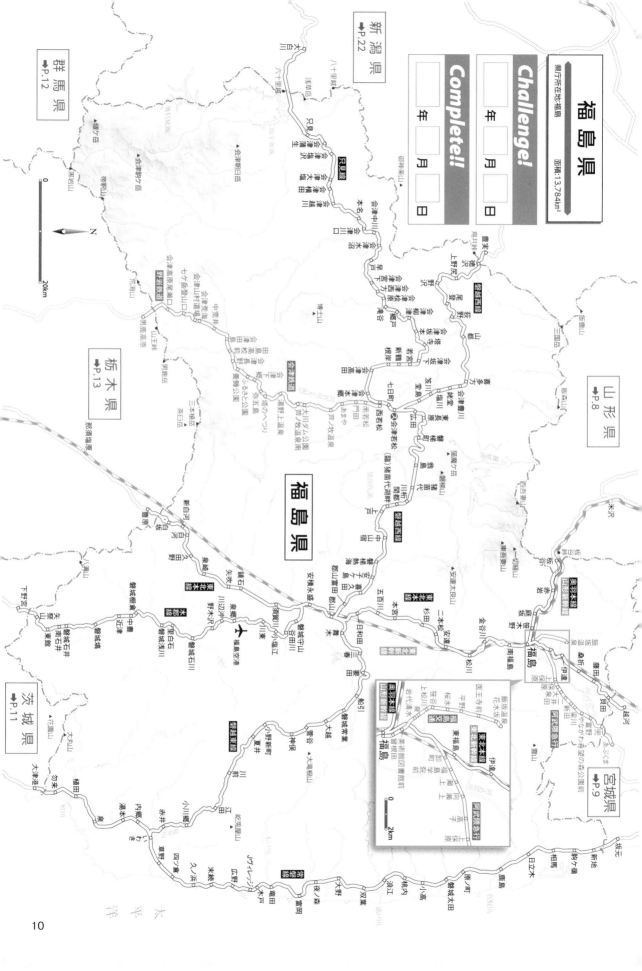

福島県

県庁所在地:福島
面積:13,784km²

Challenge!
□ 年 □ 月 □ 日

Complete!!
□ 年 □ 月 □ 日

福島県

新潟県
→P.22

群馬県
→P.12

山形県
→P.8

栃木県
→P.13

宮城県
→P.9

茨城県
→P.11

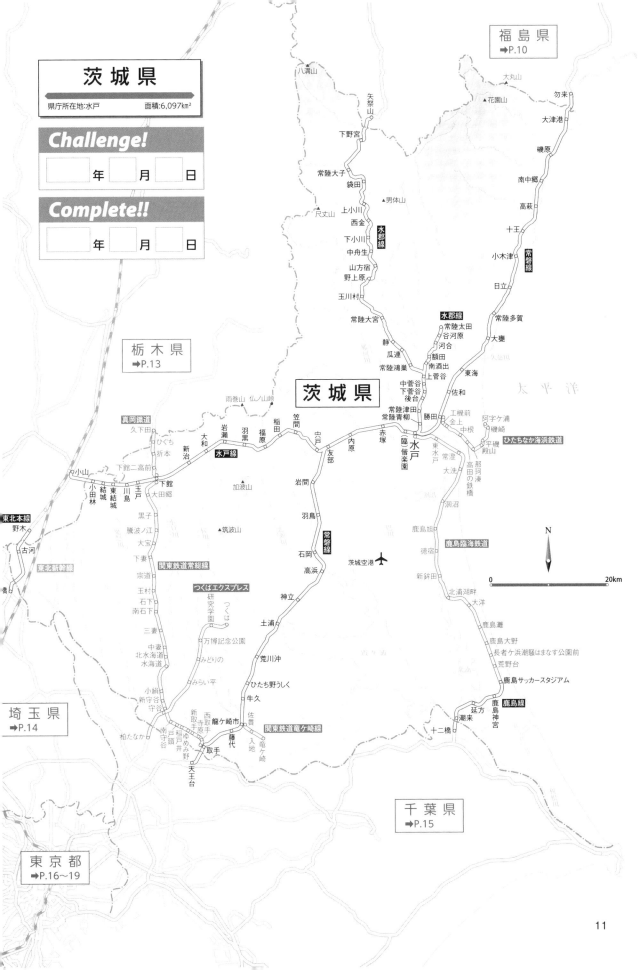

茨城県

県庁所在地:水戸 面積:6,097km²

Challenge!

　　年　　月　　日

Complete!!

　　年　　月　　日

福島県
➡P.10

栃木県
➡P.13

埼玉県
➡P.14

千葉県
➡P.15

東京都
➡P.16～19

八溝山
大丸山
花園山
勿来
大津港
磯原
南中郷
高萩
矢祭山
下野宮
常陸大子
袋田
上小川
西金
下小川
中舟生
山方宿
野上原
玉川村
常陸大宮
静
瓜連
常陸鴻巣
常陸太田
谷河原
河合
額田
南酒出
上菅谷
中菅谷
下菅谷
後台
常陸津田
常陸青柳
男体山
尺丈山
水郡線
水郡線
十王
小木津
日立
常陸多賀
大甕
東海
佐和
勝田
工機前
金上
阿字ケ浦
磯崎
中根
平磯
殿山
常磐線
ひたちなか海浜鉄道
太平洋

茨城県

水戸
偕楽園
臨
常陸
赤塚
内原
友部
宍戸
笠間
稲田
福原
羽黒
岩瀬
大和
新治
水戸線
真岡鐵道
久下田
ひぐち
折本
下館二高前
小山
下館
川島
玉戸
結城
東結城
小田林
大田郷
黒子
騰波ノ江
大宝
下妻
宗道
玉村
石下
南石下
三妻
中妻
北水海道
水海道
小絹
新守谷
守谷
柏たなか
南守谷
戸頭
稲戸井
ゆめみ野
新取手
西取手
寺原
龍ケ崎市
藤代
佐貫
入地
竜ケ崎
取手
天王台
関東鉄道常総線
つくばエクスプレス
研究学園
つくば
万博記念公園
みどりの
みらい平
関東鉄道竜ケ崎線
東水戸
常澄
大洗
那珂湊
高田の鉄橋
涸沼
鹿島旭
徳宿
新鉾田
北浦湖畔
大洋
鹿島灘
鹿島大野
長者ケ浜潮騒はまなす公園前
荒野台
鹿島サッカースタジアム
延方
潮来
十二橋
鹿島神宮
鹿島線
鹿島臨海鉄道
雨巻山
仏ノ山峠
加波山
筑波山
岩間
羽鳥
石岡
高浜
神立
土浦
荒川沖
ひたち野うしく
牛久
茨城空港
常磐線
東北本線
野木
古河
東北新幹線
間々田

N
0　　　　　　　　20km

群馬県

県庁所在地:前橋　　　面積:6,362km²

Challenge!

☐ 年　☐ 月　☐ 日

Complete!!

☐ 年　☐ 月　☐ 日

群馬県

新潟県
➡P.22

長野県
➡P.27

埼玉県
➡P.14

大水上山
平ヶ岳
巻機山
至仏山
鬼怒
越後湯沢
清水峠
土樽
谷川岳
仙ノ倉山
土合
武尊山
湯檜曽
水上
三国峠
白砂山
上牧
上毛高原
上越線
後閑
皇海山
庚申
沼田
袈裟丸山
横手山
岩本
渋峠
白根山
津久田
赤城山
本白根山
小野子山
敷島
小野子山
中之条
市城
子持山
金島
わたらせ渓谷鐵道
四阿山
万座・鹿沢口
袋倉
羽根尾
群馬大津
長野原草津口
川原湯温泉
岩島
矢倉
郷原
群馬原町
小野上
小野上温泉
祖母島
渋川
八木原
本宿
上神梅
大間々
運動公園
富士山下
天王宿
中野
小中
花輪
水沼
大前
鳥居峠
吾妻線
榛名山
榛名湖
榛名富士
上毛電気鉄道
心臓血管センター
中央前橋
城東
三俣
片貝
上泉
赤坂
江木
大胡
樋越
北原
新屋
粕川
膳
新里
新川
赤城
桐生球場前
富士山下
天王宿
下新田
桐生
篭ノ登山
浅間山
北陸新幹線
安中榛名
群馬総社
新前橋
前橋
前橋大島
駒形
相老
上毛電気鉄道
伊勢崎
新伊勢崎
剛志
木崎
阿左美
新桐生
藪塚
東武桐生線
軽井沢
碓氷峠
横川
妙義山
西松井田
松井田
磯部
安中
群馬八幡
北高崎
高崎問屋町
井野
高崎
倉賀野
新町
神保原
国定
相老
境町
治良門橋
三枚橋
両毛線
新伊勢崎
細谷
木崎
世良田
内山峠
荒船山
千平
南蛇井
下仁田
神農原
上州一ノ宮
上州七日市
上信電鉄
上州新屋
上州富岡
西富岡
東富岡
上州福島
西吉井
吉井
馬庭
山名
西山名
北藤岡
群馬藤岡
八高線
丹荘
早本庄稲田
高崎線
高崎
信越本線
上越新幹線
南高崎
佐野のわたし
高崎商科大学前
根小屋
山名
新町
高崎線
十石峠
三国山

12

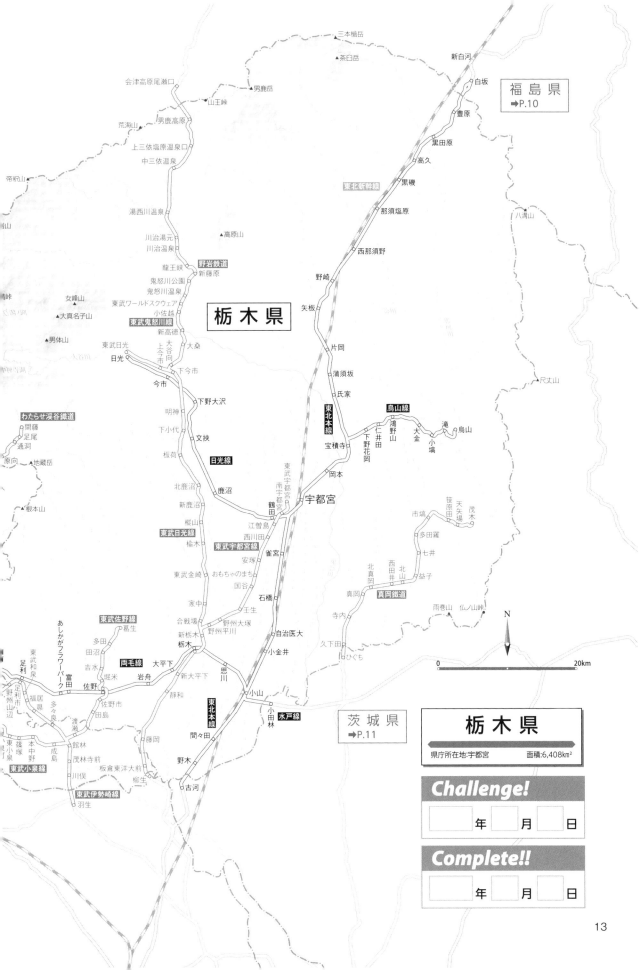

三本槍岳
茶臼岳
新白河

福島県
➡P.10

白坂
豊原

会津高原尾瀬口
山王峠
男鹿岳

黒田原

荒海山
男鹿高原

高久

上三依塩原温泉口
中三依温泉

東北新幹線

黒磯

帝釈山

那須塩原

湯西川温泉

西那須野

八溝山

川治湯元
川治温泉
高原山

野崎

龍王峡
新藤原

野岩鉄道

矢板

栃木県

尺丈山

鬼怒川公園
鬼怒川温泉
東武ワールドスクウェア
小佐越

片岡

東武鬼怒川線

蒲須坂

女峰山
大真名子山

新高徳
東武日光
大桑
大谷向
上今市

氏家

烏山線

日光
男体山

今市

下野大沢

明神

鴻野山
大金

滝
烏山

仁井田
小塙

東北本線

下野花岡

宝積寺

わたらせ渓谷鐵道
間藤
足尾
通洞

下小代

文挟

板荷

日光線

岡本

鹿沼

原向
地蔵岳

北鹿沼

新鹿沼

栃窪

東武宇都宮
南宇都宮
鶴田

宇都宮

市塙
笹原田
天矢場
茂木

多田羅

根本山

東武日光線

江曽島
西川田

東武宇都宮線

楡木

安塚

雀宮

七井

北真岡
西田井
北山
益子

東武金崎
おもちゃのまち

国谷

真岡鐵道

真岡

寺内

雨巻山
仏ノ山峠

N

東武佐野線

家中

石橋

壬生

久下田

あしかがフラワーパーク

葛生

多田

合戦場
野州大塚

自治医大

ひぐち

0   20km

東武和泉
足利

田沼

新栃木
野州平川

小金井

富田

吉水

栃木

両毛線

大平下

野州山辺
福居
県

佐野

堀米
岩舟

思川

新大平下

越賀

佐野市
田島

東北本線

小山

本中野
成島

茂林寺前

館林

藤岡

間々田

小田林

水戸線

東武小泉線

板倉東洋大前

野木

東小泉
篠塚

川俣

柳生

茨城県
➡P.11

東武伊勢崎線

羽生

古河

栃木県

県庁所在地:宇都宮   面積:6,408km²

Challenge!

☐ 年 ☐ 月 ☐ 日

Complete!!

☐ 年 ☐ 月 ☐ 日

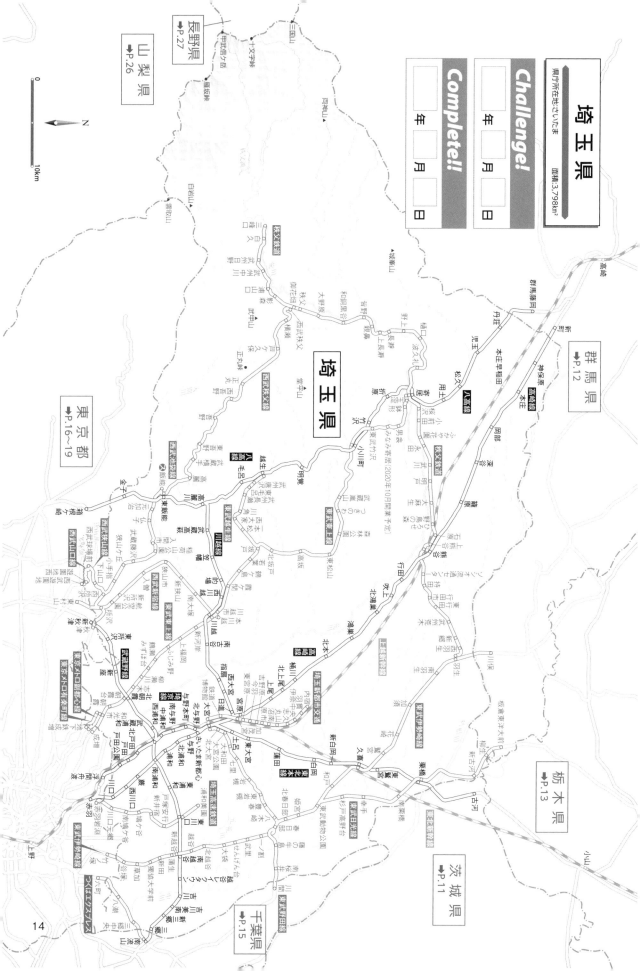

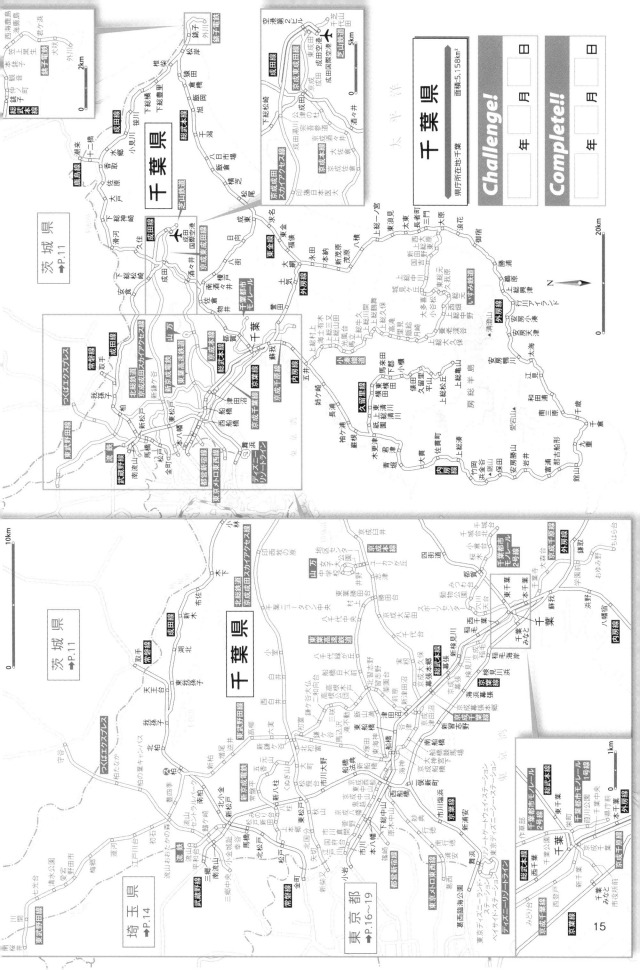

千葉県

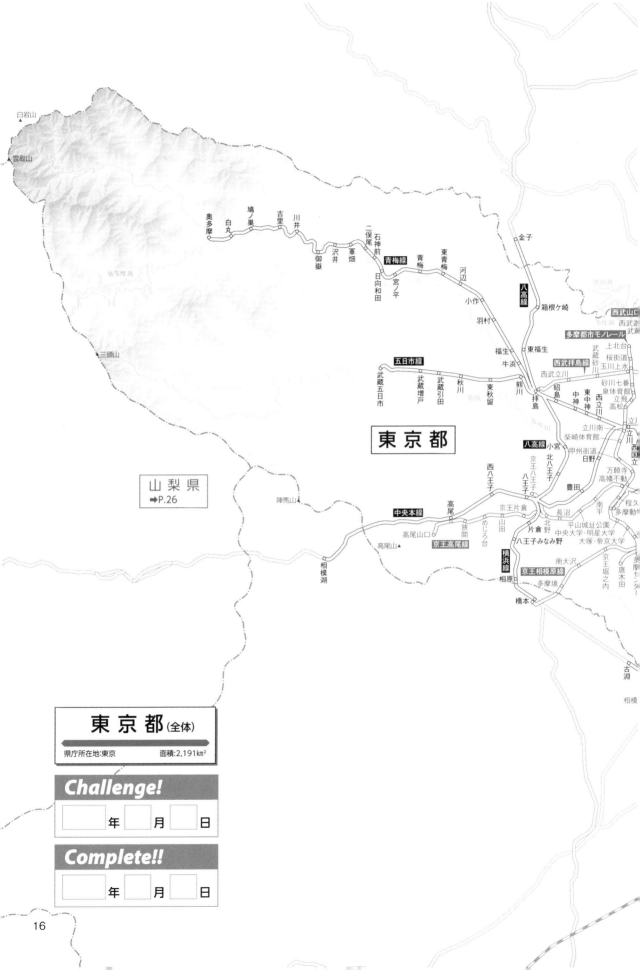

白岩山▲

▲雲取山

奥多摩

鳩ノ巣
白丸
古里
川井
御嶽
沢井
重畑
二俣尾
石神前
日向和田
宮ノ平
青梅線
青梅
東青梅
河辺
小作
羽村
福生
牛浜
東福生
箱根ケ崎
金子
八高線

西武山口
西武北
武蔵
多摩都市モノレール
上北台
桜街道
武蔵砂川
玉川上水
西武拝島線
砂川七番
泉体育館
立飛
高松
西武立川
五日市線
武蔵立川
昭島
拝島
熊川
東秋留
秋川
武蔵引田
武蔵増戸
武蔵五日市
中神
西立川
立川北
立川南
立川
西国立
柴崎体育館
立川
甲州街道
日野

東京都

山梨県
➡P.26

陣馬山▲

八高線
小宮
北八王子
京王八王子
八王子
西八王子
豊田
万願寺
高幡不動
程久保
多摩動
南平
平山城址公園
中央大学・明星大学
大塚・帝京大学
中央本線
高尾
高尾山口
めじろ台
狭間
山田
京王片倉
北野
片倉
八王子みなみ野
高尾山▲
京王高尾線

横浜線
京王相模原線
相原
多摩境
橋本
南大沢
京王堀之内
唐木田
多摩セ
南町田
古淵
相模

東 京 都 (全体)

県庁所在地:東京　　　面積:2,191km²

Challenge!

	年		月		日

Complete!!

	年		月		日

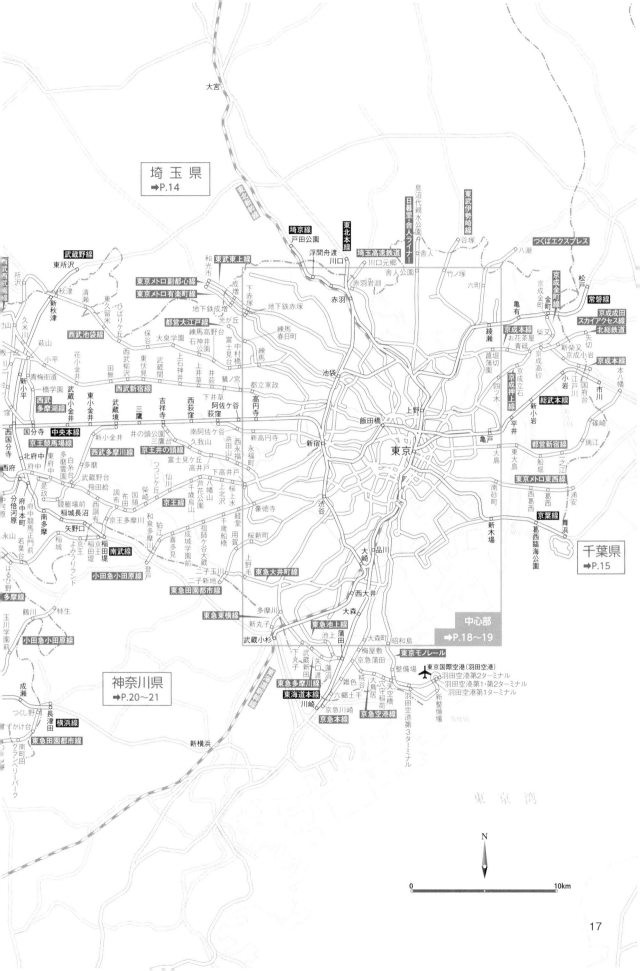

大宮

埼玉県
➡P.14

武蔵野線
東所沢

所沢

西武池袋線

東京メトロ副都心線
東京メトロ有楽町線

都営大江戸線

西武新宿線

西武
多摩湖線

中央本線
京王競馬場線

西武多摩川線

京王井の頭線

京王線

国分寺

西国分寺

北府中

府中本町

分倍河原

南多摩

多摩線

小田急小田原線

神奈川県
➡P.20〜21

南武線

小田急小田原線

横浜線

東急田園都市線

新横浜

埼京線
戸田公園

浮間舟渡
川口

埼玉高速鉄道
川口元郷

東北本線

日暮里・舎人ライナー

東武伊勢崎線

つくばエクスプレス
八潮

松戸

京成金町線
金町

常磐線

京成本線
京成成田
スカイアクセス線
北総鉄道

亀有

綾瀬

京成本線

京成押上線

総武本線

都営新宿線

東京メトロ東西線

京葉線
舞浜

葛西臨海公園

千葉県
➡P.15

池袋

上野

東京

飯田橋

新宿

渋谷

品川

大崎

西大井

大森

中心部
➡P.18〜19

東急大井町線

東急田園都市線

東急東横線

東急池上線

東急多摩川線

武蔵小杉

東海道本線

京急本線

京急空港線

川崎

京急川崎

東京モノレール

東京国際空港(羽田空港)
羽田空港第2ターミナル
羽田空港第1・第2ターミナル
羽田空港第1ターミナル

羽田空港第3ターミナル

東 京 湾

N

0   10km

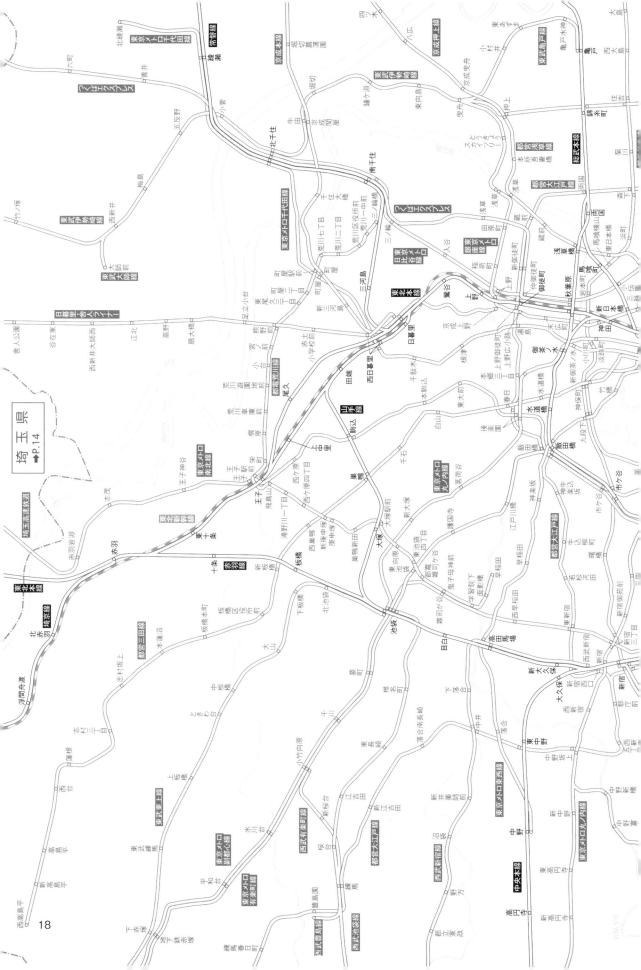

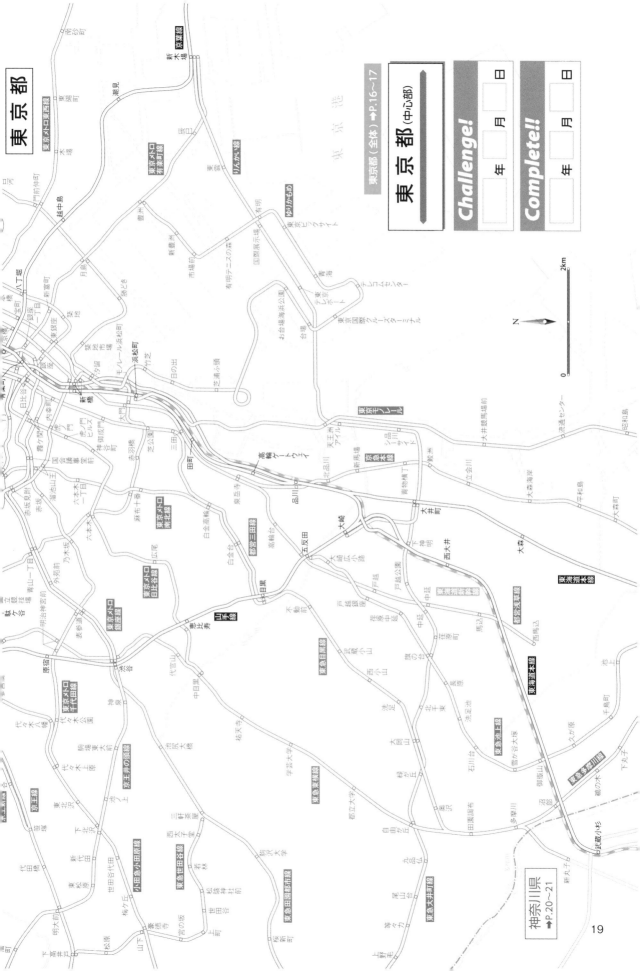

東 京 都

東京メトロ東西線

新京葉線

東京メトロ有楽町線

りんかい線

ゆりかもめ

東部部(全体) ➡P.16～17

東 京 都 (中心部)

➡P.16～17

Challenge!

年	月	日

Complete!!

年	月	日

2km

N

0

東京メトロ南北線

都営三田線

東京モノレール

京急本線

東京メトロ日比谷線

東京メトロ銀座線

山手線

東急目黒線

東海道本線

東京メトロ千代田線

京王井の頭線

東急東横線

東急池上線

東急多摩川線

京王線

小田急小田原線

東急世田谷線

東急田園都市線

東急大井町線

神奈川県
➡P.20～21

19

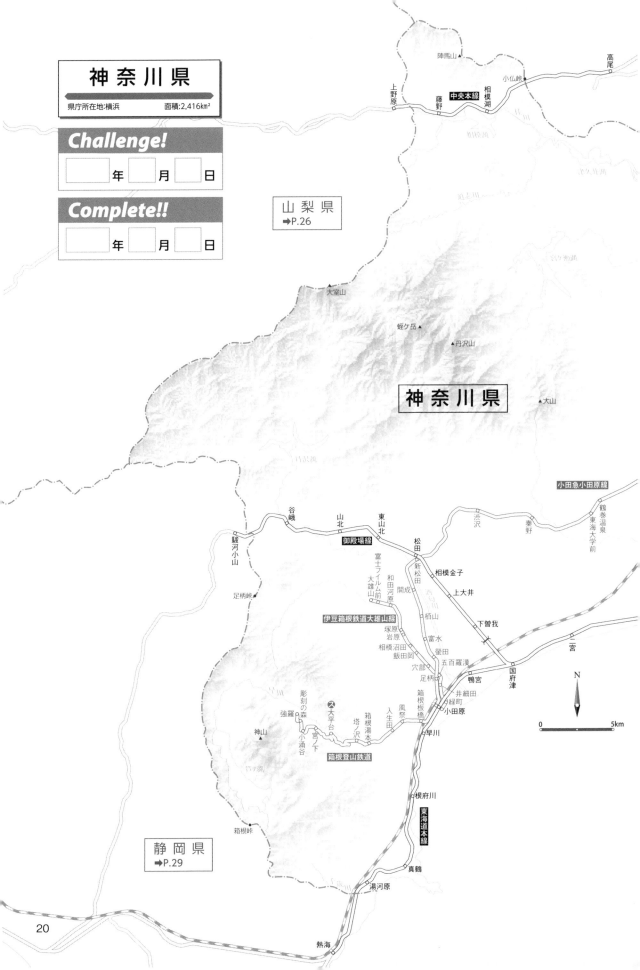

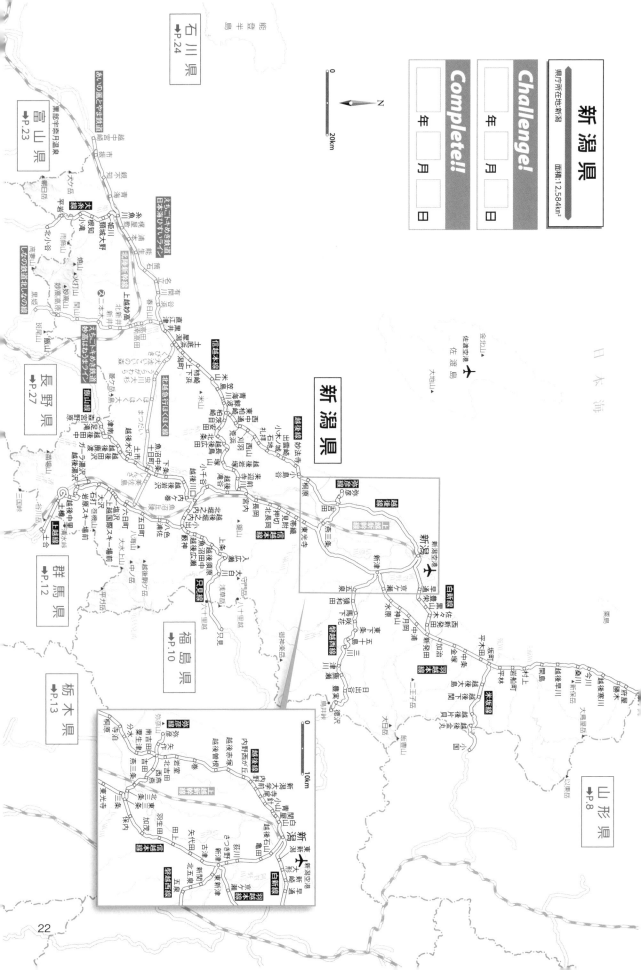

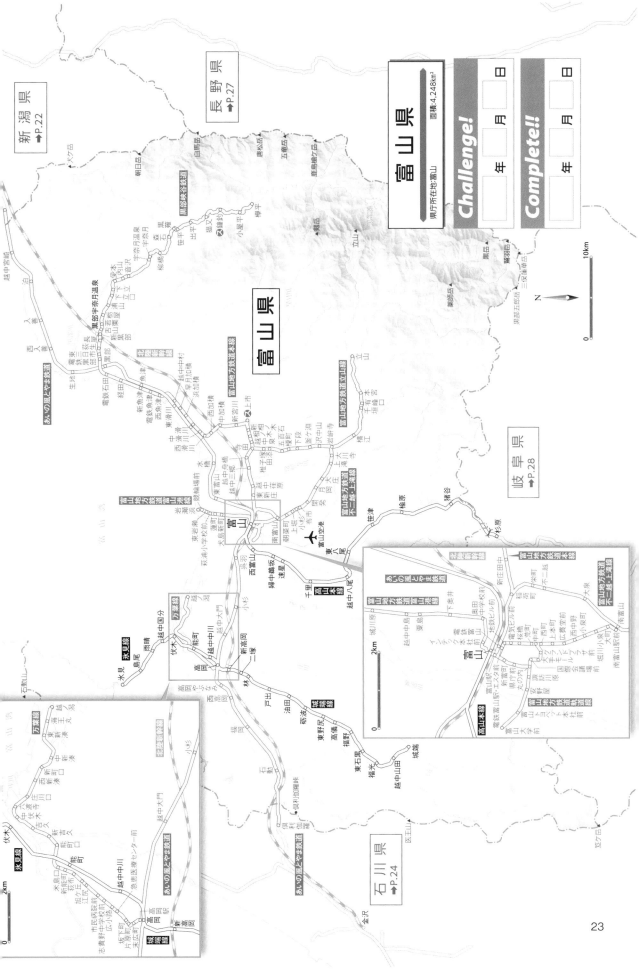

新潟県 →P.22

長野県 →P.27

富山県

県庁所在地:富山　面積:4,248km²

Challenge!　年　月　日

Complete!!　年　月　日

富山県

10km

N

あいの風とやま鉄道

黒部峡谷鉄道

富山地方鉄道本線

富山地方鉄道立山線

富山地方鉄道不二越・上滝線

富山地方鉄道

高山本線

氷見線

万葉線

城端線

岐阜県 →P.28

あいの風とやま鉄道

2km

北陸新幹線

あいの風とやま鉄道

富山地方鉄道富山港線

富山地方鉄道不二越・上滝線

高山本線

0　2km

氷見線

万葉線

あいの風とやま鉄道

城端線

石川県 →P.24

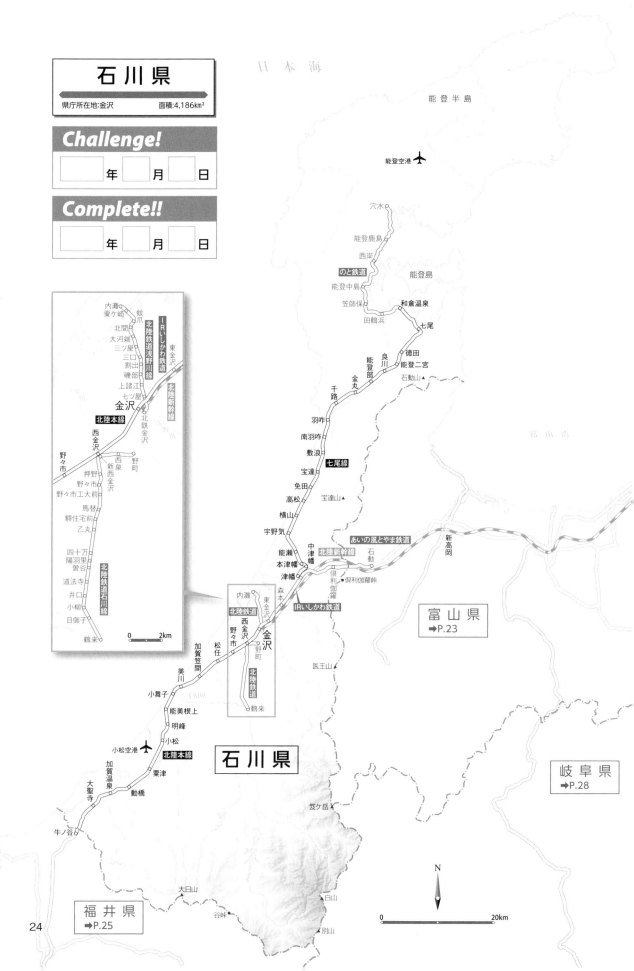

石川県

県庁所在地:金沢　　　面積:4,186km²

Challenge!
　　年　　月　　日

Complete!!
　　年　　月　　日

日本海

能登半島

能登空港 ✈

穴水

能登鹿島
西岸

のと鉄道

能登中島
笠師保
田鶴浜
和倉温泉
七尾
徳田
能登二宮
良川
能登部
金丸
千路
羽咋
南羽咋
敷浪
宝達
免田
高松
横山
宇野気
能瀬
中津幡
本津幡
津幡
森本
東金沢
石動山▲
能登島
石動
新高岡
倶利伽羅
倶利伽羅峠
北陸新幹線
あいの風とやま鉄道
七尾線
宝達山▲

内灘
蚊爪
粟ケ崎
北間
大河端
三口
割出
磯部
上諸江
七ツ屋
金沢
北鉄金沢
野々市
西金沢
押野
野々市
野々市工大前
馬替
額住宅前
乙丸
四十万
陽羽里
曽谷
道法寺
井口
小柳
日御子
鶴来
西泉
新西金沢
野町
IRいしかわ鉄道
東金沢
北陸新幹線
北陸鉄道浅野川線
北陸本線
北陸鉄道石川線

0　　2km

内灘
西金沢
野々市
鶴来
金沢
野町
東金沢
北陸鉄道
北陸鉄道
IRいしかわ鉄道

加賀笠間
松任
美川
小舞子
能美根上
明峰
小松
粟津
動橋
加賀温泉
大聖寺
牛ノ谷
小松空港 ✈
北陸本線

石川県

富山県 ➡P.23

岐阜県 ➡P.28

医王山

笈ケ岳

大日山

白山
谷峠
別山

N

0　　　　20km

福井県 ➡P.25

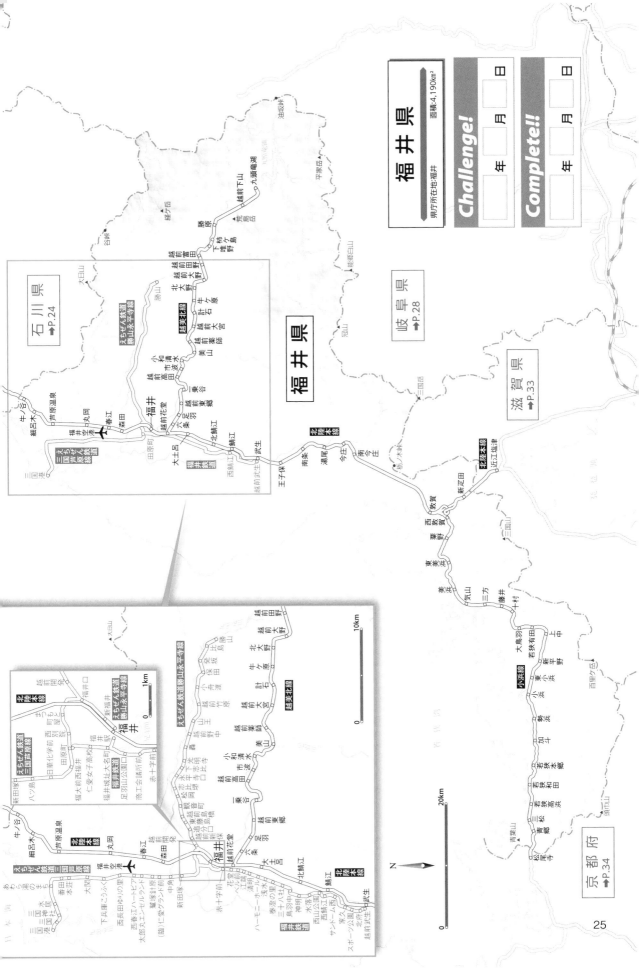

福井県

県庁所在地:福井　面積:4,190km²

Challenge!　　年　　月　　日

Complete!!　　年　　月　　日

石川県 →P.24

岐阜県 →P.28

滋賀県 →P.33

京都府 →P.34

福井県

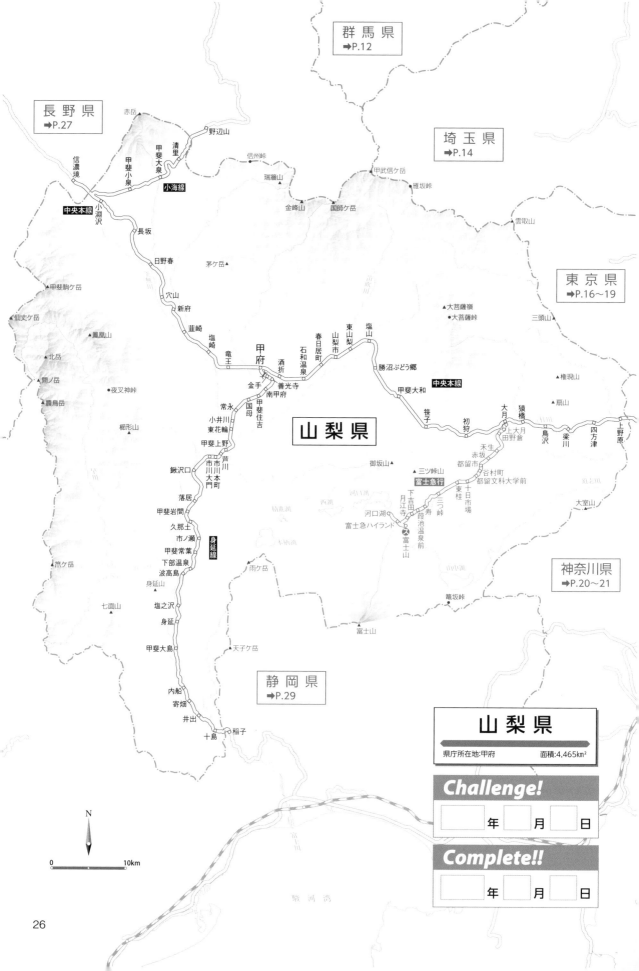

群馬県
➡P.12

長野県
➡P.27

埼玉県
➡P.14

東京県
➡P.16～19

神奈川県
➡P.20～21

静岡県
➡P.29

赤岳
野辺山
清里
甲斐大泉
甲斐小泉
信州峠
小海線
瑞牆山
甲武信ケ岳
雁坂峠
信濃境
中央本線
小淵沢
雲取山
長坂
日野春
茅ケ岳
甲斐駒ケ岳
穴山
新府
大菩薩嶺
大菩薩峠
三頭山
仙丈ケ岳
鳳凰山
韮崎
塩崎
竜王
甲府
酒折
春日居町
石和温泉
山梨市
東山梨
塩山
勝沼ぶどう郷
権現山
北岳
金手
善光寺
南甲府
甲斐住吉
甲斐大和
中央本線
笹子
間ノ岳
夜叉神峠
常永
国母
小井川
東花輪
甲斐上野
笹子
初狩
大月
猿橋
扇山
農鳥岳
櫛形山
芦川
市川大門
市川本町
鰍沢口
御坂山
三ツ峠山
禾生
赤坂
都留市
都留文科大学前
上大月
田野倉
鳥沢
梁川
四方津
上野原

山梨県

落居
甲斐岩間
久那土
市ノ瀬
甲斐常葉
下部温泉
波高島
身延線
河口湖
富士急ハイランド
下吉田
月江寺
暮池温泉前
富士山
谷村町
十日市場
東桂
寿
三つ峠
大室山

笊ケ岳
身延山
塩之沢
身延
甲斐大島
雨ケ岳
七面山
天子ケ岳
富士山
篭坂峠

十島
稲子
内船
寄畑
井出

N
0   10km

山梨県

県庁所在地:甲府   面積:4,465km²

Challenge!

[　　]年　[　　]月　[　　]日

Complete!!

[　　]年　[　　]月　[　　]日

駿河湾

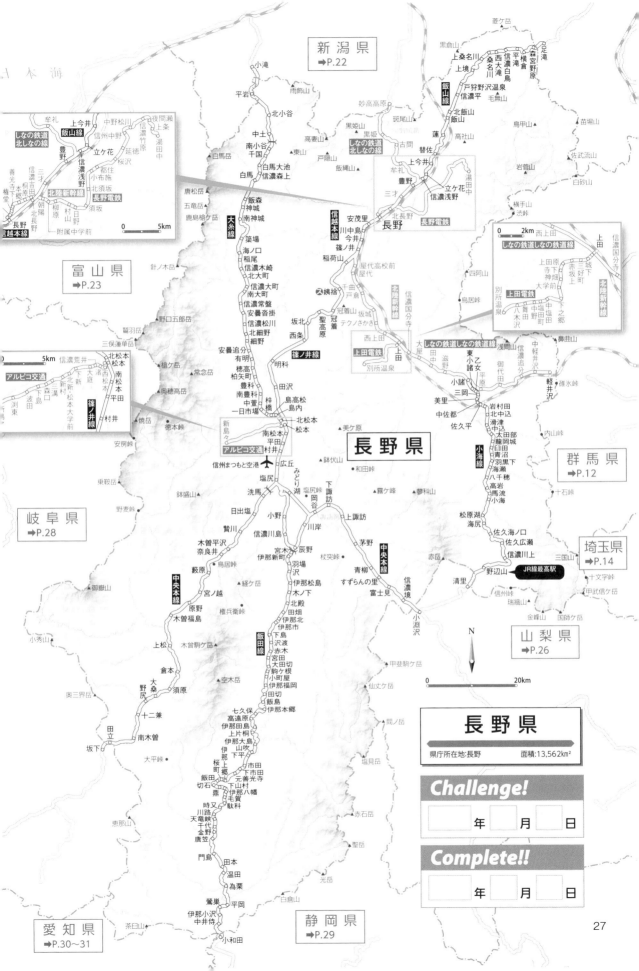

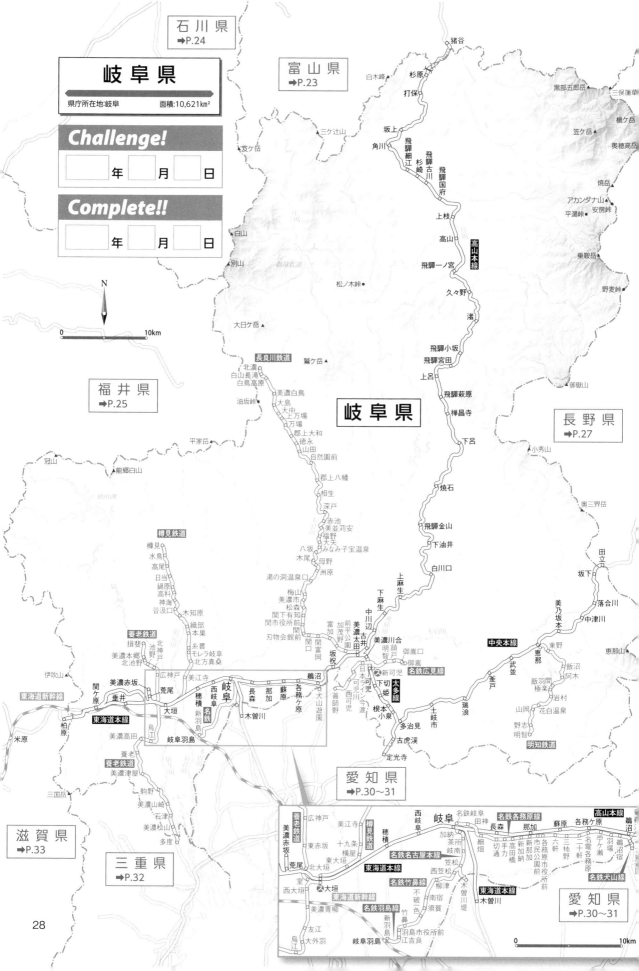

岐阜県

県庁所在地:岐阜　面積:10,621km²

Challenge!

☐ 年　☐ 月　☐ 日

Complete!!

☐ 年　☐ 月　☐ 日

石川県 →P.24
富山県 →P.23
福井県 →P.25
長野県 →P.27
滋賀県 →P.33
三重県 →P.32
愛知県 →P.30〜31
愛知県 →P.30〜31

岐阜県

0　10km

N

高山本線

長良川鉄道

樽見鉄道

養老鉄道

東海道新幹線

東海道本線

中央本線

太多線

名鉄広見線

明知鉄道

名鉄各務原線
名鉄名古屋本線
名鉄竹鼻線
名鉄羽島線
名鉄犬山線
美濃赤坂

猪谷　杉原　打保　坂上　角川　飛騨細江　飛騨杉崎　飛騨古川　飛騨国府　上枝　高山　飛騨一ノ宮　久々野　渚　飛騨小坂　飛騨宮田　上呂　飛騨萩原　禅昌寺　下呂　焼石　飛騨金山　下油井　白川口　上麻生　下麻生　中川辺　美濃川合　古井　美濃太田

北濃　白鳥長滝　白鳥高原　美濃白鳥　大島　大中　上万場　万場　郡上大和　徳永　山田　自然園前　郡上八幡　相生　深戸　赤池　美並苅安　福野　大矢　八坂　木尾　母野　洲原

樽見　水鳥　高尾　日当　鍋原　高科　神海　谷汲口　木知原　織部　本巣　糸貫　モレラ岐阜　北方真桑

揖斐　北神戸　池野　美濃本郷　北池野　広神戸　美江寺　穂積　西岐阜　岐阜　長森　那加　蘇原　各務ケ原　鵜沼

関ケ原　垂井　美濃赤坂　荒尾　大垣　東大垣　烏江　岐阜羽島　養老　美濃津屋　駒野　美濃山崎　石津　美濃松山　多度

新羽島　名鉄

加茂野　富加　前平公園　関市役所前　刃物会館前　関　関富岡　関口　坂祝　日本ライン今渡　古井　明智　御嵩口　御嵩　新可児　可児　西可児　善師野　西可児　根本　小泉　多治見　古虎渓　定光寺　土岐市　瑞浪

新可児　日本ライン今渡　犬山遊園　西可児　下切　姫　美濃川合

恵那　武並　釜戸　飯沼　飯羽間　極楽　岩村　花白温泉　山岡　野志　明智

東野　中津川　美乃坂本　落合川　田立　坂下　恵那山　奥三界岳

（愛知県）広神戸　美江寺　穂積　西岐阜　名鉄岐阜　田神　長森　那加　蘇原　各務ケ原　六軒　各務原市役所前　新那加　新加納　高田橋　手力　切通　市民公園前　二十軒　三柿野　苧ケ瀬　羽場　鵜沼宿　新鵜沼　鵜沼

養老鉄道　東赤坂　十九条　美濃青柳　西大垣　荒尾　北大垣　室　西大垣　大垣　東大垣　美濃赤坂

加納　茶所　岐南　笠松　西笠松　柳津　南宿　須賀　木曽川堤　竹鼻　不破一色　南宿　須賀　新羽島　羽島市役所前　江吉良

烏江　友江　大外羽　岐阜羽島

白木峰　三ケ辻山　茂ケ岳　白山　別山　御嶽濁沢　松ノ木峠　大日ケ岳　鷲ケ岳　平家岳　能郷白山　冠山　伊吹山　三国岳　柏原　米原　黒部五郎岳　三俣蓮華　槍ケ岳　笠ケ岳　奥穂高岳　焼岳　アカンダナ山　安房峠　平湯峠　乗鞍岳　野麦峠　御嶽山　小秀山　奥三界岳　恵那山

28

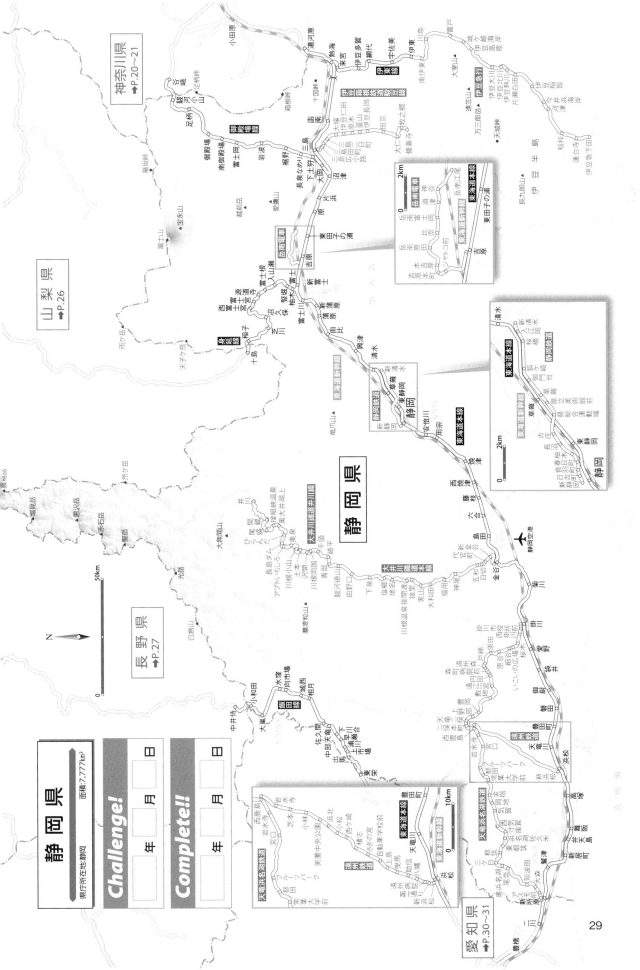

静 岡 県

Challenge!
年 月 日

Complete!!
年 月 日

県庁所在地静岡
面積:7,777km²

静 岡 県

神奈川県
➡P.20〜21

山 梨 県
➡P.26

長 野 県
➡P.27

愛 知 県
➡P.30〜31

N

50km

10km

2km

2km

0

東海道本線
御殿場線
身延線
岳南電車
伊豆箱根鉄道駿豆線
伊豆急行
伊豆箱根鉄道
東海道新幹線
静岡鉄道
大井川鐵道
大井川鐵道井川線
天竜浜名湖鉄道
遠州鉄道

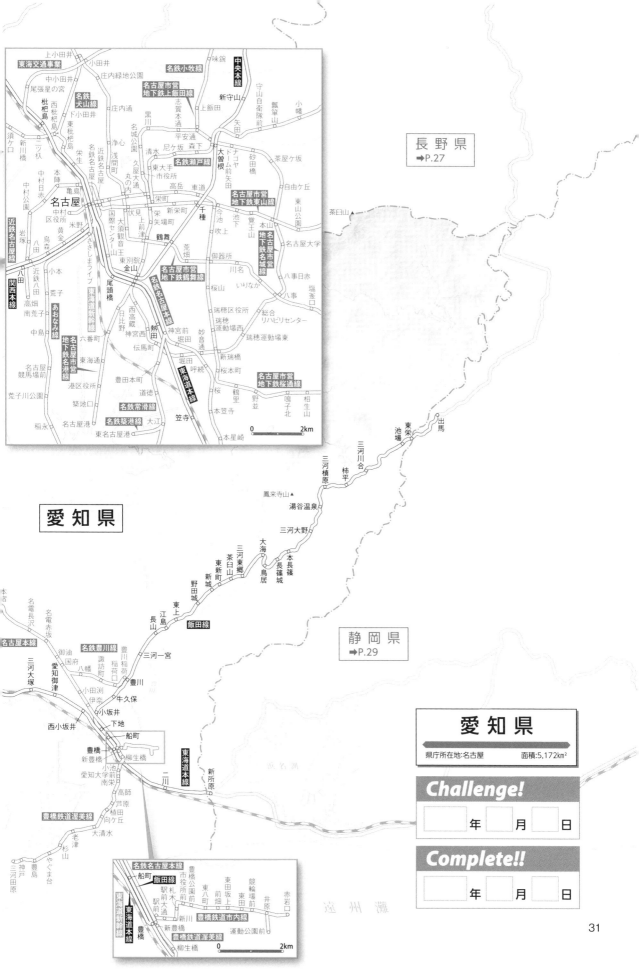

長野県
➡P.27

東海交通事業
名鉄小牧線
中央本線
上小田井
小田井
味鋺
中小田井
庄内緑地公園
尾張星の宮
庄内通
新守山
守山自衛隊前
瓢箪山
小幡
枇杷島
下小田井
志賀本通
上飯田
矢田
砂田橋
茶屋ケ坂
名鉄犬山線
西枇杷島
名鉄名古屋
平安通
森下
ナゴヤドーム前矢田
自由ケ丘
須ケ口
新川橋
二ツ杁
浄心
名城公園
清水
大曽根
名鉄瀬戸線
名古屋市営地下鉄上飯田線
本陣
近鉄名古屋
茂間町
久屋大通
栄町
東山公園
名古屋
亀島
名鉄名古屋
丸の内
高岳
車道
本山
茶臼山▲
栄生
名古屋市営地下鉄東山線
中村日赤
市役所
伏見
栄
新栄町
千種
池下
覚王山
名大大学
近鉄名古屋線
中村公園
岩塚
黄金
米野
国際センター
上前津
矢場町
今池
吹上
本郷
名古屋市営地下鉄名城線
八田
烏森
大須観音
荒畑
御器所
名古屋大学
藤が丘
関西本線
近鉄八田
小本
ささしまライブ
金山
東別院
川名
八事日赤
塩釜口
あおなみ線
荒子
尾頭橋
山王
桜山
いりなか
八事
高畑
南荒子
名鉄名古屋本線
日比野
西高蔵
瑞穂区役所
総合リハビリセンター
中島
六番町
神宮西
神宮前
瑞穂運動場西
名古屋市営地下鉄名港線
名古屋市営地下鉄鶴舞線
熱田
堀田
妙音通
瑞穂運動場東
名古屋競馬場前
港区役所
東海通
伝馬町
新瑞橋
桜本町
名古屋市営地下鉄桜通線
荒子川公園
築地口
道徳
豊田本町
堀田
桜
鶴里
野並
相生山
稲永
名鉄常滑線
大江
笠寺
本笠寺
本星崎
鳴子北
名古屋港
名鉄築港線
東名古屋港
0　　　　2km

愛 知 県

出馬
東栄
池場
三河川合
柿平
三河槇原
鳳来寺山▲
湯谷温泉
三河大野
大海
本長篠
長篠城
鳥居
三河東郷
茶臼山
東新町
野田城
新城
東上
江島
長山
飯田線

静 岡 県
➡P.29

名古屋本線
名電長沢
名電赤坂
三河大塚
御油
国府
名鉄豊川線
愛知御津
八幡
諏訪町
稲荷口
豊川稲荷
三河一宮
豊川
小田渕
伊奈
牛久保
小坂井
西小坂井
下地
船町
豊橋
新豊橋
柳生橋
豊橋
小池
愛知大学前
南栄
東海道本線
二川
新所原
高師
芦原
植田
向ケ丘
豊橋鉄道渥美線
大清水
老津
杉山
神戸
豊島
やぐま台
三河田原

名鉄名古屋本線
船町
飯田線
豊橋公園前
市役所前
東八町
競輪場前
井原
赤岩口
駅前
札木
新川
市役所前
東田坂上
東田
前畑
豊橋
新豊橋
運動公園前
豊橋鉄道市内線
東海道本線
豊橋
豊橋鉄道渥美線
柳生橋
0　　　　2km

遠 州 灘

愛 知 県
県庁所在地:名古屋　　面積:5,172km²

Challenge!
　　年　　月　　日

Complete!!
　　年　　月　　日

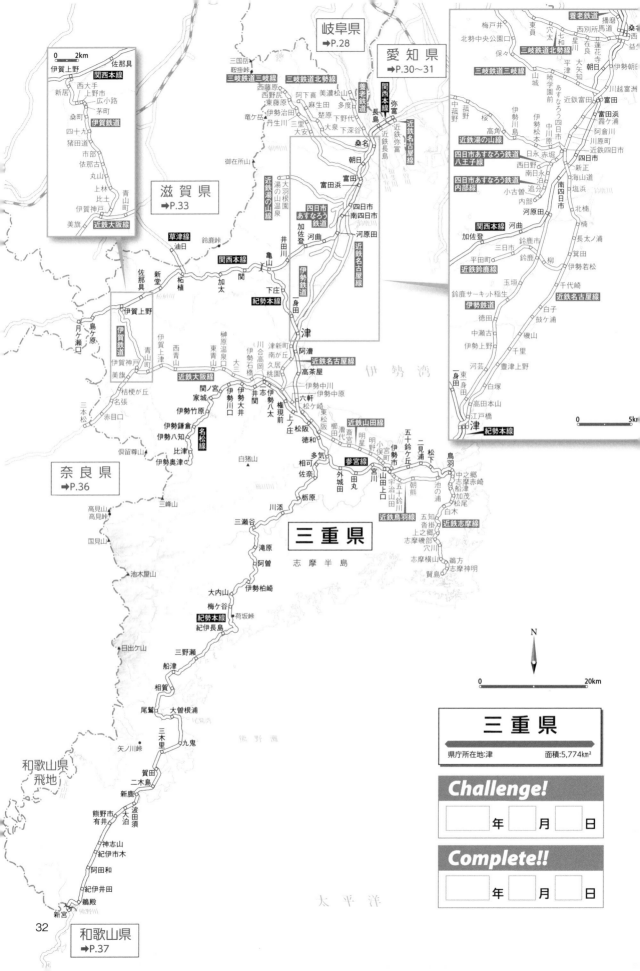

岐阜県
→P.28

愛知県
→P.30〜31

滋賀県
→P.33

奈良県
→P.36

三重県

志摩半島

伊 勢 湾

熊 野 灘

太 平 洋

和歌山県
飛地

和歌山県
→P.37

関西本線
伊賀鉄道
近鉄大阪線

三岐鉄道三岐線　三岐鉄道北勢線
養老鉄道
三岐鉄道三岐線
三岐鉄道北勢線
近鉄名古屋線
関西本線
近鉄湯の山線
四日市あすなろう鉄道
八王子線
四日市あすなろう鉄道
内部線
近鉄四日市
近鉄名古屋線
関西本線
近鉄鈴鹿線
伊勢鉄道

近鉄湯の山温泉
近鉄湯の山線
四日市
あすなろう
鉄道
近鉄名古屋線
伊勢鉄道
草津線
関西本線
紀勢本線
伊勢鉄道
近鉄名古屋線

伊賀鉄道
近鉄大阪線
名松線
参宮線
近鉄山田線
近鉄鳥羽線
近鉄志摩線
近鉄名古屋線
紀勢本線
紀勢本線

N

0　　　　　　20km

0　　2km

0　　　　　　5km

三重県
⬅➡
県庁所在地:津　　　面積:5,774km²

Challenge!
□ 年 □ 月 □ 日

Complete!!
□ 年 □ 月 □ 日

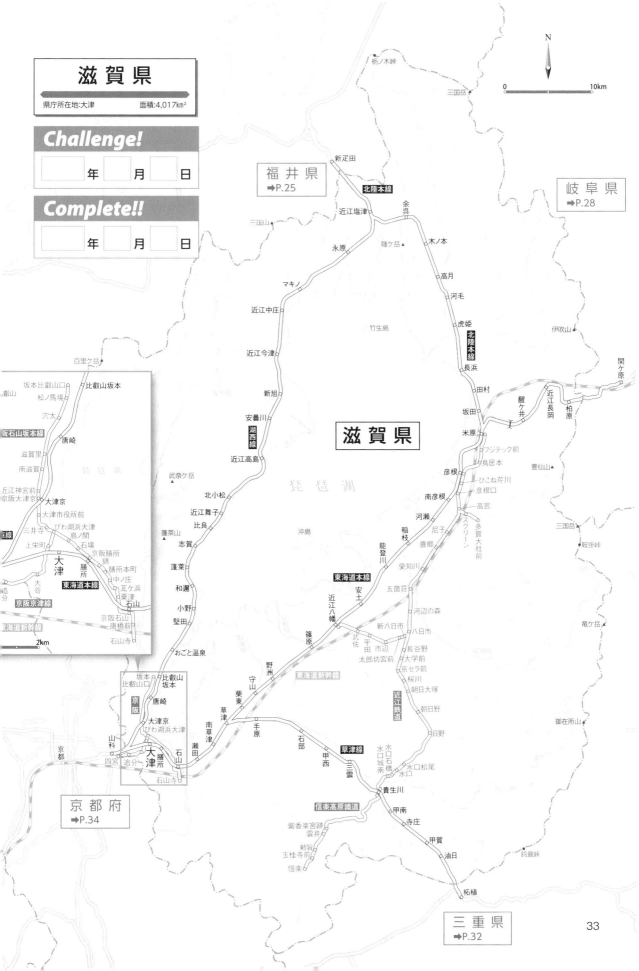

滋賀県

県庁所在地:大津　　面積:4,017km²

Challenge!

☐年 ☐月 ☐日

Complete!!

☐年 ☐月 ☐日

N

0　　　　　10km

栃ノ木峠

三国岳

福井県
➡P.25

岐阜県
➡P.28

新疋田

北陸本線

近江塩津　　余呉

三国山　　　　　　　　　　　　　　木ノ本

永原　　賤ケ岳▲

高月

マキノ　　　　　　　　　　　　河毛

近江中庄　　　　　　　　　　　　虎姫　　　　伊吹山

竹生島　　　　　北陸本線

百里ケ岳▲　　　　　　　近江今津　　　　　　　　　　　長浜　　　　　　　　　　関ケ原

坂本比叡山口　比叡山坂本　　　　　　　　　　　　　　田村

比叡山　松ノ馬場　　　　　　　新旭　　　　　　　　　　坂田　　醒ケ井　近江長岡　柏原

穴太　　　　　　　　　安曇川　湖西線　　　　　　　　米原

坂石山坂本線　唐崎　　　　　　　　　　　　　　　　　フジテック前　霊仙山

滋賀里　　　　　　　　近江高島　　　**滋賀県**　　　　鳥居本　　　三国岳

南滋賀　　　武奈ケ岳▲　　　　　琵琶湖　　　彦根

丘江神宮前　　　　　　北小松　　　　　　　　　　南彦根　ひこね芹川

京阪大津京　大津京　　　近江舞子　　　　　　　　河瀬　　彦根口

線　大津市役所前　比良　　　沖島　　　　　　稲枝　尼子　高宮　　　鞍掛峠

三井寺　びわ湖浜大津　蓬莱山▲志賀　　　　　　　豊郷　スクリーン

上栄町　島ノ関　石場　　　　　　　　能登川　　多賀大社前　竜ケ岳

大津　　　　膳所　蓬莱　　　　　　　　東海道本線　愛知川

膳所本町　和邇　　　　　　　　安土　　五箇荘

大谷　中ノ庄　瓦ケ浜　小野　　　　　近江八幡　河辺の森

東海道本線　　葵津　　堅田　　　　　篠原　新八日市　八日市

京阪京津線　石山　　　　　　　　　武佐　平田　御在所山

東海道新幹線　京阪石山　おごと温泉　　　　　市辺　長谷野　大学前

唐橋前　　　　　　　　野洲　　　太郎坊宮前　京セラ前

石山寺　　　　　守山　　　　　　　桜川　朝日大塚

2km　　　　　　　　草津　　　　　朝日野

栗東　　　　近江鉄道

坂本　比叡山　　　　　　　南草津　手原　　日野

比叡山口　坂本　　　瀬田　　　　石部

京阪　唐崎　　　　　　　　　　　　甲西　水口　水口石橋

大津京　　　　　　　　　　　　　　草津線　水口城南

山科　びわ湖浜大津　　　　　　　　　三雲　　水口松尾

四宮　追分　大津　膳所　石山　　　　甲賀　　貴生川

京都　　　　　　　石山寺

京都府
➡P.34

信楽高原鐵道　甲南

紫香楽宮跡　　寺庄

雲井　　　甲賀

勅旨　　油日　鈴鹿峠

王柱寺前

信楽　　柘植

三重県
➡P.32

33

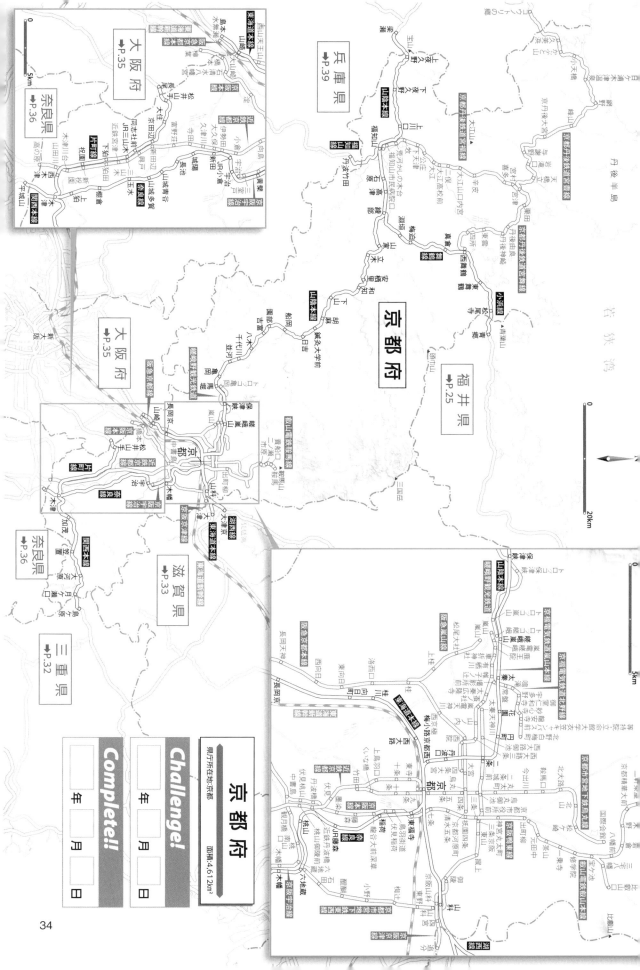

京 都 府

府庁所在地:京都
面積:4,612km²

→P.35 大阪府

→P.36 奈良県

→P.39 兵庫県

→P.25 福井県

→P.35 大阪府

→P.36 奈良県

→P.33 滋賀県

→P.32 三重県

Challenge!

年　月　日

Complete!!

年　月　日

34

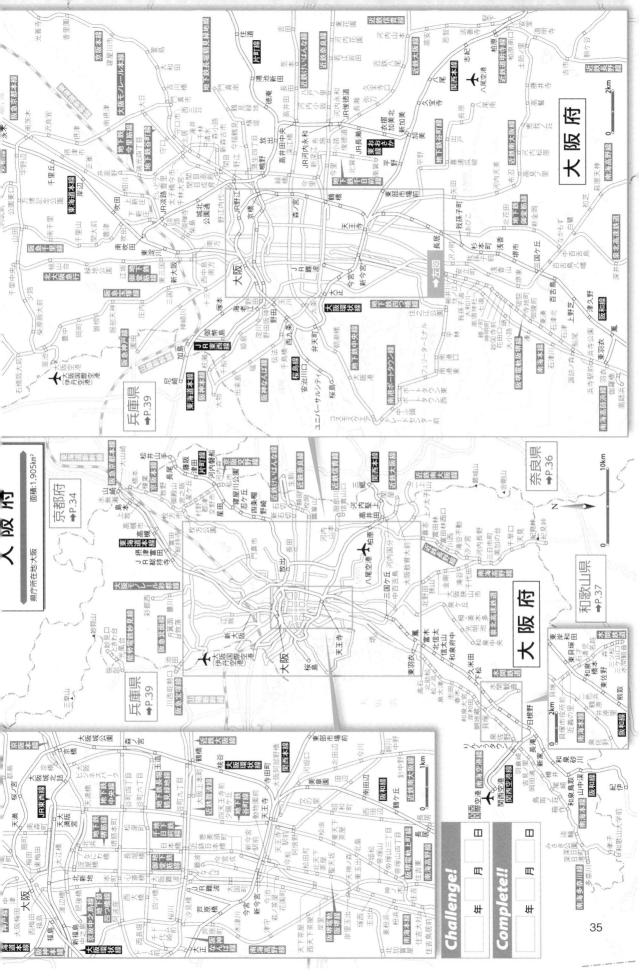

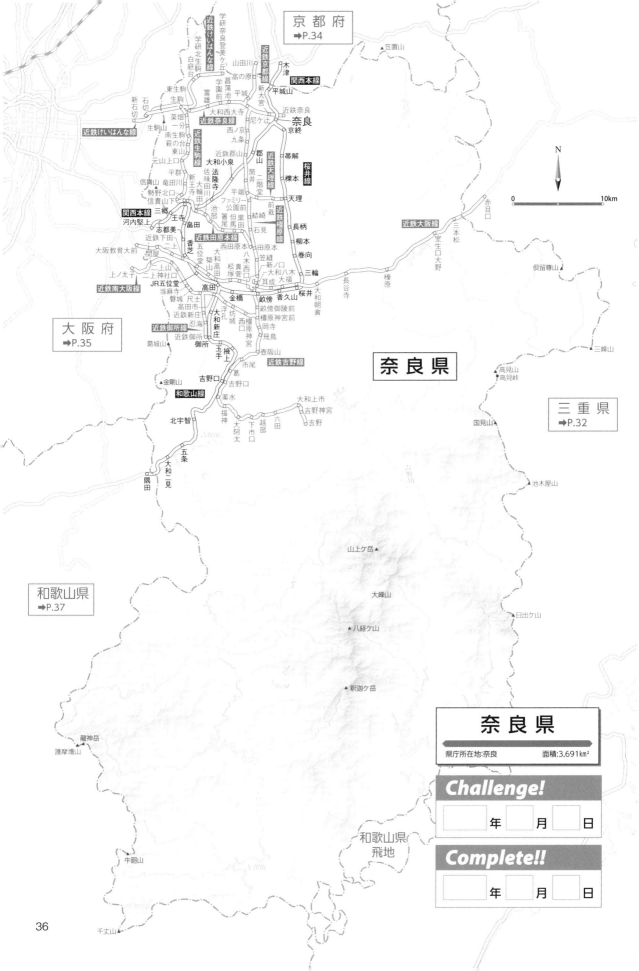

京都府 →P.34

大阪府 →P.35

三重県 →P.32

和歌山県 →P.37

奈良県

学研奈良登美ケ丘
学研北生駒
白庭台
近鉄けいはんな線
山田川
高の原
木津
近鉄京都線
新大宮
平城山
関西本線
菖蒲池
平城
東生駒
富雄
生駒
学園前
大和西大寺
尼ケ辻
新大宮
近鉄奈良線
近鉄奈良
奈良
京終
新石切
新生駒
石切
生駒山
菜畑
一分
南生駒
萩の台
東山
元山上口
西ノ京
九条
近鉄郡山
帯解
桜井線
櫟本
近鉄けいはんな線
近鉄生駒線
近鉄奈良線
郡山
筒井
近鉄天理線
信貴山
竜田川
勢野北口
信貴山下
平群
新王寺
竜田川
池部
箸尾
但馬
信貴山
元山上口
大和小泉
法隆寺
佐味田川
平端
ファミリー公園前
結崎
天理
近鉄橿原線
石見
田原本
長柄
柳本
近鉄大阪線
榛原
三本松
室生口大野
赤目口
関西本線
三郷
河内堅上
王寺
畠田
志都美
香芝
近鉄下田
五位堂
田原本線
西田原本
田原本
笠縫
巻向
三輪
長谷寺
倶留尊山
大阪教育大前
関屋
二上山
上ノ太子
二上神社口
JR五位堂
高田
近鉄南大阪線
当麻寺
磐城
高田市
近鉄新庄
大和新庄
尺土
忍海
葛城山
近鉄御所線
御所
玉手
掖上
市尾
近鉄御所
大和朝倉
桜井
耳成
大和八木
新ノ口
松塚
真菅
八木西口
新庄
築山
大和高田
金橋
畝傍
香久山
畝傍御陵前
橿原神宮前
岡寺
飛鳥
壺阪山
棒原
三輪
金剛山
吉野口
葛
吉野口
薬水
福神
大阿太
下市口
越部
六田
大和上市
吉野神宮
吉野
近鉄吉野線
和歌山線
北宇智
五条
大和二見
隅田
笠置山
奈良県

八経ケ岳
山上ケ岳
大峰山
釈迦ケ岳
日出ケ岳
高見山
高見峠
三峰山
国見山
池木屋山

龍神岳
護摩壇山
牛廻山
千丈山

和歌山県
飛地

奈良県	
県庁所在地:奈良	面積:3,691km²

Challenge!

	年		月		日

Complete!!

	年		月		日

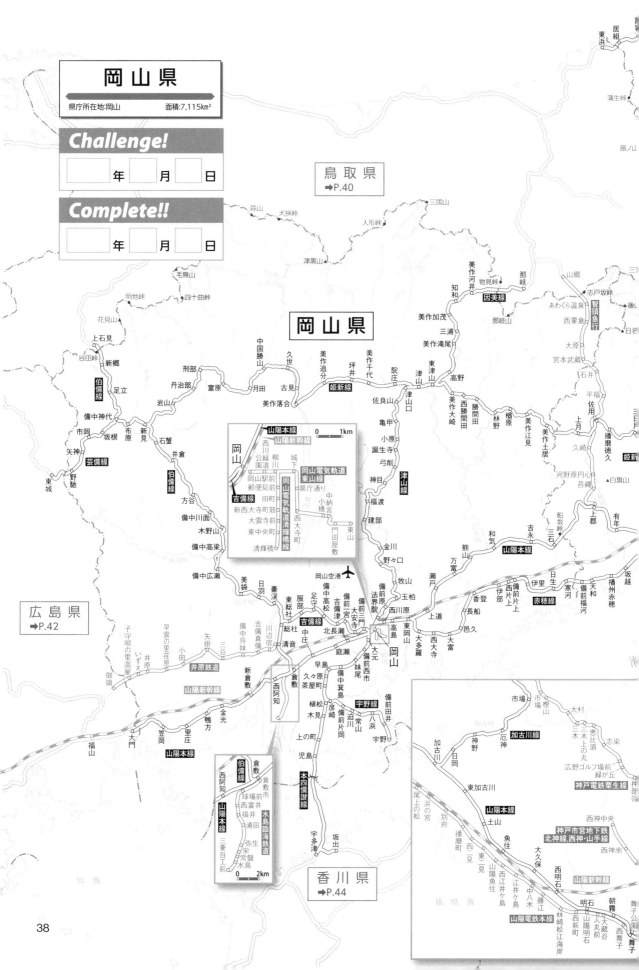

岡山県

県庁所在地:岡山　　面積:7,115km²

Challenge!

　　　年　　　月　　　日

Complete!!

　　　年　　　月　　　日

鳥取県
→P.40

広島県
→P.42

香川県
→P.44

岡山県

三国山

蒜山　犬挟峠　人形峠

毛無山

明地峠　四十曲峠

花見山

上石見　中国勝山
谷田峠　新郷　久世
足立　刑部
伯備線　丹治部　富原　月田　古見
岩山　美作落合
備中神代　市岡　坂根　布原　新見　石蟇　井倉
矢神　芸備線　伯備線
東城　野馳

美作追分　美作千代　坪井　院庄
津山口　津山　佐良山　亀甲
方谷　備中川面
木野山　備中高梁
備中広瀬　美袋
日羽　豪渓　服部　足守
早雲の里荏原　備中呉妹　吉備真備　総社　清音　北長瀬
いずえ　井原　三谷　川辺宿　中庄　庭瀬
御嶽　小田　矢掛　新倉敷　西阿知　倉敷
福山　大門　笠岡　金光　鴨方　里庄

姫新線

美作河井　知和　美作加茂　三浦　美作滝尾　東津山　高野
物見峠　那岐
那岐山

因美線

山郷　志戸坂峠　智頭急行
あわくら温泉　西粟倉
宮本武蔵　大原　石井
平福　佐用　上月
美作江見　美作土居　久崎　播磨徳久
林野　勝間田　西勝間田　美作大崎　間野
小原　誕生寺　弓削　神目　福渡　建部
津山線
金川　野々口　牧山　備前原　法界院
玉柏　西川原
河野原円心　苔縄　白旗山
上郡　有年
船坂峠　三石
上道　吉永　和気　熊山　万富　瀬戸
備前片上　西片上　伊部　香登　長船　邑久
日生　備前福河　寒河　備前赤穂
和田　坂越
赤穂線

山陽本線

岡山空港　飛行機
備前一宮　吉備津　大安寺　備前西市
吉備線
早島　久々原　妹尾　備中箕島
植松　彦崎　備前片岡　迫川　八浜
木見　宇野線
上の町　常山　宇野
児島

岡山　東岡山　高島　西大寺　大富　大多羅

岡山駅周辺

山陽本線
山陽新幹線
0　　　1km
岡山　西川原　城下
柳川　公園通り　園道
岡山電気軌道　東山線
岡山駅前　県庁通り　小橋　中納言
郵便局前　田町　西大寺町　東山
新西大寺町筋　大雲寺前　門田屋敷
東中央町　清輝橋　小納言
吉備線　岡山電気軌道清輝橋線

倉敷・水島周辺

伯備線　倉敷
倉敷市　球場前　西富井　西阿知
福井　浦田
山陽本線　弥生　栄　常盤　水島
三菱自工前
水島臨海鉄道
0　　　2km
本四備讃線

井原鉄道
山陽新幹線

加古川・明石周辺

市場　市樫山　大村
神野　厄神　恵比須　三木上の丸
日岡　広野ゴルフ場前　緑が丘
加古川線
加古川　東加古川　神戸電鉄粟生線
西神中央
東加古川　山陽本線　土山　西神・山手線
神戸市営地下鉄　北神線,西神・山手線
西神南
浜の松　別府　播磨町　西二見　東二見
魚住　山陽魚住　大久保　西江井ケ島
江井ケ島　藤江　明石
中八木　山陽明石
山陽電鉄本線　林崎松江海岸
西新町　明石　朝霧
大蔵谷　人丸前　西舞子　舞子公園
山陽新幹線　新垂水　垂水

居組
東浜
蒲生峠
扇山

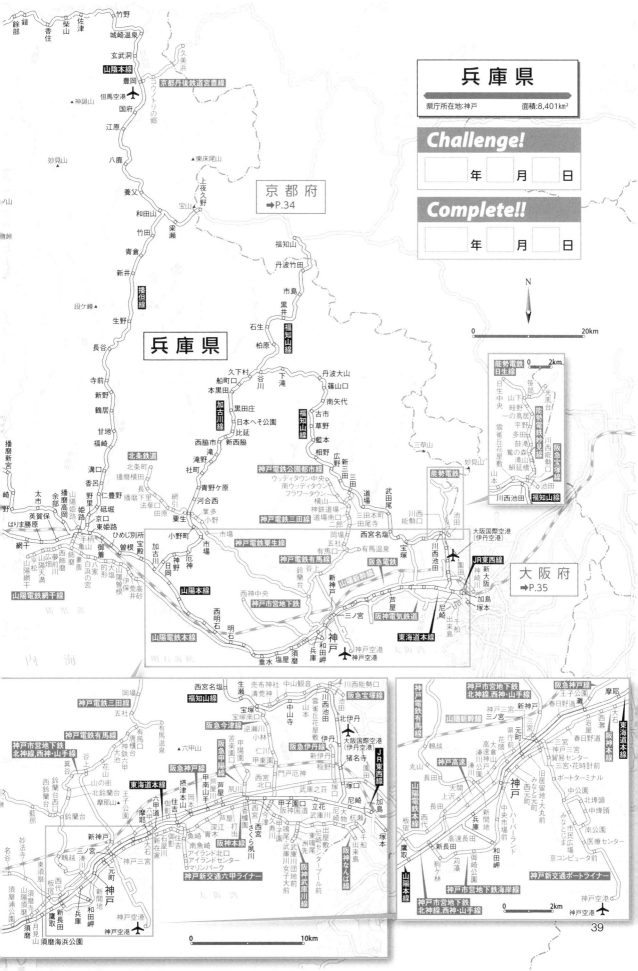

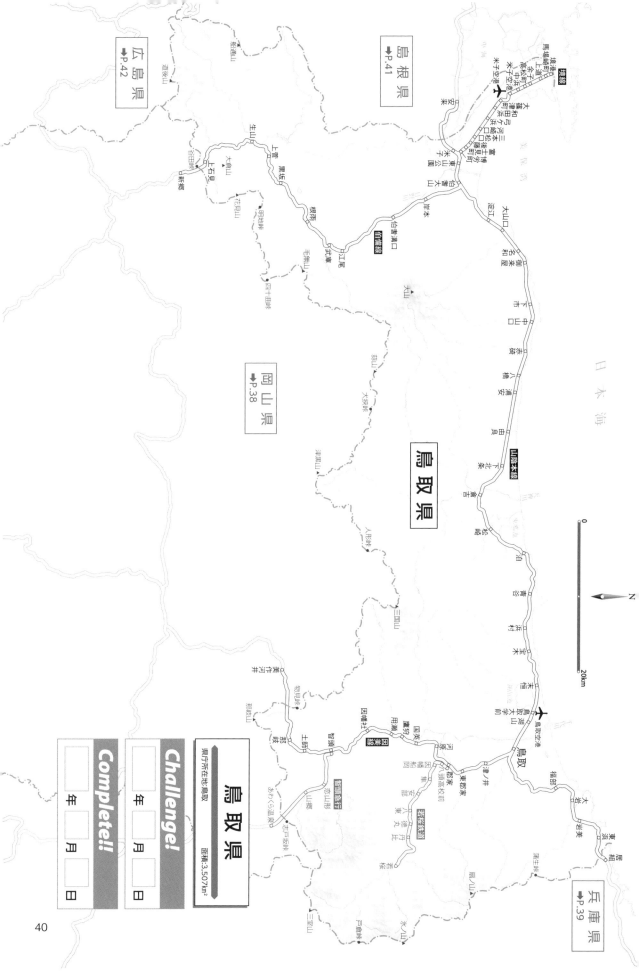

鳥取県

→P.41
島根県

→P.42
広島県

→P.38
岡山県

→P.39
兵庫県

境線

山陰本線

伯備線

因美線

若桜鉄道

智頭急行

県庁所在地:鳥取
面積:3,507km²

鳥取県

Challenge!
　年　　月　　日

Complete!!
　年　　月　　日

日本海

0　20km

N

境港
馬場崎町
上道
米子
後藤
河崎口
弓ヶ浜
三本松口
大篠津町
和田浜町
米子空港
高松町
中浜

安来
荒島
揖屋
東松江
松江しんじ湖温泉

大篠津
和田浜
河崎口
弓ヶ浜
三本松口
米子
東山公園
伯耆大山
岸本
伯耆溝口
江尾
武庫
根雨
黒坂
上菅
生山

新郷
上石見
谷田峠
大倉山
花見山
明地峠
毛無山
四十曲峠
蒜山

大山口
名和
御来屋
下市
中山口
赤碕
八橋
浦安
由良
下北条
北条
松崎
倉吉
泊
青谷
浜村
宝木
末恒
鳥取大学前
湖山
鳥取
福部
大岩
岩美
東浜
居組

大山

蒜山
津黒山
三国山
人形峠

鳥取空港

津ノ井
東郡家
郡家
国英
河原
因幡船岡
八東
安部
用瀬
因幡社
鷹狩
智頭
土師
那岐
大原
美作河井
物見峠
山郷
恋山形
志戸坂峠
あわくら温泉

那岐山
三室山
戸倉峠
氷ノ山

40

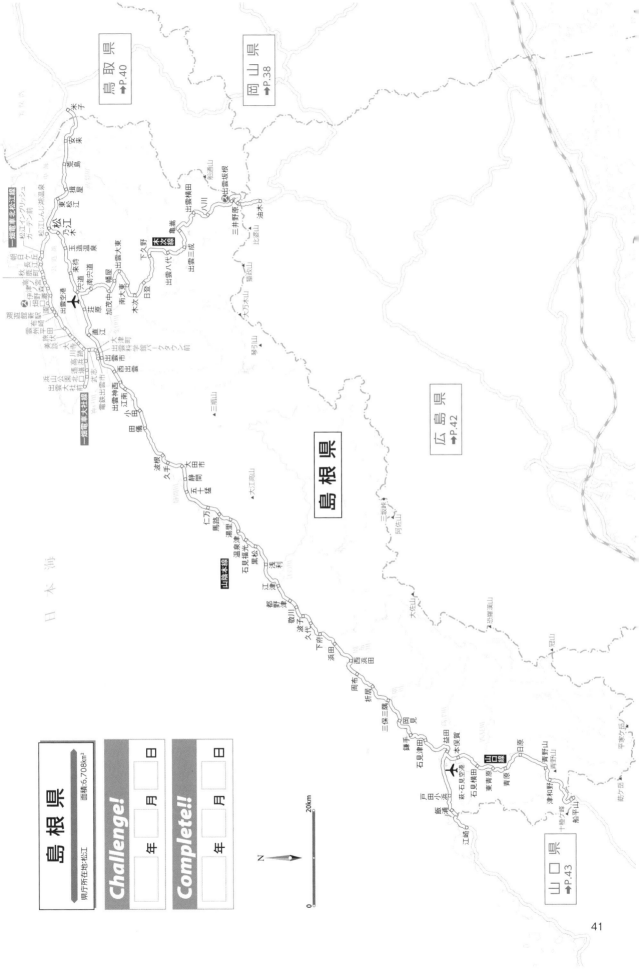

鳥取県 →P.40
岡山県 →P.38
広島県 →P.42
山口県 →P.43

島根県

県庁所在地:松江　面積:6,708km²

Challenge!

年　　月　　日

Complete!

年　　月　　日

島根県

日本海

米子
安来
荒島
松江
乃木
東松江
揖屋
揖夜松江温泉
松江しんじ湖温泉
カラコロ広場前
松江イングリッシュ
ガーデン前
一畑車庫北公園前
朝日ヶ丘
秋鹿町
長江
園
津ノ森
高ノ宮
伊野灘
湖遊館新駅前
雲州平田
美談
旅伏
雲州大津
武志
一畑電車北松江線
一畑電車大社線
川跡
大寺
遥堪
浜山公園北口
出雲大社前
出雲科学館パークタウン前
電鉄出雲市
出雲市
出雲高松
出雲神西
出雲空港
斐川
荘原
直江
玉造温泉
来待
宍道
南宍道
加茂中
幡屋
出雲大東
南大東
木次
日登
下久野
出雲八代
出雲三成
亀嵩
出雲横田
八川
出雲坂根
三井野原
油木
松江坂根
木次線
三瓶山
大江高山
小田
田儀
波根
久手
大田市
静間
五十猛
仁万
馬路
湯里
温泉津
石見福光
黒松
浅利
江津
都野津
敬川
波子
久代
下府
浜田
西浜田
周布
折居
三保三隅
岡見
鎌手
石見津田
益田
本俣賀
戸田小浜
飯浦
江崎
萩・石見空港
石見横田
東青原
青原
日原
青野山
津和野
船平山
山口線
平家ヶ岳
阿佐山
三坂峠
琴引山
大万木山
比婆山
船通山
恐羅漢山
冠山
大佐山
十種ヶ峰
船平山
羅漢山

山陰本線

N

0　　　　　20km

41

広島県

県庁所在地:広島

面積:8,479km²

Complete!! 年 月 日

Challenge! 年 月 日

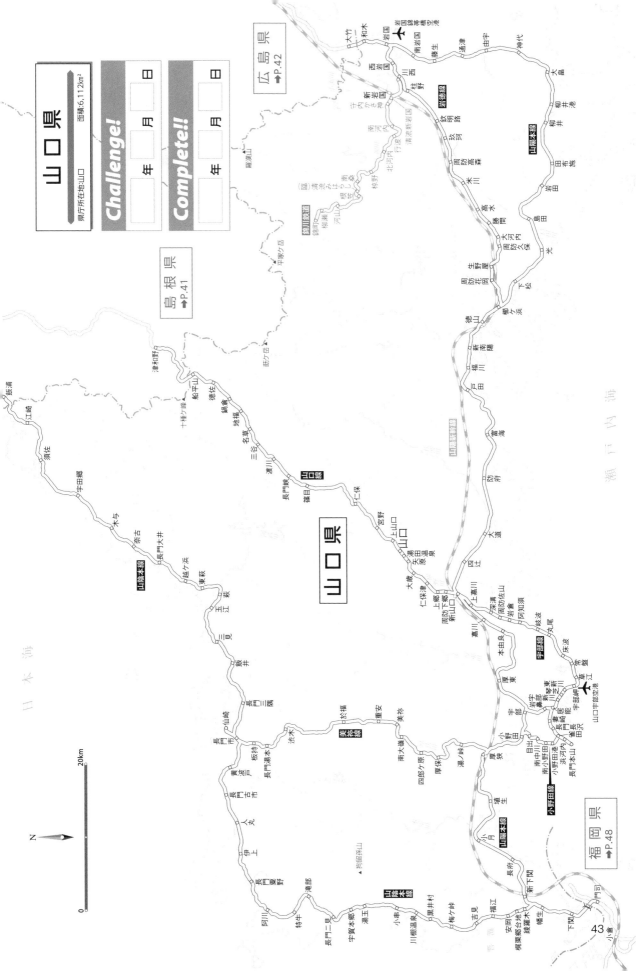

山口県

県庁所在地:山口　面積:6,112km²

Challenge!
年　月　日

Complete!!
年　月　日

広島県 →P.42

島根県 →P.41

福岡県 →P.48

山口県

20km

N

日本海

瀬戸内海

岩徳線

山陽本線

錦川鉄道

山口線

山陰本線

宇部線

美祢線

小野田線

山陽新幹線

43

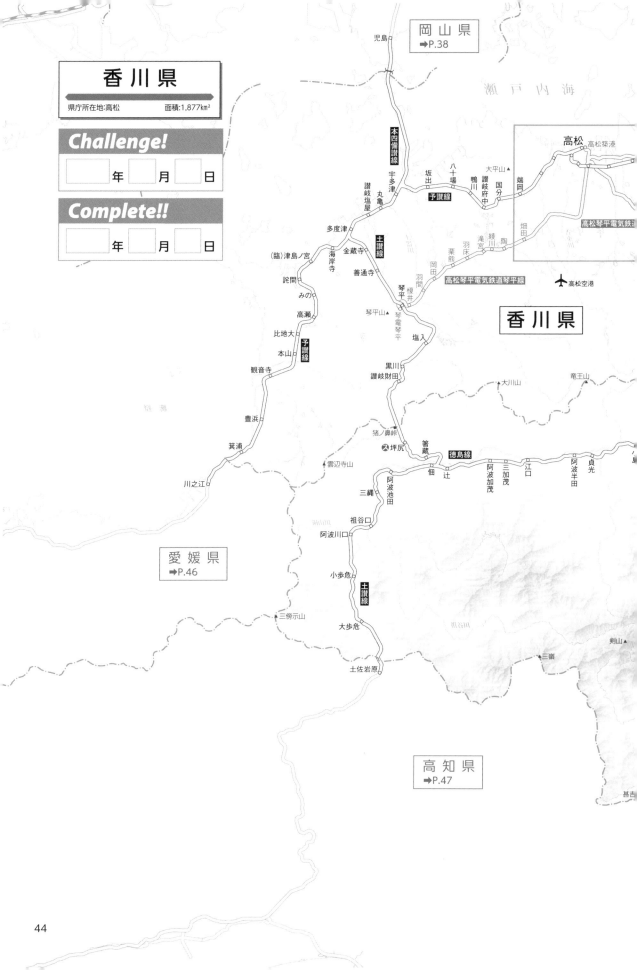

香川県

県庁所在地:高松　　　面積:1,877km²

Challenge!

　年　　月　　日

Complete!!

　年　　月　　日

岡山県
➡P.38

瀬 戸 内 海

児島

高松

高松築港
高松琴平電気鉄道

畑田

高松空港

香川県

本四備讃線

讃岐塩屋
宇多津
丸亀
坂出
八十場
大平山
讃岐府中
国分
端岡
鴨川
予讃線

多度津
金蔵寺
土讃線
海岸寺
(臨)津島ノ宮
詫間
みの
善通寺
琴平
羽間
滝宮
綾川
陶
薬熊
岡田
羽床
高瀬
比地大
予讃線
本山
琴平山
琴電琴平
塩入
観音寺
黒川
讃岐財田

高松琴平電気鉄道琴平線

豊浜
箕浦
猪ノ鼻峠
坪尻
箸蔵
徳島線
川之江
雲辺寺山
佃
辻
阿波加茂
三加茂
江口
阿波半田
貞光

大川山
竜王山

阿波池田
三縄
祖谷口
阿波川口

愛媛県
➡P.46

小歩危
土讃線

三傍示山

大歩危

剣山

三嶺

土佐岩原

高知県
➡P.47

44

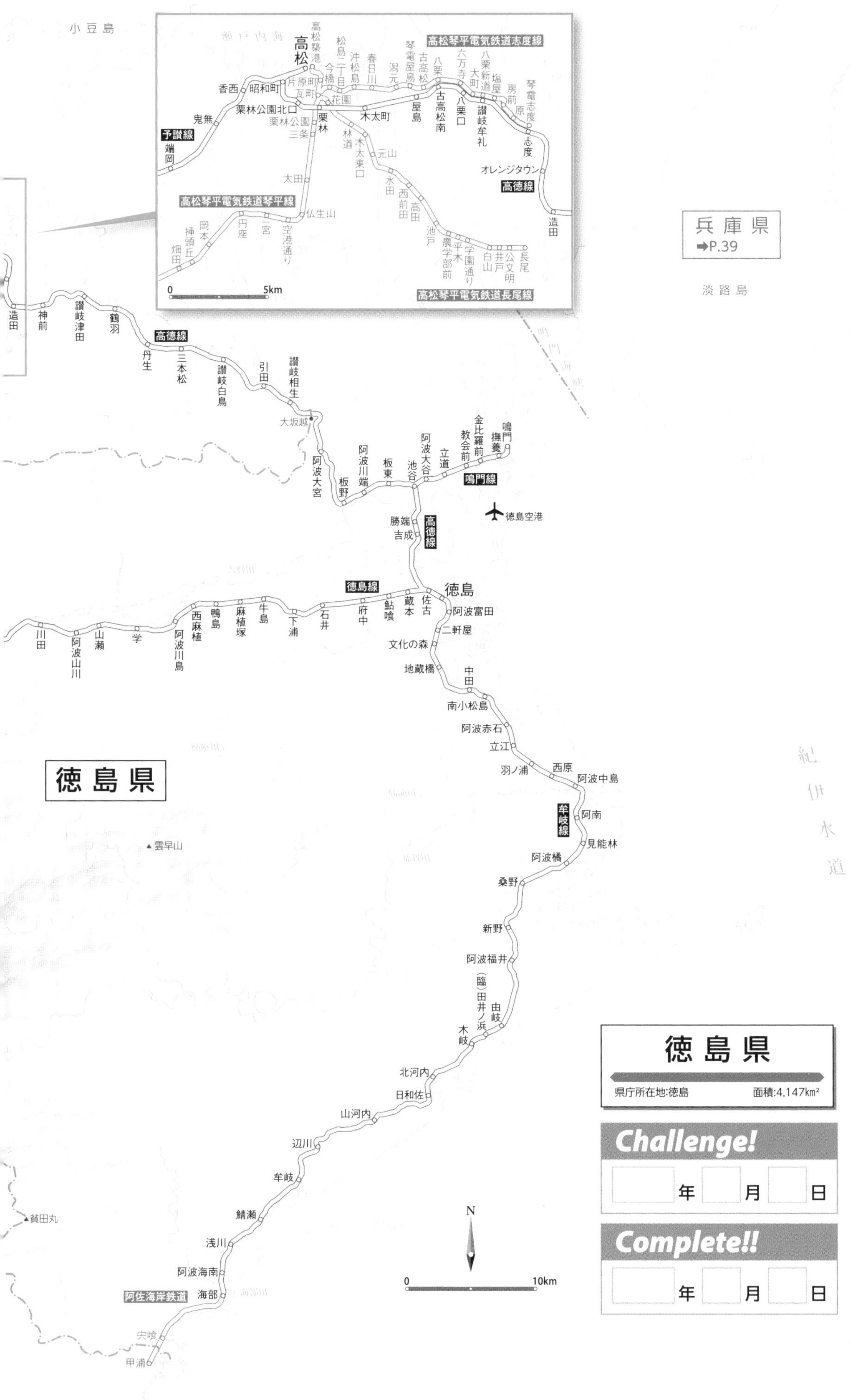

小豆島

高松

高松琴平電気鉄道志度線

高松築港
高松港
香西　昭和町
片原町
瓦町
松島二丁目
今橋
沖松島
春日川
八栗新道
塩屋
房前
原
琴電志度
志度
鬼無
栗林公園北口
栗林公園
三条
花園
林道
八栗口
讃岐牟礼
古高松南
屋島
潟元
六万寺
大町
八栗
春日川
八栗
木太町
オレンジタウン
造田

予讃線
端岡

高松琴平電気鉄道琴平線

栗林
林
木太東口
元山
水田
太田
西前田
高田
仏生山
岡本
円座
畑田
挿頭丘
一宮
空港通り
農学部
学園通り
琴電琴平
平木
白山
白山
公文明
長尾

高松琴平電気鉄道長尾線

兵庫県
➡P.39

淡路島

造田
神前
讃岐津田
鶴羽
丹生

高徳線
三本松
讃岐白鳥
引田
讃岐相生
大坂越
阿波大宮
板野
阿波川端
板東
池谷
阿波大谷
立道
教会前
金比羅前
鳴門
撫養
鳴門線
教会前
勝瑞
吉成
高徳線
徳島空港
佐古
徳島
阿波富田
二軒屋

徳島線
川田
山瀬
阿波山川
学
牛島
鴨島
西麻植
麻植塚
阿波川島
下浦
石井
府中
蔵本
鮎喰
佐古
文化の森
地蔵橋
中田
南小松島
阿波赤石
立江
羽ノ浦
西原
阿波中島

徳島県

牟岐線
阿南
見能林
阿波橘
桑野
新野
阿波福井
(臨)田井ノ浜
由岐
木岐
北河内
日和佐
山河内
辺川
牟岐
鯖瀬
浅川
阿波海南

阿佐海岸鉄道
海部
宍喰
甲浦

▲雲早山

▲鯖田丸

紀伊水道

鳴門海峡

0　　　　5km

0　　　　10km

N

徳島県
県庁所在地:徳島　　　面積:4,147km²

Challenge!
　　年　　　月　　　日

Complete!!
　　年　　　月　　　日

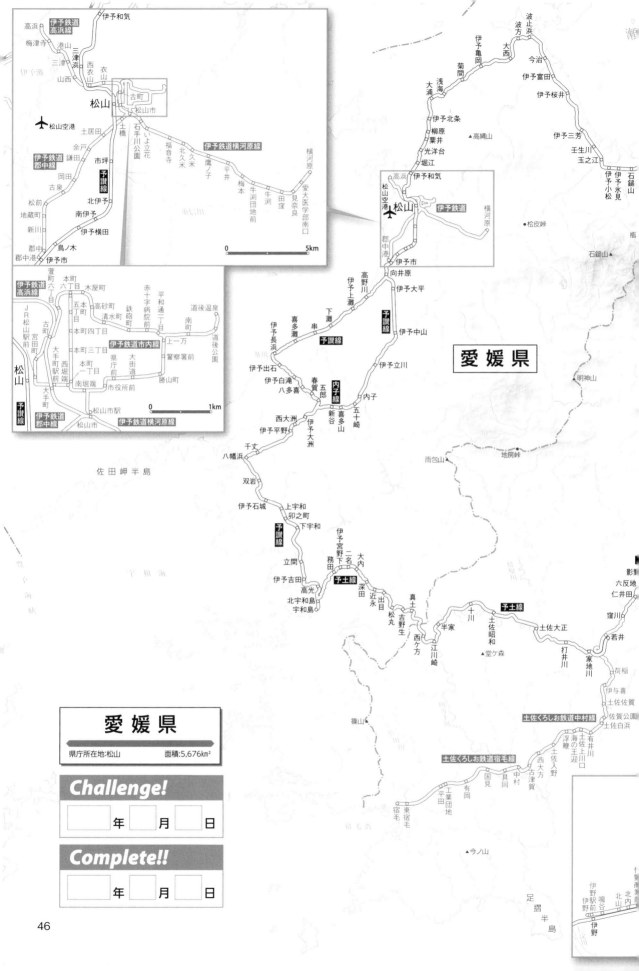

伊予鉄道高浜線

高浜
梅津寺
港山
三津浜
三津
西衣山
山西
衣山
大手町
松山市
古町
松山市駅

✈ 松山空港

伊予鉄道郡中線

余戸
土居田
岡田
古泉
松前
地蔵町
新川
郡中
郡中港
伊予市

予讃線

市坪
北伊予
南伊予
伊予横田
鳥ノ木

伊予鉄道横河原線

いよ立花
石手川公園
福音寺
鷹ノ子
北久米
久米
梅本
田窪
牛渕
牛渕団地前
見奈良
愛大医学部南口
横河原

鎌田
土橋

0   5km

伊予鉄道高浜線

萱町六丁目
本町六丁目
本町
木屋町
五本丁目
高砂町
赤十字病院前
平和通二丁目
鉄砲町
清水町前
道後温泉
南町
道後公園
上一万
大街道
警察署前
勝山町

JR松山駅前
古町
宮田町
大手町駅前
西堀端
南堀端
県庁前
市役所前
本町三丁目
本町四丁目
本町一丁目

松山
予讃線
伊予鉄道郡中線
松山市
松山市駅

伊予鉄道市内線

伊予鉄道横河原線

0   1km

波方
波止浜
大西
伊予亀岡
菊間
今治
浅海
大浦
伊予富田
伊予桜井
伊予北条
柳原
粟井
光洋台
堀江
高浜
伊予和気
松山空港 ✈ 松山
郡中港
伊予市
伊予三芳
壬生川
玉之江
伊予水見
伊予小松
石鎚山

▲高縄山

伊予鉄道
横河原

● 松皮峠

石鎚山 ▲

予讃線

明神山 ▲

向井原
高野川
伊予上瀬
伊予大平
下灘
串
伊予中山
喜多灘
伊予立川
伊予長浜
内子
伊予出石
伊予白滝
八多喜
春賀
五郎
新谷
喜多山
五十崎
西大洲
伊予平野
伊予大洲
千丈
八幡浜

愛媛県

内子線

予讃線

佐田岬半島

双岩
伊予石城
上宇和
卯之町
下宇和

予讃線

立間
伊予吉田
高光
北宇和島
宇和島

予土線

伊予宮野下
務田
二名
大内
深田
近永
出目
松丸
吉野生
江川崎
西ケ方
真土
半家
十川
土佐昭和
土佐大正
打井川
家地川
若井

予土線

雨包山
地房峠

堂ケ森 ▲

六反地
仁井田
窪川

影野

伊与喜
土佐佐賀

佐賀公園
土佐上川口
土佐白浜

土佐くろしお鉄道中村線

篠山

有井川
土佐入野
古津賀
中村
具同
西大方
浮鞭
海の王迎
土佐上川口

▲ 今ノ山

土佐くろしお鉄道宿毛線

国見
貝塚団地
有岡
平田
東宿毛
宿毛

足摺半島

六反地
仁井田
窪川

影野
伊野駅前
伊野
北内
鳴谷
伊野

愛媛県

県庁所在地:松山   面積:5,676km²

Challenge!

[   ]年[   ]月[   ]日

Complete!!

[   ]年[   ]月[   ]日

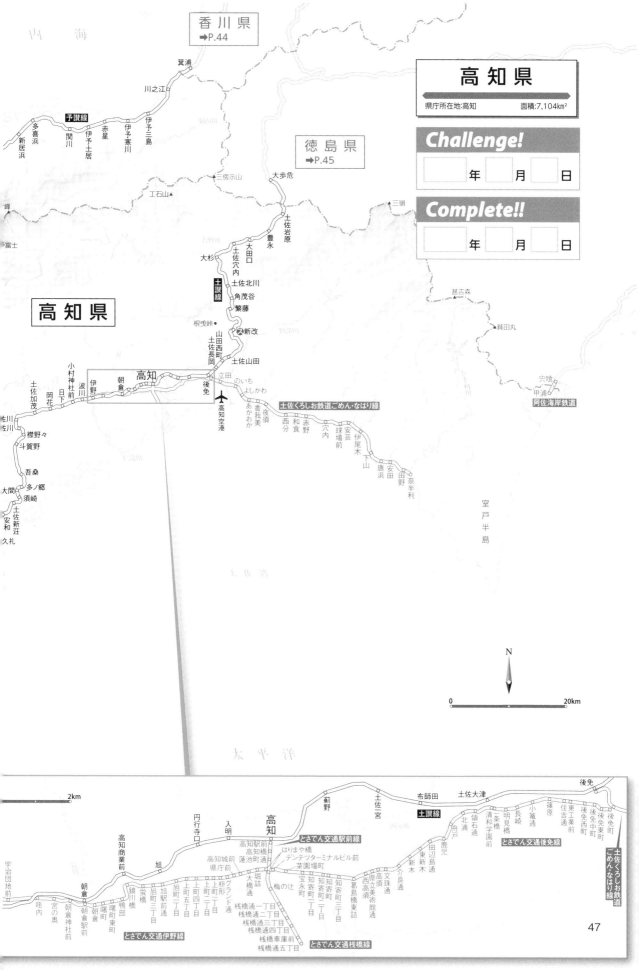

香川県
→P.44

箕浦
川之江
予讃線
多喜浜
新居浜
関川
伊予土居
赤星
伊予寒川
伊予三島

徳島県
→P.45

三嶺

三傍示山
工石山
峰
富士

大歩危

土佐岩原
豊永
大杉
土佐穴内
大田口
土佐北川
角茂谷
繁藤
新改
根曳峠
山田西町
土佐長岡
土佐山田
立田
のいち
よしかわ

甚吉森

鰻田丸

宍喰
甲浦

阿佐海岸鉄道

高知県

県庁所在地:高知　面積:7,104km²

Challenge!
　　年　　月　　日

Complete!!
　　年　　月　　日

高 知 県

小村神社前
朝倉
高知
伊野
波川
日下
岡花
土佐加茂
斗賀野
襟野々
榜野々
吾桑
多ノ郷
須崎
土佐新荘
安和
久礼

高知空港

夜須
あかおか
香我美
西分
和食
赤野
穴内
球場前
安芸
伊尾木
下山
唐浜
安田
田野
奈半利

土佐くろしお鉄道ごめん・なはり線

室戸半島

土佐湾

N

0　　　　　　　　　20km

太 平 洋

2km

薊野
土佐一宮
布師田
土佐大津
後免

円行寺口
入明
高知
土讃線
領石通
小篭通
住吉通
後免町
後免東町

高知商業前
旭
高知駅前
高知城前
蓮池町通
県庁前

はりまや橋
デンテツターミナルビル前
菜園場町

北浦
清和学園前
明見橋
長崎
舟戸
鹿児
田辺島通

とさでん交通後免線

後免中町
後免西町
吉住通

後免

土佐くろしお鉄道ごめんなはり線

宇治田地前
宮の奥
咥内
朝倉神社前
朝倉駅前
朝倉
曙町東町
曙町
鴨部
鏡川橋
蛍橋
旭駅前通
旭町三丁目
グランド通
枡形
上町五丁目
上町四丁目
上町二丁目
上町一丁目

堀詰
大橋通
梅の辻
桟橋通一丁目
桟橋通二丁目
桟橋車庫前
桟橋通三丁目
桟橋通四丁目
桟橋通五丁目

知寄町
知寄町一丁目
知寄町二丁目
知寄町三丁目
宝永町
県立美術館通
葛島橋東詰
西高須
高須
介良通
文珠通
東新木
新木
鹿児
東工業前

とさでん交通駅前線

とさでん交通伊野線

とさでん交通桟橋線

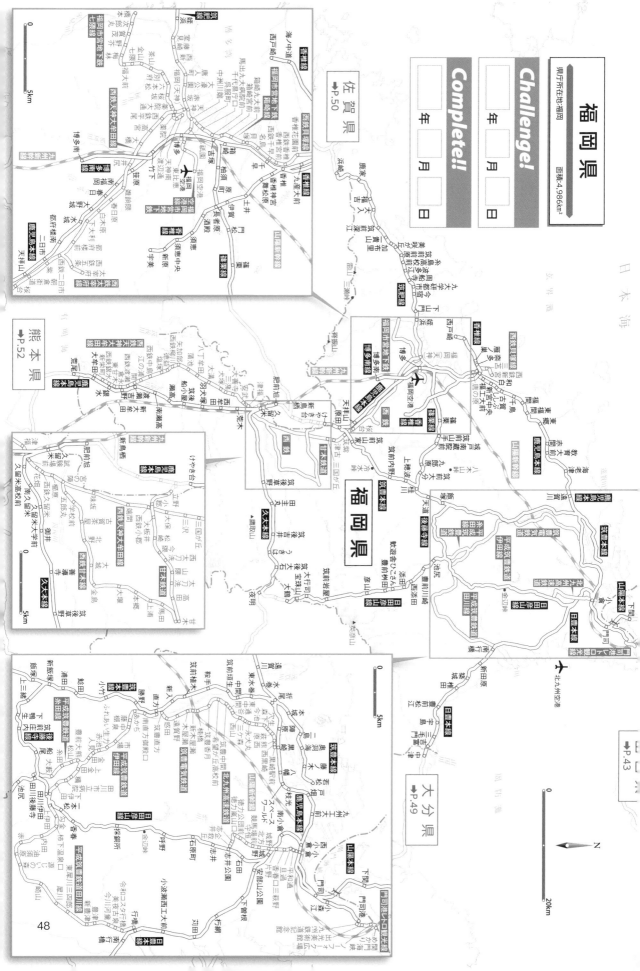

福岡県

県庁所在地:福岡
面積:4,986km²

Challenge!

Complete!!

佐賀県 →P.50

熊本県 →P.52

大分県 →P.49

山口県 →P.43

福岡県

48

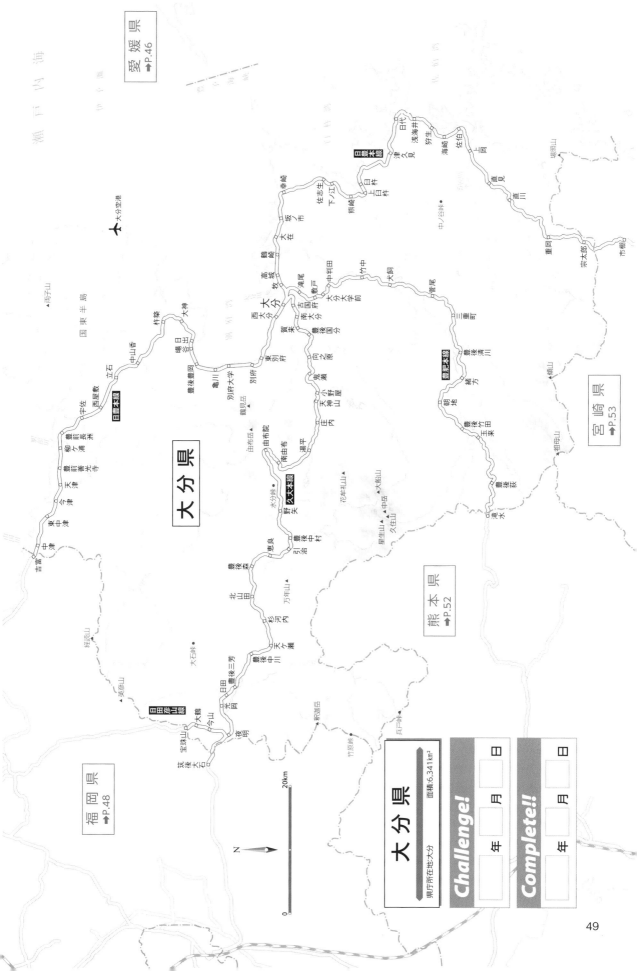

瀬戸内海

愛媛県
➡P.46

豊予海峡

大分空港

国東半島

日豊本線

日代 浅海井 佐伯
津久見 浅海井 狩生 海崎 上岡
佐志生
下ノ江
熊崎
臼杵
上臼杵

幸崎

坂ノ市

大在

鶴崎
高城
牧 滝尾
敷戸 中判田 竹中
西大分
大分
古国府 大分大学前 犬飼
東別府 向之原 三重町
別府 賀来 豊後国分 菅尾
別府大学 鬼瀬 豊後清川
亀川 南大分
暘谷 日出 小野屋
豊後豊岡 霰ヶ丘 天神山 豊肥本線

西屋敷
立石
中山香 杵築
大神 由布院
由布岳 緒方
朝地
豊後竹田 玉来
豊後荻
水分峠
野矢
豊後中村
引治 恵良
玉来
竹中
豊後森
北山田
杉河内
天ヶ瀬
日田 豊後三芳
光岡
夜明

九大本線

日田彦山線
大鶴 今山 宝珠山
筑後大石

福岡県
➡P.48

熊本県
➡P.52

宮崎県
➡P.53

両子山
西叡山
鹿嵐山
経読山
英彦山
大石峠
釈迦岳
竹原峠
兵戸峠
由布岳
鶴見岳
花牟礼山
星生山 中岳 大船山
久住山
祖母山
傾山
横山

大分県

大分県
県庁所在地:大分　面積:6,341km²

Challenge!
　　　　年　　　月　　　日

Complete!
　　　　年　　　月　　　日

N

0　　　　　20km

49

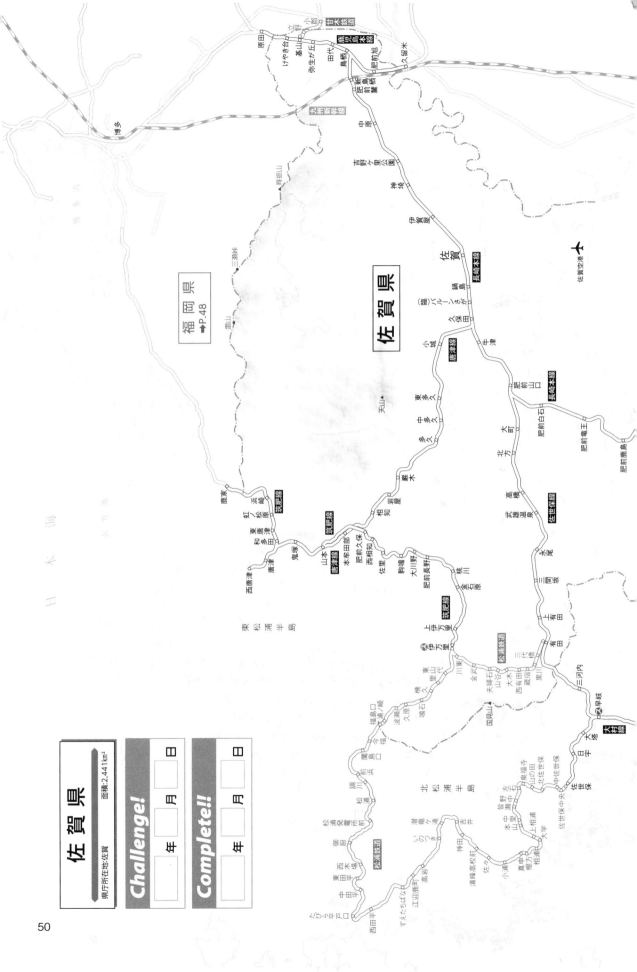

佐賀県

佐賀県

県庁所在地:佐賀　面積:2,441km²

Challenge!
　　年　　月　　日

Complete!!
　　年　　月　　日

福岡県
→P.48

博多

九州新幹線

甘木鉄道

小郡
立野
大刀洗

原田　基山　けやき台　田代　鳥栖　肥前旭
　　　　　弥生が丘　　　肥前麓　　　久留米
　　　　　　　　　　　新鳥栖
　　　　　　　　　　　鹿児島本線

中原
吉野ヶ里公園
神埼
伊賀屋
佐賀
鍋島　長崎本線
バルーンさが（臨）
久保田
牛津

佐賀空港

小城
唐津線
多久
東多久
中多久
巌木
相知屋
肥前山口
肥前白石
肥前竜王
肥前鹿島

天山▲

大町
北方
高橋
武雄温泉　佐世保線
永尾
三間坂
上有田
有田
三河内
早岐
大塔
ハウステンボス
大村線

虹ノ松原　東唐津
浜崎　和多田　鬼塚
西唐津　唐津　筑肥線
山本　唐津線
本牟田部　肥前久保　西相知　佐里
駒鳴野　大川野　肥前長野
金石原　桃川
上伊万里　筑肥線
伊万里

東山代
川東
金武
夫婦石
大木
蔵宿
黒川
松浦鉄道

鹿家
筑肥線

松浦半島

東松浦半島

福島口
波瀬
久原
鳴滝
今福
鷹島口
肥前鹿前浜
調川
松浦
御厨
西木場
東田平
中田平
たびら平戸口
すえたちばな
西田平
江迎鹿町
高岩
松浦鉄道

北松浦半島

潜竜ヶ滝
いのつき
吉井
神田
清峰高校前
佐々
棚橋
相浦
大学
本山口
中里
皆瀬
左石
泉福寺
山の田
北佐世保
中佐世保
佐世保中央
佐世保
小浦
賁申

日本海

50

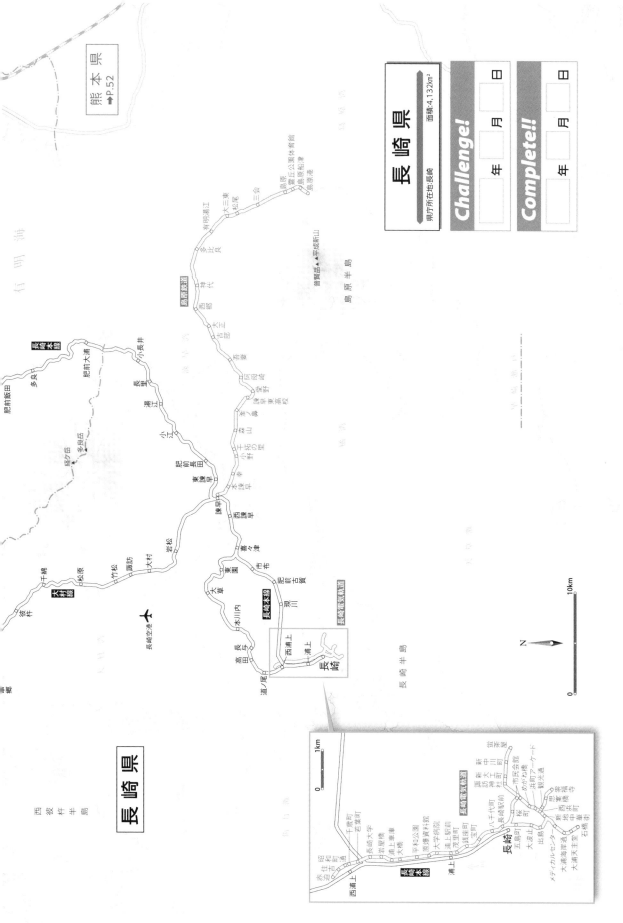

長崎県

長崎県
県庁所在地:長崎　面積:4,132km²

Challenge!
年　　月　　日

Complete!!
年　　月　　日

有明海

西彼杵半島

長崎半島

島原半島

眉賀岳▲平成新山

長崎本線
大村線
島原鉄道
長崎電気軌道

長崎空港✈

N

0　　　　10km

長崎電気軌道

0　　1km

長崎本線

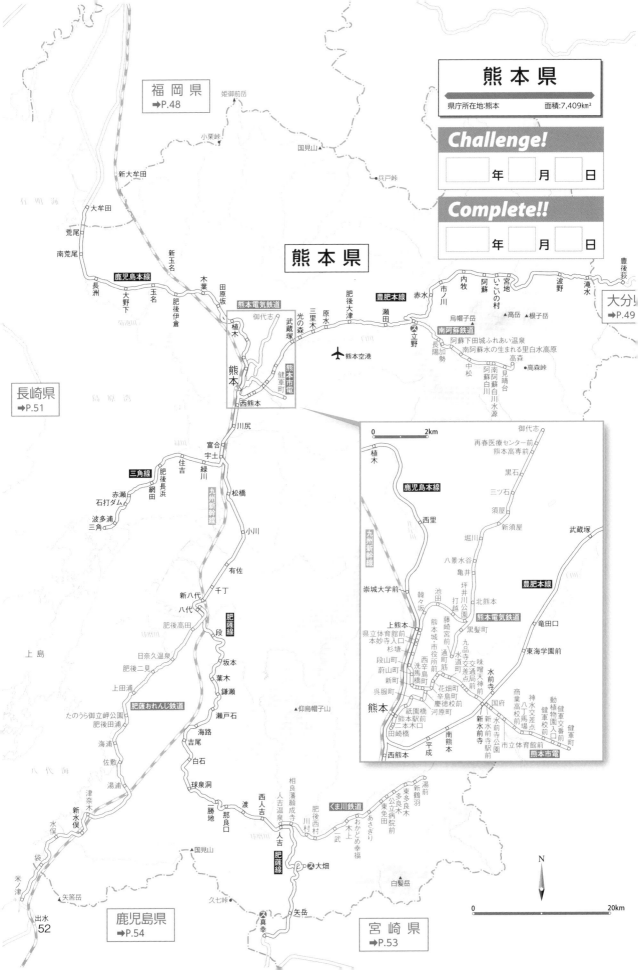

熊本県

県庁所在地:熊本　　面積:7,409km²

福岡県
➡P.48

大分県
➡P.49

長崎県
➡P.51

鹿児島県
➡P.54

宮崎県
➡P.53

Challenge!
　年　　月　　日

Complete!!
　年　　月　　日

熊本県

姫御前岳
小栗峠
国見山
兵戸峠
豊後荻

新大牟田
大牟田
荒尾
南荒尾
長州
大野下
玉名
新玉名
木葉
田原坂
御代志
植木
武蔵塚
光の森
三里木
原水
肥後大津
瀬田
立野
赤水
市ノ川
内牧
宮地
いこいの村
阿蘇
波野
滝水

鹿児島本線
肥後伊倉
菊池川
熊本電気鉄道
熊本
西熊本
健軍町
熊本市電
熊本空港
豊肥本線
南阿蘇鉄道
烏帽子岳
高岳
根子岳
阿蘇下田城ふれあい温泉
南阿蘇白川水源
南阿蘇水の生まれる里白水高原
長陽加勢
中松
見晴台
高森
高森峠

川尻
富合
宇土
緑川
住吉
肥後長浜
三角線
網田
赤瀬
石打ダム
波多浦
三角
松橋
九州新幹線
小川
有佐
千丁
新八代
八代
肥後高田
肥薩線
段
日奈久温泉
肥後二見
上田浦
肥薩おれんじ鉄道
たのうら御立岬公園
肥後田浦
海浦
佐敷
湯浦
津奈木
新水俣
水俣
袋
米ノ津
出水
坂本
葉木
鎌瀬
瀬戸石
海路
吉尾
白石
球泉洞
勝地
那良口
渡
西人吉
人吉温泉
相良藩願成寺
肥後西村
川村
人吉
球磨川
肥薩線
大畑
国見山
白髪岳
久七峠
矢岳
真幸
矢筈岳

仰烏帽子山

くま川鉄道
おかどめ幸福
木上
武
東免田
公立病院前
あさぎり
多良木
東多良木
新鶴羽
湯前

鹿児島県
➡P.54

52

【拡大図】
0　　　2km
御代志
植木
再春医療センター前
熊本高専前
黒石
三ツ石
須屋
新須屋
武蔵塚
鹿児島本線
西里
堀川
八景水谷
亀井
韓々坂
池田
坪井川公園
打越
北熊本
豊肥本線
崇城大学前
藤崎宮前
九品寺交差点
味噌天神前
竜田口
熊本城・市役所前
通町筋
水道町
東海学園前
熊本電気鉄道
黒髪町
県立体育館前
本妙寺入口
杉塘
段山町
蔚山町
西辛島町
洗馬橋
新町
花畑町
辛島町
慶徳校前
呉服町
祇園橋
熊本駅前
二本木口
田崎橋
河原町
熊本
九州新幹線
国府
新水前寺
新水前寺駅前
南熊本
平成
西熊本
水前寺
水前寺公園
市立体育館前
神水交差点
八丁馬場
商業高校前
動植物園入口
健軍交番前
健軍校前
神水・市民病院前
健軍町
熊本市電

N

0　　　　　　　　　　20km

大分県
➡P.49

場照山

傾山

宗太郎

市棚

北川

日向長井

北延岡

延岡

南延岡

旭ケ丘

土々呂

門川

日向市

財光寺

南日向

美々津

東都農

都農

川南

高鍋

日向新富

佐土原

日向住吉

蓮ケ池

宮崎神宮

宮崎

田吉

南宮崎

加納

清武

南方

木花

運動公園

曽山寺

子供の国

青島

折生迫

内海

小内海

伊比井

北郷

内之田

飫肥

日南

油津

大堂津

南郷

谷之口

榎原

日向大束

日向北方

串間

福島今町

福島高松

大隅夏井

祖母山

大崩山

可愛岳▲

諸塚山▲

向坂山▲

国見岳▲

尾鈴山▲

湯山峠●

市房山▲

宮崎県

日豊本線

宮崎空港

宮崎空港

宮崎空港線

熊本県
➡P.52

肥薩線

矢岳▲

真幸▲

吉松

吉都線

京町温泉

鶴丸

えびの

えびの上江

えびの飯野

西小林

小林

広原

高原

日向前田

高崎新田

東高崎

万ケ塚

谷頭

日向庄内

財部

五十市

都城

西都城

三股

餅原

山之口

青井岳

田野

日向沓掛

韓国岳▲

新燃岳▲

高千穂峰▲

鰐塚山▲

吉都線

日豊本線

日南線

N

0 ——————— 20km

太平洋

日向灘

鹿児島県
➡P.54

宮崎県

県庁所在地:宮崎　　面積:7,735km²

Challenge!

| 　年 | 　月 | 　日 |

Complete!!

| 　年 | 　月 | 　日 |

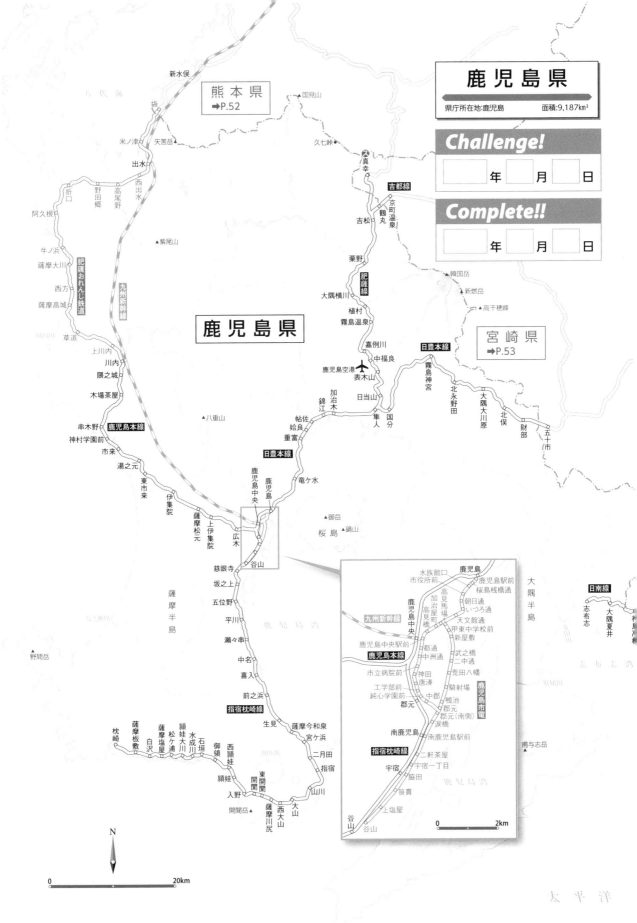

鹿児島県

県庁所在地:鹿児島　面積:9,187km²

Challenge!

☐ 年 ☐ 月 ☐ 日

Complete!!

☐ 年 ☐ 月 ☐ 日

熊本県
➡P.52

鹿児島県

宮崎県
➡P.53

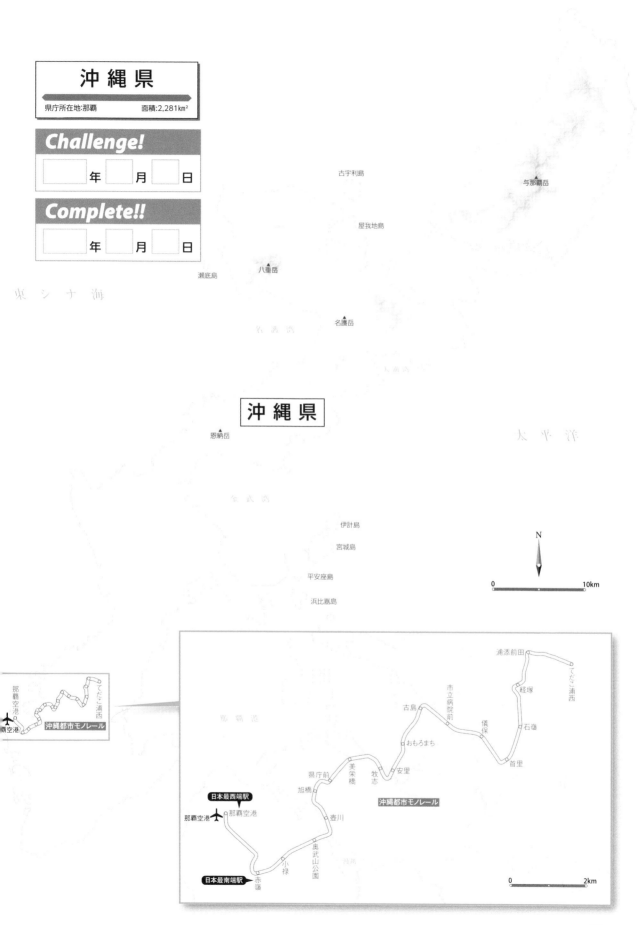

沖縄県

県庁所在地:那覇　　　面積:2,281km²

東シナ海

古宇利島

与那覇岳

屋我地島

八重岳

瀬底島

名護岳

沖縄県

恩納岳

太平洋

伊計島

宮城島

平安座島

浜比嘉島

N

0　　　　　10km

那覇空港

てだこ浦西

沖縄都市モノレール

浦添前田

てだこ浦西

経塚

市立病院前

石嶺

古島

儀保

おもろまち

首里

県庁前

美栄橋

牧志

安里

旭橋

沖縄都市モノレール

日本最西端駅

那覇空港

壺川

那覇空港

奥武山公園

小禄

日本最南端駅

赤嶺

那覇港

0　　　　2km

JR路線リスト

博多南線・奥羽本線・田沢湖線

東海道新幹線

Challenge!　　　年　月　日

Complete!!　　　年　月　日

駅名		営業キロ
東京	（とうきょう）	0
品川	（しながわ）	6.8
新横浜	（しんよこはま）	28.8
小田原	（おだわら）	83.9
熱海	（あたみ）	104.6
三島	（みしま）	120.7
新富士	（しんふじ）	146.2
静岡	（しずおか）	180.2
掛川	（かけがわ）	229.3
浜松	（はままつ）	257.1
豊橋	（とよはし）	293.6
三河安城	（みかわあんじょう）	336.3
名古屋	（なごや）	366.0
岐阜羽島	（ぎふはしま）	396.3
米原	（まいばら）	445.9
京都	（きょうと）	513.6
新大阪	（しんおおさか）	552.6

山陽新幹線

Challenge!　　　年　月　日

Complete!!　　　年　月　日

駅名		営業キロ
新大阪	（しんおおさか）	0
新神戸	（しんこうべ）	36.9
西明石	（にしあかし）	59.7
姫路	（ひめじ）	91.7
相生	（あいおい）	112.4
岡山	（おかやま）	180.3
新倉敷	（しんくらしき）	205.5
福山	（ふくやま）	238.6
新尾道	（しんおのみち）	258.7
三原	（みはら）	270.2
東広島	（ひがしひろしま）	309.8
広島	（ひろしま）	341.6
新岩国	（しんいわくに）	383.0
徳山	（とくやま）	430.1
新山口	（しんやまぐち）	474.4
厚狭	（あさ）	509.5
新下関	（しんしものせき）	536.1
小倉	（こくら）	555.1
博多	（はかた）	622.3

博多南線

Challenge!　　　年　月　日

Complete!!　　　年　月　日

駅名		営業キロ
博多	（はかた）	0
博多南	（はかたみなみ）	8.5

九州新幹線

Challenge!　　　年　月　日

Complete!!　　　年　月　日

駅名		営業キロ
博多	（はかた）	0
新鳥栖	（しんとす）	28.6
久留米	（くるめ）	35.7
筑後船小屋	（ちくごふなごや）	51.5
新大牟田	（しんおおむた）	69.3
新玉名	（しんたまな）	90.4
熊本	（くまもと）	118.4
新八代	（しんやつしろ）	151.3
新水俣	（しんみなまた）	194.1
出水	（いずみ）	210.1
川内	（せんだい）	242.8
鹿児島中央	（かごしまちゅうおう）	288.9

東北新幹線

Challenge!　　　年　月　日

Complete!!　　　年　月　日

駅名		営業キロ
東京	（とうきょう）	0
上野	（うえの）	3.6
大宮	（おおみや）	30.3
小山	（おやま）	80.6
宇都宮	（うつのみや）	109.5
那須塩原	（なすしおばら）	157.8
新白河	（しんしらかわ）	185.4
郡山	（こおりやま）	226.7
福島	（ふくしま）	272.8
白石蔵王	（しろいしざおう）	306.8
仙台	（せんだい）	351.8
古川	（ふるかわ）	395.0
くりこま高原	（くりこまこうげん）	416.2
一ノ関	（いちのせき）	445.1
水沢江刺	（みずさわえさし）	470.1
北上	（きたかみ）	487.5
新花巻	（しんはなまき）	500.0
盛岡	（もりおか）	535.3
いわて沼宮内	（いわてぬまくない）	566.4
二戸	（にのへ）	601.0
八戸	（はちのへ）	631.9
七戸十和田	（しちのへとわだ）	668.0
新青森	（しんあおもり）	713.7

北海道新幹線

Challenge!　　　年　月　日

Complete!!　　　年　月　日

駅名		営業キロ
新青森	（しんあおもり）	0
奥津軽いまべつ	（おくつがるいまべつ）	38.5
木古内	（きこない）	113.3
新函館北斗	（しんはこだてほくと）	148.8

山形新幹線・奥羽本線
（福島―新庄―大曲）

Challenge!　　　年　月　日

Complete!!　　　年　月　日

駅名		営業キロ
福島	（ふくしま）	0
笹木野	（ささきの）	3.8
庭坂	（にわさか）	6.9
赤岩	（あかいわ）	14.6
板谷	（いたや）	21.2
峠	（とうげ）	24.5
大沢	（おおさわ）	28.8
関根	（せきね）	34.8
米沢	（よねざわ）	40.1
置賜	（おいたま）	45.6
高畠	（たかはた）	49.9
赤湯	（あかゆ）	56.1
中川	（なかがわ）	64.4
羽前中山	（うぜんなかやま）	68.3
かみのやま温泉	（かみのやまおんせん）	75.0
茂吉記念館前	（もきちきねんかんまえ）	77.8
蔵王	（ざおう）	81.8
山形	（やまがた）	87.1
北山形	（きたやまがた）	89.0
羽前千歳	（うぜんちとせ）	91.9
南出羽	（みなみでわ）	93.6
漆山	（うるしやま）	94.9
高擶	（たかたま）	97.0
天童南	（てんどうみなみ）	98.3
天童	（てんどう）	100.4
乱川	（みだれがわ）	103.4
神町	（じんまち）	106.3
さくらんぼ東根	（さくらんぼひがしね）	108.1
東根	（ひがしね）	110.6
村山	（むらやま）	113.5
袖崎	（そでさき）	121.5
大石田	（おおいしだ）	126.9
北大石田	（きたおおいしだ）	130.8
芦沢	（あしさわ）	133.7
舟形	（ふながた）	140.3
新庄	（しんじょう）	148.6
泉田	（いずみた）	154.2
羽前豊里	（うぜんとよさと）	161.3
真室川	（まむろがわ）	164.0
釜淵	（かまぶち）	173.2
大滝	（おおたき）	180.3
及位	（のぞき）	185.8
院内	（いんない）	194.4
横堀	（よこぼり）	198.4
三関	（みつせき）	204.4
上湯沢	（かみゆざわ）	207.1
湯沢	（ゆざわ）	210.4
下湯沢	（しもゆざわ）	214.5
十文字	（じゅうもんじ）	217.8
醍醐	（だいご）	221.2
柳田	（やなぎた）	224.4
横手	（よこて）	228.3
後三年	（ごさんねん）	234.7
飯詰	（いいづめ）	239.8
大曲	（おおまがり）	247.0

＊山形新幹線は新庄まで。

秋田新幹線・田沢湖線
（盛岡―大曲）・奥羽本線（大曲―秋田）

Challenge!　　　年　月　日

Complete!!　　　年　月　日

駅名		営業キロ
盛岡	（もりおか）	0
大釜	（おおかま）	6.0
小岩井	（こいわい）	10.5
雫石	（しずくいし）	16.0
春木場	（はるきば）	18.7
赤渕	（あかぶち）	22.0
田沢湖	（たざわこ）	40.1
刺巻	（さしまき）	44.4
神代	（じんだい）	52.8
生田	（しょうでん）	55.3
角館	（かくのだて）	58.8
鶯野	（うぐいすの）	61.6
羽後長野	（うごながの）	64.6
鑓見内	（やりみない）	67.9
羽後四ツ屋	（うごよつや）	70.2
北大曲	（きたおおまがり）	72.0
大曲	（おおまがり）	75.6
神宮寺	（じんぐうじ）	81.6
刈和野	（かりわの）	89.2
峰吉川	（みねよしかわ）	94.0
羽後境	（うごさかい）	100.5
大張野	（おおばりの）	108.6
和田	（わだ）	114.0
四ツ小屋	（よつごや）	120.9
秋田	（あきた）	127.3

＊奥羽本線秋田―青森間は72ページ参照。

上越新幹線

Challenge!　　　年　月　日

Complete!!　　　年　月　日

駅名		営業キロ
大宮	（おおみや）	0
熊谷	（くまがや）	34.4
本庄早稲田	（ほんじょうわせだ）	55.7
高崎	（たかさき）	74.7
上毛高原	（じょうもうこうげん）	121.3
越後湯沢	（えちごゆざわ）	168.9
浦佐	（うらさ）	198.6
長岡	（ながおか）	240.3
燕三条	（つばめさんじょう）	263.5
新潟	（にいがた）	303.6

上越新幹線
（越後湯沢―ガーラ湯沢）

Challenge!　　　年　月　日

Complete!!　　　年　月　日

駅名		営業キロ
越後湯沢	（えちごゆざわ）	0
ガーラ湯沢	（がーらゆざわ）	1.8

北陸新幹線

Challenge!　　　年　月　日

Complete!!　　　年　月　日

駅名		営業キロ
高崎	（たかさき）	0
安中榛名	（あんなかはるな）	18.5
軽井沢	（かるいざわ）	41.8
佐久平	（さくだいら）	59.4
上田	（うえだ）	84.2
長野	（ながの）	117.4
飯山	（いいやま）	147.3
上越妙高	（じょうえつみょうこう）	176.9
糸魚川	（いといがわ）	213.9
黒部宇奈月温泉	（くろべうなづきおんせん）	253.1
富山	（とやま）	286.9
新高岡	（しんたかおか）	305.8
金沢	（かなざわ）	345.5

東海道本線

Challenge!　　　年　月　日
Complete!!　　　年　月　日

駅名		営業キロ
東京	(とうきょう)	0
有楽町	(ゆうらくちょう)	0.8
新橋	(しんばし)	1.9
浜松町	(はままつちょう)	3.1
田町	(たまち)	4.6
高輪ゲートウェイ	(たかなわげーとうぇい)	5.9
品川	(しながわ)	6.8
大井町	(おおいまち)	9.2
大森	(おおもり)	11.4
蒲田	(かまた)	14.4
川崎	(かわさき)	18.2
鶴見	(つるみ)	21.7
新子安	(しんこやす)	24.8
東神奈川	(ひがしかながわ)	27.0
横浜	(よこはま)	28.8
保土ケ谷	(ほどがや)	31.8
東戸塚	(ひがしとつか)	36.7
戸塚	(とつか)	40.9
大船	(おおふな)	46.5
藤沢	(ふじさわ)	51.1
辻堂	(つじどう)	54.8
茅ケ崎	(ちがさき)	58.6
平塚	(ひらつか)	63.8
大磯	(おおいそ)	67.8
二宮	(にのみや)	73.1
国府津	(こうづ)	77.7
鴨宮	(かものみや)	80.8
小田原	(おだわら)	83.9
早川	(はやかわ)	86.0
根府川	(ねぶかわ)	90.4
真鶴	(まなづる)	95.8
湯河原	(ゆがわら)	99.1
熱海	(あたみ)	104.6
函南	(かんなみ)	114.5
三島	(みしま)	120.7
沼津	(ぬまづ)	126.2
片浜	(かたはま)	130.3
原	(はら)	132.8
東田子の浦	(ひがしたごのうら)	137.4
吉原	(よしわら)	141.3
富士	(ふじ)	146.2
富士川	(ふじかわ)	149.7
新蒲原	(しんかんばら)	152.5
蒲原	(かんばら)	154.9
由比	(ゆい)	158.4
興津	(おきつ)	164.3
清水	(しみず)	169.0
草薙	(くさなぎ)	174.2
東静岡	(ひがししずおか)	177.7
静岡	(しずおか)	180.2
安倍川	(あべかわ)	184.5
用宗	(もちむね)	186.6
焼津	(やいづ)	193.7
西焼津	(にしやいづ)	197.0
藤枝	(ふじえだ)	200.3
六合	(ろくごう)	204.9
島田	(しまだ)	207.8
金谷	(かなや)	212.9
菊川	(きくがわ)	222.2
掛川	(かけがわ)	229.3
愛野	(あいの)	234.6
袋井	(ふくろい)	238.1
御厨	(みくりや)	242.7
磐田	(いわた)	245.9
豊田町	(とよだちょう)	248.8
天竜川	(てんりゅうがわ)	252.7
浜松	(はままつ)	257.1
高塚	(たかつか)	262.4
舞阪	(まいさか)	267.5
弁天島	(べんてんじま)	269.8
新居町	(あらいまち)	272.9
鷲津	(わしづ)	276.6
新所原	(しんじょはら)	282.4
二川	(ふたがわ)	286.7
豊橋	(とよはし)	293.6
西小坂井	(にしこざかい)	298.4
愛知御津	(あいちみと)	302.1
三河大塚	(みかわおおつか)	305.2
三河三谷	(みかわみや)	308.3
蒲郡	(がまごおり)	310.6
三河塩津	(みかわしおつ)	312.9
三ケ根	(さんがね)	315.5
幸田	(こうだ)	318.5
相見	(あいみ)	321.6
岡崎	(おかざき)	325.9
西岡崎	(にしおかざき)	330.1
安城	(あんじょう)	333.7
三河安城	(みかわあんじょう)	336.3
東刈谷	(ひがしかりや)	338.1
野田新町	(のだしんまち)	339.7
刈谷	(かりや)	341.6
逢妻	(あいづま)	343.5
大府	(おおぶ)	346.5
共和	(きょうわ)	349.5
南大高	(みなみおおだか)	351.8
大高	(おおだか)	353.6
笠寺	(かさでら)	356.8
熱田	(あつた)	360.8
金山	(かなやま)	362.7
尾頭橋	(おとうばし)	363.6
名古屋	(なごや)	366.0
枇杷島	(びわじま)	370.0
清洲	(きよす)	373.8
稲沢	(いなざわ)	377.1
尾張一宮	(おわりいちのみや)	383.1
木曽川	(きそがわ)	388.6
岐阜	(ぎふ)	396.3
西岐阜	(にしぎふ)	399.5
穂積	(ほづみ)	402.3
大垣	(おおがき)	410.0
垂井	(たるい)	418.1
関ケ原	(せきがはら)	423.8
柏原	(かしわばら)	430.9
近江長岡	(おうみながおか)	435.2
醒ケ井	(さめがい)	439.8
米原	(まいばら)	445.9
彦根	(ひこね)	451.9
南彦根	(みなみひこね)	455.2
河瀬	(かわせ)	458.3
稲枝	(いなえ)	462.0
能登川	(のとがわ)	465.7
安土	(あづち)	470.8
近江八幡	(おうみはちまん)	474.3
篠原	(しのはら)	478.3
野洲	(やす)	483.9
守山	(もりやま)	487.0
栗東	(りっとう)	489.1
草津	(くさつ)	491.4
南草津	(みなみくさつ)	493.9
瀬田	(せた)	496.9
石山	(いしやま)	499.1
膳所	(ぜぜ)	501.9
大津	(おおつ)	503.6
山科	(やましな)	508.1
京都	(きょうと)	513.6
西大路	(にしおおじ)	516.1
桂川	(かつらがわ)	518.9
向日町	(むこうまち)	520.0
長岡京	(ながおかきょう)	523.7
山崎	(やまざき)	527.7
島本	(しまもと)	529.9
高槻	(たかつき)	535.2
摂津富田	(せっつとんだ)	538.1
JR総持寺	(じぇいあーるそうじじ)	539.8
茨木	(いばらき)	541.9
千里丘	(せんりおか)	544.7
岸辺	(きしべ)	546.4
吹田	(すいた)	548.8
東淀川	(ひがしよどがわ)	551.9
新大阪	(しんおおさか)	552.6
大阪	(おおさか)	556.4
塚本	(つかもと)	559.8
尼崎	(あまがさき)	564.1
立花	(たちばな)	567.1
甲子園口	(こうしえんぐち)	569.3
西宮	(にしのみや)	571.8
さくら夙川	(さくらしゅくがわ)	573.3
芦屋	(あしや)	575.6
甲南山手	(こうなんやまて)	577.0
摂津本山	(せっつもとやま)	578.5
住吉	(すみよし)	580.1
六甲道	(ろっこうみち)	582.3
摩耶	(まや)	583.7
灘	(なだ)	584.6
三ノ宮	(さんのみや)	587.0
元町	(もとまち)	587.8
神戸	(こうべ)	589.5

東海道本線（品川—新川崎—鶴見）

Challenge!　　　年　月　日
Complete!!　　　年　月　日

駅名		営業キロ
品川	(しながわ)	0
西大井	(にしおおい)	3.6
武蔵小杉	(むさしこすぎ)	10.0
新川崎	(しんかわさき)	12.7
（鶴見）	(つるみ)	17.8
（横浜）	(よこはま)	(24.9)

東海道本線（大垣—関ケ原）〈下り〉

Challenge!　　　年　月　日
Complete!!　　　年　月　日

駅名		営業キロ
大垣	(おおがき)	0
関ケ原	(せきがはら)	13.8

東海道本線（大垣—美濃赤坂）

Challenge!　　　年　月　日
Complete!!　　　年　月　日

駅名		営業キロ
大垣	(おおがき)	0
荒尾	(あらお)	3.4
美濃赤坂	(みのあかさか)	5.0

山陽本線

Challenge!　　　年　月　日
Complete!!　　　年　月　日

駅名		営業キロ
神戸	(こうべ)	0
兵庫	(ひょうご)	1.8
新長田	(しんながた)	4.1
鷹取	(たかとり)	5.1
須磨海浜公園	(すまかいひんこうえん)	6.0
須磨	(すま)	7.3
塩屋	(しおや)	10.2
垂水	(たるみ)	13.1
舞子	(まいこ)	15.1
朝霧	(あさぎり)	17.0
明石	(あかし)	19.4
西明石	(にしあかし)	22.8
大久保	(おおくぼ)	25.6
魚住	(うおずみ)	29.1
土山	(つちやま)	32.2
東加古川	(ひがしかこがわ)	35.5
加古川	(かこがわ)	39.1
宝殿	(ほうでん)	42.4
曽根	(そね)	46.4
ひめじ別所	(ひめじべっしょ)	48.4
御着	(ごちゃく)	50.5
東姫路	(ひがしひめじ)	52.9
姫路	(ひめじ)	54.8
英賀保	(あがほ)	59.4
はりま勝原	(はりまかつはら)	62.2
網干	(あぼし)	65.1
竜野	(たつの)	71.0
相生	(あいおい)	75.5
有年	(うね)	83.1
上郡	(かみごおり)	89.6
三石	(みついし)	102.4
吉永	(よしなが)	109.5
和気	(わけ)	114.8
熊山	(くまやま)	119.4
万富	(まんとみ)	123.5
瀬戸	(せと)	128.0
上道	(じょうとう)	132.7
東岡山	(ひがしおかやま)	136.1
高島	(たかしま)	138.9
西川原	(にしがわら)	140.8
岡山	(おかやま)	143.4
北長瀬	(きたながせ)	146.8
庭瀬	(にわせ)	149.9
中庄	(なかしょう)	154.6
倉敷	(くらしき)	159.3
西阿知	(にしあち)	163.3
新倉敷	(しんくらしき)	168.6
金光	(こんこう)	174.9
鴨方	(かもがた)	178.4
里庄	(さとしょう)	182.4
笠岡	(かさおか)	187.1
大門	(だいもん)	194.2
東福山	(ひがしふくやま)	197.5
福山	(ふくやま)	201.7
備後赤坂	(びんごあかさか)	207.5
松永	(まつなが)	212.4
東尾道	(ひがしおのみち)	215.3
尾道	(おのみち)	221.8
糸崎	(いとざき)	230.9
三原	(みはら)	233.3
本郷	(ほんごう)	242.8
河内	(こうち)	255.1
入野	(にゅうの)	259.5
白市	(しらいち)	263.9
西高屋	(にしたかや)	268.3
西条	(さいじょう)	272.9
寺家	(じけ)	275.2
八本松	(はちほんまつ)	278.9
瀬野	(せの)	289.5
中野東	(なかのひがし)	292.4
安芸中野	(あきなかの)	294.4
海田市	(かいたいち)	298.3
向洋	(むかいなだ)	300.6
天神川	(てんじんがわ)	302.4
広島	(ひろしま)	304.7
新白島	(しんはくしま)	306.5
横川	(よこがわ)	307.7
西広島	(にしひろしま)	310.2
新井口	(しんいのくち)	314.4
五日市	(いつかいち)	316.8
廿日市	(はつかいち)	320.2
宮内串戸	(みやうちくしど)	321.6
阿品	(あじな)	324.8
宮島口	(みやじまぐち)	326.5
前空	(まえぞら)	328.3
大野浦	(おおのうら)	331.4
玖波	(くば)	336.4
大竹	(おおたけ)	340.8
和木	(わき)	342.3
岩国	(いわくに)	346.1
南岩国	(みなみいわくに)	350.7
藤生	(ふじゅう)	353.4
通津	(つづ)	358.6
由宇	(ゆう)	361.6
神代	(こうじろ)	366.6
大畠	(おおばたけ)	371.9
柳井港	(やないみなと)	376.4
柳井	(やない)	379.2
田布施	(たぶせ)	385.4
岩田	(いわた)	390.9
島田	(しまた)	395.9
光	(ひかり)	400.7
下松	(くだまつ)	406.9
櫛ケ浜	(くしがはま)	411.5
徳山	(とくやま)	414.9
新南陽	(しんなんよう)	419.0
福川	(ふくがわ)	421.9
戸田	(へた)	425.7
富海	(とのみ)	434.2
防府	(ほうふ)	441.4
大道	(だいどう)	449.2
四辻	(よつつじ)	454.0
新山口	(しんやまぐち)	459.2
嘉川	(かがわ)	463.2
本由良	(ほんゆら)	467.7
厚東	(ことう)	478.0
宇部	(うべ)	484.5
小野田	(おのだ)	488.0
厚狭	(あさ)	494.3
埴生	(はぶ)	502.6
小月	(おづき)	508.8
長府	(ちょうふ)	515.0

在来線 東海道本線／山陽本線

在来線　山陽本線／横須賀線／総武本線／成田線／鹿島線／東金線／久留里線／内房線／外房線／御殿場線／伊東線／武豊線

駅名	営業キロ
新下関　（しんしものせき）	520.9
幡生　（はたぶ）	524.6
下関　（しものせき）	528.1
門司　（もじ）	534.4

山陽本線（兵庫—和田岬）

Challenge!　　年　月　日
Complete!!　　年　月　日

駅名	営業キロ
兵庫　（ひょうご）	0
和田岬　（わだみさき）	2.7

横須賀線

Challenge!　　年　月　日
Complete!!　　年　月　日

駅名	営業キロ
大船　（おおふな）	0
北鎌倉　（きたかまくら）	2.3
鎌倉　（かまくら）	4.5
逗子　（ずし）	8.4
東逗子　（ひがしずし）	10.4
田浦　（たうら）	13.8
横須賀　（よこすか）	15.9
衣笠　（きぬがさ）	19.3
久里浜　（くりはま）	23.9

総武本線

Challenge!　　年　月　日
Complete!!　　年　月　日

駅名	営業キロ
東京　（とうきょう）	0
新日本橋　（しんにほんばし）	1.2
馬喰町　（ばくろちょう）	2.3
錦糸町　（きんしちょう）	4.8
亀戸　（かめいど）	6.3
平井　（ひらい）	8.2
新小岩　（しんこいわ）	10.0
小岩　（こいわ）	12.8
市川　（いちかわ）	15.4
本八幡　（もとやわた）	17.4
下総中山　（しもうさなかやま）	19.0
西船橋　（にしふなばし）	20.6
船橋　（ふなばし）	23.2
東船橋　（ひがしふなばし）	25.0
津田沼　（つだぬま）	26.7
幕張本郷　（まくはりほんごう）	29.6
幕張　（まくはり）	31.6
新検見川　（しんけみがわ）	33.2
稲毛　（いなげ）	35.9
西千葉　（にしちば）	37.8
千葉　（ちば）	39.2
東千葉　（ひがしちば）	40.1
都賀　（つが）	43.4
四街道　（よつかいどう）	46.9
物井　（ものい）	51.1
佐倉　（さくら）	55.3
南酒々井　（みなみしすい）	59.3
榎戸　（えのきど）	62.2
八街　（やちまた）	65.9
日向　（ひゅうが）	71.7
成東　（なるとう）	76.9
松尾　（まつお）	82.5
横芝　（よこしば）	86.8
飯倉　（いいくら）	90.6
八日市場　（ようかいちば）	93.7
干潟　（ひがた）	98.8
旭　（あさひ）	103.6
飯岡　（いいおか）	106.3
倉橋　（くらはし）	109.2
猿田　（さるだ）	111.8
松岸　（まつぎし）	117.3
銚子　（ちょうし）	120.5

総武本線（錦糸町—御茶ノ水）

Challenge!　　年　月　日
Complete!!　　年　月　日

駅名	営業キロ
錦糸町　（きんしちょう）	0
両国　（りょうごく）	1.5
浅草橋　（あさくさばし）	2.3
秋葉原　（あきはばら）	3.4
御茶ノ水　（おちゃのみず）	4.3

成田線

Challenge!　　年　月　日
Complete!!　　年　月　日

駅名	営業キロ
佐倉　（さくら）	0
酒々井　（しすい）	6.4
成田　（なりた）	13.1
久住　（くずみ）	20.0
滑河　（なめがわ）	25.5
下総神崎　（しもうさこうざき）	31.6
大戸　（おおと）	36.1
佐原　（さわら）	40.0
香取　（かとり）	43.6
水郷　（すいごう）	47.5
小見川　（おみがわ）	52.7
笹川　（ささがわ）	57.7
下総橘　（しもうさたちばな）	62.9
下総豊里　（しもうさとよさと）	66.2
椎柴　（しいしば）	71.0
松岸　（まつぎし）	75.4

成田線（成田—成田空港）

Challenge!　　年　月　日
Complete!!　　年　月　日

駅名	営業キロ
成田　（なりた）	0
空港第2ビル　（くうこうだいにびる）	9.8
成田空港　（なりたくうこう）	10.8

成田線（成田—我孫子）

Challenge!　　年　月　日
Complete!!　　年　月　日

駅名	営業キロ
成田　（なりた）	0
下総松崎　（しもうさまんざき）	5.1
安食　（あじき）	9.7
小林　（こばやし）	14.6
木下　（きおろし）	18.9
布佐　（ふさ）	20.8
新木　（あらき）	24.0
湖北　（こほく）	26.6
東我孫子　（ひがしあびこ）	29.5
我孫子　（あびこ）	32.9

鹿島線

Challenge!　　年　月　日
Complete!!　　年　月　日

駅名	営業キロ
香取　（かとり）	0
十二橋　（じゅうにきょう）	3.0
潮来　（いたこ）	5.2
延方　（のぶかた）	10.4
鹿島神宮　（かしまじんぐう）	14.2
鹿島サッカースタジアム　（かしまさっかーすたじあむ）	17.4

東金線

Challenge!　　年　月　日
Complete!!　　年　月　日

駅名	営業キロ
大網　（おおあみ）	0
福俵　（ふくたわら）	3.3
東金　（とうがね）	5.8
求名　（ぐみょう）	9.6
成東　（なるとう）	13.8

久留里線

Challenge!　　年　月　日
Complete!!　　年　月　日

駅名	営業キロ
木更津　（きさらづ）	0
祇園　（ぎおん）	2.6
上総清川　（かずさきよかわ）	4.2
東清川　（ひがしきよかわ）	6.1
横田　（よこた）	9.3
東横田　（ひがしよこた）	10.8
馬来田　（まくた）	13.9
下郡　（しもごおり）	15.2
小櫃　（おびつ）	18.2
俵田　（たわらだ）	20.0
久留里　（くるり）	22.6
平山　（ひらやま）	25.7
上総松丘　（かずさまつおか）	28.3
上総亀山　（かずさかめやま）	32.2

内房線

Challenge!　　年　月　日
Complete!!　　年　月　日

駅名	営業キロ
蘇我　（そが）	0
浜野　（はまの）	3.4
八幡宿　（やわたじゅく）	5.6
五井　（ごい）	9.3
姉ケ崎　（あねがさき）	15.1
長浦　（ながうら）	20.5
袖ケ浦　（そでがうら）	24.4
巌根　（いわね）	27.5
木更津　（きさらづ）	31.3
君津　（きみつ）	38.3
青堀　（あおほり）	42.0
大貫　（おおぬき）	46.6
佐貫町　（さぬきまち）	50.7
上総湊　（かずさみなと）	55.1
竹岡　（たけおか）	60.2
浜金谷　（はまかなや）	64.0
保田　（ほた）	67.5
安房勝山　（あわかつやま）	70.8
岩井　（いわい）	73.7
富浦　（とみうら）	79.8
那古船形　（なこふなかた）	82.1
館山　（たてやま）	85.9
九重　（ここのえ）	91.7
千倉　（ちくら）	96.6
千歳　（ちとせ）	98.6
南三原　（みなみはら）	102.8
和田浦　（わだうら）	106.8
江見　（えみ）	111.4
太海　（ふとみ）	116.0
安房鴨川　（あわかもがわ）	119.4

外房線

Challenge!　　年　月　日
Complete!!　　年　月　日

駅名	営業キロ
千葉　（ちば）	0
本千葉　（ほんちば）	1.4
蘇我　（そが）	3.8
鎌取　（かまとり）	8.8
誉田　（ほんだ）	12.6
土気　（とけ）	18.1
大網　（おおあみ）	22.9
永田　（ながた）	25.3
本納　（ほんのう）	27.7
新茂原　（しんもばら）	31.4
茂原　（もばら）	34.3
八積　（やつみ）	38.9
上総一ノ宮　（かずさいちのみや）	43.0
東浪見　（とらみ）	46.2
太東　（たいとう）	49.3
長者町　（ちょうじゃまち）	52.1
三門　（みかど）	53.7
大原　（おおはら）	57.2
浪花　（なみはな）	60.5
御宿　（おんじゅく）	65.4
勝浦　（かつうら）	70.9
鵜原　（うばら）	74.5
上総興津　（かずさおきつ）	77.2
行川アイランド　（なめがわあいらんど）	80.5
安房小湊　（あわこみなと）	84.3
安房天津　（あわあまつ）	87.7
安房鴨川　（あわかもがわ）	93.3

御殿場線

Challenge!　　年　月　日
Complete!!　　年　月　日

駅名	営業キロ
国府津　（こうづ）	0
下曽我　（しもそが）	3.8
上大井　（かみおおい）	6.5
相模金子　（さがみかねこ）	8.3
松田　（まつだ）	10.2
東山北　（ひがしやまきた）	13.1
山北　（やまきた）	15.9
谷峨　（やが）	20.0
駿河小山　（するがおやま）	24.6
足柄　（あしがら）	28.9
御殿場　（ごてんば）	35.5
南御殿場　（みなみごてんば）	38.2
富士岡　（ふじおか）	40.6
岩波　（いわなみ）	45.3
裾野　（すその）	50.7
長泉なめり　（ながいずみなめり）	53.5
下土狩　（しもとがり）	55.6
大岡　（おおおか）	57.8
沼津　（ぬまづ）	60.2

伊東線

Challenge!　　年　月　日
Complete!!　　年　月　日

駅名	営業キロ
熱海　（あたみ）	0
来宮　（きのみや）	1.2
伊豆多賀　（いずたが）	6.0
網代　（あじろ）	8.7
宇佐美　（うさみ）	13.0
伊東　（いとう）	16.9

武豊線

Challenge!　　年　月　日
Complete!!　　年　月　日

駅名	営業キロ
大府　（おおぶ）	0
尾張森岡　（おわりもりおか）	1.7
緒川　（おがわ）	3.1
石浜　（いしはま）	4.6
東浦　（ひがしうら）	6.8
亀崎　（かめざき）	10.2
乙川　（おっかわ）	12.8
半田　（はんだ）	14.6
東成岩　（ひがしならわ）	16.3
武豊　（たけとよ）	19.3

名松線

Challenge!　　　　年　　月　　日

Complete!!　　　　年　　月　　日

駅名	営業キロ
松阪　（まつさか）	0
上ノ庄　（かみのしょう）	4.2
権現前　（ごんげんまえ）	7.0
伊勢八太　（いせはた）	11.7
一志　（いちし）	13.0
井関　（いせき）	15.6
伊勢大井　（いせおおい）	18.5
伊勢川口　（いせかわぐち）	21.3
関ノ宮　（せきのみや）	23.3
家城　（いえき）	25.8
伊勢竹原　（いせたけはら）	29.5
伊勢鎌倉　（いせかまくら）	33.8
伊勢八知　（いせやち）	36.6
比津　（ひつ）	39.7
伊勢奥津　（いせおきつ）	43.5

身延線

Challenge!　　　　年　　月　　日

Complete!!　　　　年　　月　　日

駅名	営業キロ
富士　（ふじ）	0
柚木　（ゆのき）	1.5
竪堀　（たてぼり）	2.8
入山瀬　（いりやませ）	5.6
富士根　（ふじね）	8.0
源道寺　（げんどうじ）	9.3
富士宮　（ふじのみや）	10.7
西富士宮　（にしふじのみや）	11.9
沼久保　（ぬまくぼ）	16.9
芝川　（しばかわ）	19.2
稲子　（いなこ）	24.0
十島　（とおしま）	26.3
井出　（いで）	29.4
寄畑　（よりはた）	31.9
内船　（うつぶな）	34.1
甲斐大島　（かいおおしま）	39.8
身延　（みのぶ）	43.5
塩之沢　（しおのさわ）	45.7
波高島　（はたかじま）	50.2
下部温泉　（しもべおんせん）	51.7
甲斐常葉　（かいときわ）	54.1
市ノ瀬　（いちのせ）	56.1
久那土　（くなど）	58.8
甲斐岩間　（かいいわま）	60.3
落居　（おちい）	61.8
鰍沢口　（かじかざわぐち）	66.8
市川大門　（いちかわだいもん）	69.8
市川本町　（いちかわほんまち）	70.7
芦川　（あしがわ）	71.7
甲斐上野　（かいうえの）	72.8
東花輪　（ひがしはなわ）	76.3
小井川　（こいかわ）	77.5
常永　（じょうえい）	78.9
国母　（こくぼ）	81.2
甲斐住吉　（かいすみよし）	83.1
南甲府　（みなみこうふ）	84.0
善光寺　（ぜんこうじ）	86.3
金手　（かねんて）	87.2
甲府　（こうふ）	88.4

飯田線

Challenge!　　　　年　　月　　日

Complete!!　　　　年　　月　　日

駅名	営業キロ
豊橋　（とよはし）	0
船町　（ふなまち）	1.5
下地　（しもじ）	2.2
小坂井　（こざかい）	4.4
牛久保　（うしくぼ）	6.6
豊川　（とよかわ）	8.7
三河一宮　（みかわいちのみや）	12.0
長山　（ながやま）	14.4
江島　（えじま）	15.4
東上　（とうじょう）	17.0
野田城　（のだじょう）	19.7
新城　（しんしろ）	21.6
東新町　（ひがししんまち）	22.6
茶臼山　（ちゃうすやま）	23.8
三河東郷　（みかわとうごう）	25.0
大海　（おおみ）	27.9
鳥居　（とりい）	29.3
長篠城　（ながしのじょう）	30.8
本長篠　（ほんながしの）	32.1
三河大野　（みかわおおの）	35.6
湯谷温泉　（ゆやおんせん）	38.0
三河槇原　（みかわまきはら）	40.6
柿平　（かきだいら）	42.9
三河川合　（みかわかわい）	45.2
池場　（いけば）	50.1
東栄　（とうえい）	51.2
出馬　（いずんま）	55.4
上市場　（かみいちば）	56.0
浦川　（うらかわ）	57.3
早瀬　（はやせ）	58.5
下川合　（しもかわい）	59.9
中部天竜　（ちゅうぶてんりゅう）	62.4
佐久間　（さくま）	63.5
相月　（あいづき）	68.5
城西　（しろにし）	70.5
向市場　（むかいいちば）	73.3
水窪　（みさくぼ）	74.3
大嵐　（おおぞれ）	80.8
小和田　（こわだ）	83.8
中井侍　（なかいさむらい）	87.8
伊那小沢　（いなこざわ）	90.1
鶯巣　（うぐす）	91.7
平岡　（ひらおか）	93.8
為栗　（してぐり）	98.5
温田　（ぬくた）	102.2
田本　（たもと）	104.2
門島　（かどしま）	107.9
唐笠　（からかさ）	111.3
金野　（きんの）	113.6
千代　（ちよ）	114.8
天竜峡　（てんりゅうきょう）	116.2
川路　（かわじ）	117.5
時又　（ときまた）	119.3
駄科　（だしな）	121.1
毛賀　（けが）	122.5
伊那八幡　（いなやわた）	123.6
下山村　（しもやまむら）	124.7
鼎　（かなえ）	125.7
切石　（きりいし）	127.7
飯田　（いいだ）	129.3
桜町　（さくらまち）	130.1
伊那上郷　（いなかみさと）	131.1
元善光寺　（もとぜんこうじ）	133.8
下市田　（しもいちだ）	135.6
市田　（いちだ）	136.8
下平　（しもだいら）	139.5
山吹　（やまぶき）	140.5
伊那大島　（いなおおしま）	143.1
上片桐　（かみかたぎり）	146.9
伊那田島　（いなたじま）	148.2
高遠原　（たかとおばら）	150.7
七久保　（ななくぼ）	152.3
伊那本郷　（いなほんごう）	155.1
飯島　（いいじま）	157.9
田切　（たぎり）	160.1
伊那福岡　（いなふくおか）	162.9
小町屋　（こまちや）	164.4
駒ケ根　（こまがね）	165.6
大田切　（おおだぎり）	167.0
宮田　（みやだ）	169.1
赤木　（あかぎ）	170.4
沢渡　（さわんど）	173.4
下島　（しもじま）	174.5
伊那市　（いなし）	178.0
伊那北　（いなきた）	178.9
田畑　（たばた）	181.0
北殿　（きたとの）	183.2
木ノ下　（きのした）	185.6
伊那松島　（いなまつしま）	187.1
沢　（さわ）	189.1
羽場　（はば）	191.6
伊那新町　（いなしんまち）	193.4
宮木　（みやき）	194.6
辰野　（たつの）	195.7

関西本線

Challenge!　　　　年　　月　　日

Complete!!　　　　年　　月　　日

駅名	営業キロ
名古屋　（なごや）	0
八田　（はった）	3.8
春田　（はるた）	7.5
蟹江　（かにえ）	9.3
永和　（えいわ）	12.2
弥富　（やとみ）	16.4
長島　（ながしま）	19.6
桑名　（くわな）	23.8
朝日　（あさひ）	28.5
富田　（とみだ）	31.7
富田浜　（とみだはま）	33.0
四日市　（よっかいち）	37.2
南四日市　（みなみよっかいち）	40.4
河原田　（かわらだ）	44.1
河曲　（かわの）	47.5
加佐登　（かさど）	50.9
井田川　（いだがわ）	55.3
亀山　（かめやま）	59.9
関　（せき）	65.6
加太　（かぶと）	71.0
柘植　（つげ）	79.9
新堂　（しんどう）	86.1
佐那具　（さなぐ）	90.5
伊賀上野　（いがうえの）	94.5
島ケ原　（しまがはら）	101.8
月ケ瀬口　（つきがせぐち）	104.8
大河原　（おおかわら）	108.8
笠置　（かさぎ）	114.2
加茂　（かも）	120.9
木津　（きづ）	126.9
平城山　（ならやま）	130.1
奈良　（なら）	133.9
郡山　（こおりやま）	138.7
大和小泉　（やまとこいずみ）	142.5
法隆寺　（ほうりゅうじ）	145.7
王寺　（おうじ）	149.3
三郷　（さんごう）	151.1
河内堅上　（かわちかたかみ）	154.0
高井田　（たかいだ）	156.4
柏原　（かしわら）	158.8
志紀　（しき）	160.5
八尾　（やお）	163.1
久宝寺　（きゅうほうじ）	164.3
加美　（かみ）	166.0
平野　（ひらの）	167.5
東部市場前　（とうぶしじょうまえ）	169.0
天王寺　（てんのうじ）	171.4
新今宮　（しんいまみや）	172.4
今宮　（いまみや）	173.6
JR難波　（じぇいあーるなんば）	174.9

紀勢本線

Challenge!　　　　年　　月　　日

Complete!!　　　　年　　月　　日

駅名	営業キロ
亀山　（かめやま）	0
下庄　（しものしょう）	5.5
一身田　（いしんでん）	12.1
津　（つ）	15.5
阿漕　（あこぎ）	19.3
高茶屋　（たかちゃや）	23.1
六軒　（ろっけん）	29.1
松阪　（まつさか）	34.6
徳和　（とくわ）	37.6
多気　（たき）	42.5
相可　（おうか）	46.4
佐奈　（さな）	49.6
栃原　（とちはら）	55.1
川添　（かわぞえ）	60.8
三瀬谷　（みせだに）	67.9
滝原　（たきはら）	73.0
阿曽　（あそ）	77.1
伊勢柏崎　（いせかしわざき）	82.2
大内山　（おおうちやま）	86.9
梅ケ谷　（うめがだに）	89.5
紀伊長島　（きいながしま）	98.4
三野瀬　（みのせ）	105.9
船津　（ふなつ）	112.2
相賀　（あいが）	116.6
尾鷲　（おわせ）	123.3
大曽根浦　（おおそねうら）	127.4
九鬼　（くき）	134.4
三木里　（みきさと）	138.5
賀田　（かた）	142.6
二木島　（にぎしま）	146.8
新鹿　（あたしか）	150.8
波田須　（はだす）	153.2
大泊　（おおどまり）	155.2
熊野市　（くまのし）	157.6
有井　（ありい）	159.6
神志山　（こうしやま）	164.1
紀伊市木　（きいいちぎ）	165.6
阿田和　（あたわ）	168.4
紀伊井田　（きいいだ）	173.8
鵜殿　（うどの）	176.6
新宮　（しんぐう）	180.2
三輪崎　（みわさき）	184.9
紀伊佐野　（きさの）	186.6
宇久井　（うくい）	188.7
那智　（なち）	193.0
紀伊天満　（きいてんま）	193.9
紀伊勝浦　（きいかつうら）	195.1
湯川　（ゆかわ）	197.8
太地　（たいじ）	199.9
下里　（しもさと）	201.1
紀伊浦神　（きいうらがみ）	205.0
紀伊田原　（きいたはら）	209.0
古座　（こざ）	215.0
紀伊姫　（きいひめ）	218.9
串本　（くしもと）	221.8
紀伊有田　（きいありた）	227.6
田並　（たなみ）	229.4
田子　（たこ）	233.7
和深　（わぶか）	236.4
江住　（えすみ）	242.0
見老津　（みろづ）	245.0
周参見　（すさみ）	254.0
紀伊日置　（きいひき）	261.2
椿　（つばき）	267.3
紀伊富田　（きいとんだ）	272.5
白浜　（しらはま）	275.4
朝来　（あっそ）	279.7
紀伊新庄　（きいしんじょう）	283.2
紀伊田辺　（きいたなべ）	285.4
芳養　（はや）	289.5
南部　（みなべ）	294.5
岩代　（いわしろ）	299.6
切目　（きりめ）	305.5
印南　（いなみ）	309.3
稲原　（いなはら）	313.6
和佐　（わさ）	320.4
道成寺　（どうじょうじ）	324.7
御坊　（ごぼう）	326.3
紀伊内原　（きいうちはら）	329.2
紀伊由良　（きいゆら）	334.5
広川ビーチ　（ひろかわびーち）	341.3
湯浅　（ゆあさ）	343.9
藤並　（ふじなみ）	347.3
紀伊宮原　（きいみやはら）	351.2
箕島　（みのしま）	355.6
初島　（はつしま）	358.1
下津　（しもつ）	361.1
加茂郷　（かもごう）	363.8
冷水浦　（しみずうら）	367.7
海南　（かいなん）	370.5
黒江　（くろえ）	372.3
紀三井寺　（きみいでら）	375.9
宮前　（みやまえ）	378.8
和歌山　（わかやま）	380.9
紀和　（きわ）	382.7
和歌山市　（わかやまし）	384.2

JR路線リスト

左余白（縦書き）：在来線　参宮線／関西空港線／奈良線／草津線／和歌山線／桜井線／姫新線／加古川線／津山線／吉備線／赤穂線／因美線／伯備線

参宮線

Challenge!　　年　月　日
Complete!!　　年　月　日

駅名	営業キロ
多気　（たき）	0
外城田　（ときだ）	3.3
田丸　（たまる）	7.0
宮川　（みやがわ）	11.0
山田上口　（やまだかみぐち）	13.2
伊勢市　（いせし）	15.0
五十鈴ケ丘　（いすずがおか）	17.9
二見浦　（ふたみのうら）	21.4
松下　（まつした）	23.7
鳥羽　（とば）	29.1

関西空港線

Challenge!　　年　月　日
Complete!!　　年　月　日

駅名	営業キロ
日根野　（ひねの）	0
りんくうタウン　（りんくうたうん）	4.2
関西空港　（かんさいくうこう）	11.1

奈良線

Challenge!　　年　月　日
Complete!!　　年　月　日

駅名	営業キロ
木津　（きづ）	0
上狛　（かみこま）	1.6
棚倉　（たなくら）	4.4
玉水　（たまみず）	7.4
山城多賀　（やましろたが）	9.4
山城青谷　（やましろあおだに）	10.7
長池　（ながいけ）	12.7
城陽　（じょうよう）	14.5
新田　（しんでん）	16.6
JR小倉　（じぇいあーるおぐら）	18.4
宇治　（うじ）	19.8
黄檗　（おうばく）	22.7
木幡　（こはた）	24.1
六地蔵　（ろくじぞう）	25.1
桃山　（ももやま）	27.5
JR藤森　（じぇいあーるふじもり）	29.7
稲荷　（いなり）	32.0
東福寺　（とうふくじ）	33.6
京都　（きょうと）	34.7

草津線

Challenge!　　年　月　日
Complete!!　　年　月　日

駅名	営業キロ
柘植　（つげ）	0
油日　（あぶらひ）	5.3
甲賀　（こうか）	7.4
寺庄　（てらしょう）	10.5
甲南　（こうなん）	12.5
貴生川　（きぶかわ）	15.3
三雲　（みくも）	20.5
甲西　（こうせい）	24.3
石部　（いしべ）	27.6
手原　（てはら）	32.7
草津　（くさつ）	36.7

和歌山線

Challenge!　　年　月　日
Complete!!　　年　月　日

駅名	営業キロ
王寺　（おうじ）	0
畠田　（はたけだ）	2.6
志都美　（しづみ）	4.5
香芝　（かしば）	6.6
JR五位堂　（じぇいあーるごいどう）	8.7
高田　（たかだ）	11.5
大和新庄　（やまとしんじょう）	14.9
御所　（ごせ）	17.6
玉手　（たまて）	19.4
掖上　（わきがみ）	20.9
吉野口　（よしのぐち）	24.9
北宇智　（きたうち）	31.5
五条　（ごじょう）	35.4
大和二見　（やまとふたみ）	37.1
隅田　（すだ）	41.1
下兵庫　（しもひょうご）	43.2
橋本　（はしもと）	45.1
紀伊山田　（きいやまだ）	48.0
高野口　（こうやぐち）	50.6
中飯降　（なかいぶり）	53.0
妙寺　（みょうじ）	54.6
大谷　（おおたに）	56.7
笠田　（かせだ）	58.2
西笠田　（にしかせだ）	61.3
名手　（なて）	63.2
粉河　（こかわ）	66.0
紀伊長田　（きいながた）	67.2
打田　（うちた）	69.8
下井阪　（しもいさか）	72.0
岩出　（いわで）	74.2
船戸　（ふなと）	75.3
紀伊小倉　（きいおぐら）	77.6
布施屋　（ほしや）	79.9
千旦　（せんだ）	81.4
田井ノ瀬　（たいのせ）	82.9
和歌山　（わかやま）	87.5

桜井線

Challenge!　　年　月　日
Complete!!　　年　月　日

駅名	営業キロ
奈良　（なら）	0
京終　（きょうばて）	1.9
帯解　（おびとけ）	4.8
櫟本　（いちのもと）	7.3
天理　（てんり）	9.6
長柄　（ながら）	12.6
柳本　（やなぎもと）	14.3
巻向　（まきむく）	15.9
三輪　（みわ）	18.0
桜井　（さくらい）	19.7
香久山　（かぐやま）	21.7
畝傍　（うねび）	24.7
金橋　（かなはし）	27.3
高田　（たかだ）	29.4

姫新線

Challenge!　　年　月　日
Complete!!　　年　月　日

駅名	営業キロ
姫路　（ひめじ）	0
播磨高岡　（はりまたかおか）	3.8
余部　（よべ）	6.1
太市　（おおいち）	9.9
本竜野　（ほんたつの）	14.9
東觜崎　（ひがしはしさき）	17.8
播磨新宮　（はりましんぐう）	22.1
千本　（せんぼん）	27.6
西栗栖　（にしくりす）	31.2
三日月　（みかづき）	36.6
播磨徳久　（はりまとくさ）	42.5
佐用　（さよ）	45.9
上月　（こうづき）	50.9
美作土居　（みまさかどい）	57.6
美作江見　（みまさかえみ）	63.0
楢原　（ならはら）	66.4
林野　（はやしの）	70.4
勝間田　（かつまだ）	74.3
西勝間田　（にしかつまだ）	77.3
美作大崎　（みまさかおおさき）	79.3
東津山　（ひがしつやま）	83.7
津山　（つやま）	86.3
院庄　（いんのしょう）	90.8
美作千代　（みまさかせんだい）	95.6
坪井　（つぼい）	98.3
美作追分　（みまさかおいわけ）	103.9
美作落合　（みまさかおちあい）	110.9
古見　（こみ）	114.6
久世　（くせ）	118.9
中国勝山　（ちゅうごくかつやま）	123.8
月田　（つきだ）	128.6
富原　（とみはら）	134.7
刑部　（おさかべ）	141.2
丹治部　（たじべ）	145.0
岩山　（いわやま）	149.8
新見　（にいみ）	158.1

加古川線

Challenge!　　年　月　日
Complete!!　　年　月　日

駅名	営業キロ
加古川　（かこがわ）	0
日岡　（ひおか）	2.3
神野　（かんの）	4.8
厄神　（やくじん）	7.4
市場　（いちば）	11.5
小野町　（おのまち）	13.7
粟生　（あお）	16.6
河合西　（かわいにし）	19.2
青野ケ原　（あおのがはら）	21.3
社町　（やしろちょう）	24.2
滝野　（たきの）	27.3
滝　（たき）	28.4
西脇市　（にしわきし）	31.2
新西脇　（しんにしわき）	32.3
比延　（ひえ）	34.6
日本へそ公園　（にほんへそこうえん）	36.1
黒田庄　（くろだしょう）	38.5
本黒田　（ほんくろだ）	42.0
船町口　（ふなまちぐち）	43.8
久下村　（くげむら）	46.3
谷川　（たにかわ）	48.5

津山線

Challenge!　　年　月　日
Complete!!　　年　月　日

駅名	営業キロ
岡山　（おかやま）	0
法界院　（ほうかいいん）	2.3
備前原　（びぜんはら）	5.1
玉柏　（たまがし）	7.5
牧山　（まきやま）	11.4
野々口　（ののくち）	16.7
金川　（かながわ）	19.7
建部　（たけべ）	27.0
福渡　（ふくわたり）	30.3
神目　（こうめ）	36.5
弓削　（ゆげ）	40.5
誕生寺　（たんじょうじ）	43.5
小原　（おばら）	45.5
亀甲　（かめのこう）	49.1
佐良山　（さらやま）	53.4
津山口　（つやまぐち）	56.8
津山　（つやま）	58.7

吉備線

Challenge!　　年　月　日
Complete!!　　年　月　日

駅名	営業キロ
岡山　（おかやま）	0
備前三門　（びぜんみかど）	1.9
大安寺　（だいあんじ）	3.3
備前一宮　（びぜんいちのみや）	6.5
吉備津　（きびつ）	8.4
備中高松　（びっちゅうたかまつ）	11.0
足守　（あしもり）	13.4
服部　（はっとり）	16.2
東総社　（ひがしそうじゃ）	18.8
総社　（そうじゃ）	20.4

赤穂線

Challenge!　　年　月　日
Complete!!　　年　月　日

駅名	営業キロ
相生　（あいおい）	0
西相生　（にしあいおい）	3.0
坂越　（さこし）	7.8
播州赤穂　（ばんしゅうあこう）	10.5
天和　（てんわ）	14.5
備前福河　（びぜんふくかわ）	16.4
寒河　（そうご）	19.6
日生　（ひなせ）	22.1
伊里　（いり）	27.7
備前片上　（びぜんかたかみ）	31.0
西片上　（にしかたかみ）	32.3
伊部　（いんべ）	34.5
香登　（かがと）	38.5
長船　（おさふね）	42.3
邑久　（おく）	45.9
大富　（おおどみ）	48.0
西大寺　（さいだいじ）	51.2
大多羅　（おおだら）	54.1
東岡山　（ひがしおかやま）	57.4

因美線

Challenge!　　年　月　日
Complete!!　　年　月　日

駅名	営業キロ
鳥取　（とっとり）	0
津ノ井　（つのい）	4.3
東郡家　（ひがしこおげ）	8.2
郡家　（こおげ）	10.3
河原　（かわはら）	14.1
国英　（くにふさ）	17.4
鷹狩　（たかがり）	19.8
用瀬　（もちがせ）	21.1
因幡社　（いなばやしろ）	24.9
智頭　（ちず）	31.9
土師　（はじ）	35.6
那岐　（なぎ）	38.5
美作河井　（みまさかかわい）	48.5
知和　（ちわ）	52.0
美作加茂　（みまさかかも）	55.8
三浦　（みうら）	59.3
美作滝尾　（みまさかたきお）	61.5
高野　（たかの）	66.7
東津山　（ひがしつやま）	70.8

伯備線

Challenge!　　年　月　日
Complete!!　　年　月　日

駅名	営業キロ
倉敷　（くらしき）	0
清音　（きよね）	7.3
総社　（そうじゃ）	10.7
豪渓　（ごうけい）	15.3
日羽　（ひわ）	19.0
美袋　（みなぎ）	22.7
備中広瀬　（びっちゅうひろせ）	29.6
備中高梁　（びっちゅうたかはし）	34.0
木野山　（きのやま）	38.8
備中川面　（びっちゅうかわも）	42.7
方谷　（ほうこく）	47.4
井倉　（いくら）	55.2
石蟹　（いしが）	59.7
新見　（にいみ）	64.4
布原　（ぬのはら）	68.3
備中神代　（びっちゅうこうじろ）	70.8
足立　（あしだち）	77.0
新郷　（にいざと）	82.8
上石見　（かみいわみ）	86.7
生山　（しょうやま）	95.4
上菅　（かみすげ）	98.9
黒坂　（くろさか）	103.7

根雨 （ねう）	111.3
武庫 （むこ）	116.0
江尾 （えび）	118.1
伯耆溝口 （ほうきみぞぐち）	127.3
岸本 （きしもと）	132.3
伯耆大山 （ほうきだいせん）	138.4

福塩線

Challenge! 　年　月　日
Complete!! 　年　月　日

駅名	営業キロ
福山 （ふくやま）	0
備後本庄 （びんごほんじょう）	1.8
横尾 （よこお）	6.1
神辺 （かんなべ）	8.4
湯田村 （ゆだむら）	10.4
道上 （みちのうえ）	11.3
万能倉 （まなぐら）	13.4
駅家 （えきや）	14.6
近田 （ちかた）	16.0
戸手 （とで）	17.0
上戸手 （かみとで）	18.8
新市 （しんいち）	20.0
高木 （たかぎ）	21.7
鵜飼 （うかい）	22.7
府中 （ふちゅう）	23.6
下川辺 （しもかわべ）	27.9
中畑 （なかはた）	31.8
河佐 （かわさ）	34.9
備後三川 （びんごみかわ）	42.4
備後矢野 （びんごやの）	46.6
上下 （じょうげ）	50.3
甲奴 （こうぬ）	54.7
梶田 （かじた）	57.1
備後安田 （びんごやすだ）	62.3
吉舎 （きさ）	67.3
三良坂 （みらさか）	73.6
塩町 （しおまち）	78.0

呉線

Challenge! 　年　月　日
Complete!! 　年　月　日

駅名	営業キロ
三原 （みはら）	0
須波 （すなみ）	5.1
安芸幸崎 （あきさいざき）	11.8
忠海 （ただのうみ）	17.2
安芸長浜 （あきながはま）	20.0
大乗 （おおのり）	21.8
竹原 （たけはら）	25.3
吉名 （よしな）	30.0
安芸津 （あきつ）	34.7
風早 （かぜはや）	37.9
安浦 （やすうら）	44.2
安登 （あと）	48.7
安芸川尻 （あきかわじり）	52.8
仁方 （にがた）	57.6
広 （ひろ）	60.2
新広 （しんひろ）	61.5
安芸阿賀 （あきあが）	62.9
呉 （くれ）	67.0
川原石 （かわらいし）	68.7

吉浦 （よしうら）	71.0
かるが浜 （かるがはま）	72.2
天応 （てんのう）	74.3
呉ポートピア （くれぽーとぴあ）	75.6
小屋浦 （こやうら）	77.1
水尻 （みずしり）	79.3
坂 （さか）	81.8
矢野 （やの）	84.4
海田市 （かいたいち）	87.0

芸備線

Challenge! 　年　月　日
Complete!! 　年　月　日

駅名	営業キロ
備中神代 （びっちゅうこうじろ）	0
坂根 （さかね）	3.9
市岡 （いちおか）	6.5
矢神 （やがみ）	10.0
野馳 （のち）	13.6
東城 （とうじょう）	18.8
備後八幡 （びんごやわた）	25.3
内名 （うちな）	29.0
小奴可 （おぬか）	33.6
道後山 （どうごやま）	37.8
備後落合 （びんごおちあい）	44.6
比婆山 （ひばやま）	50.2
備後西城 （びんごさいじょう）	53.2
平子 （ひらこ）	57.4
高 （たか）	62.3
備後庄原 （びんごしょうばら）	68.5
備後三日市 （びんごみっかいち）	70.5
七塚 （ななつか）	72.2
山ノ内 （やまのうち）	75.2
下和知 （しもわち）	80.1
塩町 （しおまち）	83.2
神杉 （かみすぎ）	84.7
八次 （やつぎ）	88.0
三次 （みよし）	90.3
西三次 （にしみよし）	91.9
志和地 （しわち）	99.6
上川立 （かみかわたち）	102.2
甲立 （こうたち）	106.5
吉田口 （よしだぐち）	109.9
向原 （むかいはら）	116.1
井原市 （いばらいち）	122.0
志和口 （しわぐち）	126.0
上三田 （かみみた）	129.5
中三田 （なかみた）	134.0
白木山 （しらきやま）	136.3
狩留家 （かるが）	138.5
上深川 （かみふかわ）	140.7
中深川 （なかふかわ）	143.5
下深川 （しもふかわ）	144.9
玖村 （くむら）	147.3
安芸矢口 （あきやぐち）	149.3
戸坂 （へさか）	152.1
矢賀 （やが）	156.9
広島 （ひろしま）	159.1

可部線

Challenge! 　年　月　日
Complete!! 　年　月　日

駅名	営業キロ
横川 （よこがわ）	0
三滝 （みたき）	1.1
安芸長束 （あきながつか）	2.6
下祇園 （しもぎおん）	3.9
古市橋 （ふるいちばし）	5.3
大町 （おおまち）	6.5
緑井 （みどりい）	7.3
七軒茶屋 （しちけんちゃや）	8.0
梅林 （ばいりん）	9.6
上八木 （かみやぎ）	11.2
中島 （なかしま）	12.6
可部 （かべ）	14.0
河戸帆待川 （こうどほまちがわ）	14.8
あき亀山 （あきかめやま）	15.6

岩徳線

Challenge! 　年　月　日
Complete!! 　年　月　日

駅名	営業キロ
岩国 （いわくに）	0
西岩国 （にしいわくに）	3.7
川西 （かわにし）	5.6
柱野 （はしらの）	8.5
欽明路 （きんめいじ）	15.2
玖珂 （くが）	17.1
周防高森 （すおうたかもり）	20.6
米川 （よねかわ）	24.4
高水 （たかみず）	28.8
勝間 （かつま）	31.1
大河内 （おおかわち）	33.3
周防久保 （すおうくぼ）	34.7
生野屋 （いくのや）	38.0
周防花岡 （すおうはなおか）	39.8
櫛ケ浜 （くしがはま）	43.7

山口線

Challenge! 　年　月　日
Complete!! 　年　月　日

駅名	営業キロ
新山口 （しんやまぐち）	0
周防下郷 （すおうしもごう）	1.0
上郷 （かみごう）	2.7
仁保津 （にほづ）	4.6
大歳 （おおとし）	7.3
矢原 （やばら）	8.6
湯田温泉 （ゆだおんせん）	10.3
山口 （やまぐち）	12.7
上山口 （かみやまぐち）	13.9
宮野 （みやの）	15.5
仁保 （にほ）	20.2
篠目 （しのめ）	28.9
長門峡 （ちょうもんきょう）	32.3
渡川 （わたりがわ）	35.5
三谷 （みたに）	38.6

名草 （なぐさ）	41.4
地福 （じふく）	43.9
鍋倉 （なべくら）	46.4
徳佐 （とくさ）	49.9
船平山 （ふなひらやま）	52.8
津和野 （つわの）	62.9
青野山 （あおのやま）	66.1
日原 （にちはら）	72.8
青原 （あおはら）	78.9
東青原 （ひがしあおはら）	80.6
石見横田 （いわみよこた）	84.7
本俣賀 （ほんまたが）	89.6
益田 （ますだ）	93.9

美祢線

Challenge! 　年　月　日
Complete!! 　年　月　日

駅名	営業キロ
厚狭 （あさ）	0
湯ノ峠 （ゆのとう）	4.2
厚保 （あつ）	10.2
四郎ケ原 （しろうがはら）	13.2
南大嶺 （みなみおおみね）	16.9
美祢 （みね）	19.4
重安 （しげやす）	22.3
於福 （おふく）	27.2
渋木 （しぶき）	37.1
長門湯本 （ながとゆもと）	41.0
板持 （いたもち）	43.3
長門市 （ながとし）	46.0

宇部線

Challenge! 　年　月　日
Complete!! 　年　月　日

駅名	営業キロ
新山口 （しんやまぐち）	0
上嘉川 （かみかがわ）	2.8
深溝 （ふかみぞ）	5.9
周防佐山 （すおうさやま）	7.5
岩倉 （いわくら）	8.8
阿知須 （あじす）	10.2
岐波 （きわ）	12.7
丸尾 （まるお）	15.2
床波 （とこなみ）	18.9
常盤 （ときわ）	20.7
草江 （くさえ）	22.5
宇部岬 （うべみさき）	23.7
東新川 （ひがししんかわ）	25.3
琴芝 （ことしば）	26.0
宇部新川 （うべしんかわ）	27.1
居能 （いのう）	28.9
岩鼻 （いわはな）	30.3
宇部 （うべ）	33.2

小野田線

Challenge! 　年　月　日
Complete!! 　年　月　日

駅名	営業キロ
居能 （いのう）	0
妻崎 （つまざき）	2.5

長門長沢 （ながとながさわ）	3.2
雀田 （すずめだ）	4.5
小野田港 （おのだこう）	6.5
南小野田 （みなみおのだ）	7.1
南中川 （みなみなかがわ）	8.3
目出 （めで）	9.7
小野田 （おのだ）	11.6

小野田線
（雀田—長門本山）

Challenge! 　年　月　日
Complete!! 　年　月　日

駅名	営業キロ
雀田 （すずめだ）	0
浜河内 （はまごうち）	1.3
長門本山 （ながともとやま）	2.3

宇野線

Challenge! 　年　月　日
Complete!! 　年　月　日

駅名	営業キロ
岡山 （おかやま）	0
大元 （おおもと）	2.5
備前西市 （びぜんにしいち）	4.5
妹尾 （せのお）	8.3
備中箕島 （びっちゅうみしま）	10.2
早島 （はやしま）	11.9
久々原 （くぐはら）	13.2
茶屋町 （ちゃやまち）	14.9
彦崎 （ひこさき）	18.1
備前片岡 （びぜんかたおか）	20.9
迫川 （はざかわ）	22.8
常山 （つねやま）	24.1
八浜 （はちはま）	26.6
備前田井 （びぜんたい）	30.3
宇野 （うの）	32.8

本四備讃線
（瀬戸大橋線）

Challenge! 　年　月　日
Complete!! 　年　月　日

駅名	営業キロ
茶屋町 （ちゃやまち）	0
植松 （うえまつ）	2.9
木見 （きみ）	5.6
上の町 （かみのちょう）	9.7
児島 （こじま）	12.9
宇多津 （うたづ）	31.0

予讃線

Challenge! 　年　月　日
Complete!! 　年　月　日

駅名	営業キロ
高松 （たかまつ）	0
香西 （こうざい）	3.4
鬼無 （きなし）	6.1
端岡 （はしおか）	9.5

在来線
福塩線／呉線／芸備線／可部線／岩徳線／山口線／美祢線／宇部線／小野田線／宇野線／本四備讃線／予讃線

JR路線リスト

在来線
予讃線／内子線／土讃線／高徳線／鳴門線／牟岐線／徳島線／予土線

駅名	営業キロ
国分　（こくぶ）	11.9
讃岐府中（さぬきふちゅう）	14.2
鴨川　（かもがわ）	16.6
八十場　（やそば）	18.6
坂出　（さかいで）	21.3
宇多津　（うたづ）	25.9
丸亀　（まるがめ）	28.5
讃岐塩屋（さぬきしおや）	30.1
多度津　（たどつ）	32.7
海岸寺　（かいがんじ）	36.5
(臨)津島ノ宮（つしまノみや）	39.5
詫間　（たくま）	42.0
みの　（みの）	44.5
高瀬　（たかせ）	47.0
比地大　（ひじだい）	50.0
本山　（もとやま）	52.4
観音寺　（かんおんじ）	56.5
豊浜　（とよはま）	62.0
箕浦　（みのうら）	66.4
川之江　（かわのえ）	72.2
伊予三島（いよみしま）	77.6
伊予寒川（いよさんがわ）	81.7
赤星　（あかぼし）	85.9
伊予土居（いよどい）	88.6
関川　（せきがわ）	92.2
伊予西条（いよさいじょう）	114.3
石鎚山（いしづちやま）	117.8
伊予氷見（いよひみ）	120.3
伊予小松（いよこまつ）	121.6
玉之江　（たまのえ）	124.5
壬生川　（にゅうがわ）	126.8
伊予三芳（いよみよし）	130.2
伊予桜井（いよさくらい）	137.8
伊予富田（いよとみた）	141.6
今治　（いまばり）	144.9
波止浜　（はしはま）	149.6
波方　（なみかた）	152.3
大西　（おおにし）	156.4
伊予亀岡（いよかめおか）	161.9
菊間　（きくま）	165.9
浅海　（あさなみ）	170.6
大浦　（おおうら）	173.8
伊予北条（いよほうじょう）	176.9
柳原　（やなぎはら）	179.1
粟井　（あわい）	180.3
光洋台　（こうようだい）	182.3
堀江　（ほりえ）	184.9
伊予和気（いよわけ）	187.0
三津浜　（みつはま）	190.7
松山　（まつやま）	194.4
市坪　（いちつぼ）	197.9
北伊予　（きたいよ）	200.3
南伊予　（みなみいよ）	201.9
伊予横田（いよよこた）	203.0
鳥ノ木　（とりのき）	204.8
伊予市　（いよし）	206.0
向井原　（むかいばら）	208.5
高野川　（こうのかわ）	213.9
伊予上灘（いよかみなだ）	217.1
下灘　（しもなだ）	222.4
串　（くし）	225.0
喜多灘　（きたなだ）	228.2
伊予長浜（いよながはま）	233.1
伊予出石（いよいずし）	235.9

駅名	営業キロ
伊予白滝（いよしらたき）	239.3
八多喜　（はたき）	241.7
春賀　（はるが）	243.4
五郎　（ごろう）	245.7
伊予大洲（いよおおず）	249.5
西大洲（にしおおず）	251.6
伊予平野（いよひらの）	253.5
千丈　（せんじょう）	260.6
八幡浜　（やわたはま）	262.8
双岩　（ふたいわ）	267.5
伊予石城（いよいわき）	272.4
上宇和　（かみうわ）	275.4
卯之町　（うのまち）	277.4
下宇和　（しもうわ）	280.0
立間　（たちま）	286.6
伊予吉田（いよよしだ）	289.3
高光　（たかみつ）	293.9
北宇和島（きたうわじま）	296.1
宇和島　（うわじま）	297.6

予讃線（内子経由）

Challenge!　　年　月　日
Complete!!　　年　月　日

駅名	営業キロ
向井原（むかいばら）	0
伊予大平（いよおおひら）	2.8
伊予中山（いよなかやま）	10.2
伊予立川（いよたちかわ）	16.9
内子　（うちこ）	23.5
伊予大洲（いよおおず）	0
新谷　（にいや）	5.9

内子線

Challenge!　　年　月　日
Complete!!　　年　月　日

駅名	営業キロ
新谷　（にいや）	0
喜多山　（きたやま）	1.2
五十崎　（いかざき）	3.7
内子　（うちこ）	5.3

土讃線

Challenge!　　年　月　日
Complete!!　　年　月　日

駅名	営業キロ
多度津　（たどつ）	0
金蔵寺　（こんぞうじ）	3.7
善通寺　（ぜんつうじ）	6.0
琴平　（ことひら）	11.3
塩入　（しおいり）	17.7
黒川　（くろかわ）	21.6
讃岐財田（さぬきさいだ）	23.9
坪尻　（つぼじり）	32.1
箸蔵　（はしくら）	35.4
佃　（つくだ）	38.8
阿波池田（あわいけだ）	43.9
三縄　（みなわ）	47.8
祖谷口　（いやぐち）	52.3
阿波川口（あわかわぐち）	55.1

駅名	営業キロ
小歩危　（こぼけ）	59.8
大歩危　（おおぼけ）	65.5
土佐岩原（とさいわはら）	72.7
豊永　（とよなが）	76.7
大田口　（おおたぐち）	80.4
土佐穴内（とさあNone）※土佐穴内（とさあない）	83.2
大杉　（おおすぎ）	87.2
土佐北川（とさきたがわ）	93.3
角茂谷　（かくもだに）	95.5
繁藤　（しげとう）	97.6
新改　（しんかい）	103.9
土佐山田（とさやまだ）	111.3
山田西町（やまだにしまち）	112.1
土佐長岡（とさながおか）	114.1
後免　（ごめん）	116.2
土佐大津（とさおおつ）	119.4
布師田　（ぬのしだ）	121.4
土佐一宮（とさいっく）	122.7
薊野　（あぞうの）	124.4
高知　（こうち）	126.6
入明　（いりあけ）	127.9
円行寺口（えんぎょうじぐち）	128.7
旭　（あさひ）	130.2
高知商業前（こうちしょうぎょうまえ）	131.1
朝倉　（あさくら）	132.7
枝川　（えだがわ）	136.2
伊野　（いの）	138.0
波川　（はかわ）	139.5
小村神社前（おむらじんじゃまえ）	141.6
日下　（くさか）	143.7
岡花　（おかばな）	145.7
土佐加茂（とさかも）	148.6
西佐川　（にしさかわ）	152.4
佐川　（さかわ）	154.2
襟野々　（えりのの）	156.0
斗賀野　（とがの）	158.0
吾桑　（あそう）	163.4
多ノ郷　（おおのごう）	166.1
大間　（おおま）	167.0
須崎　（すさき）	168.7
土佐新荘（とさしんじょう）	170.6
安和　（あわ）	173.6
土佐久礼（とさくれ）	179.7
影野　（かげの）	190.4
六反地　（ろくたんじ）	192.2
仁井田　（にいだ）	194.2
窪川　（くぼかわ）	198.7

高徳線

Challenge!　　年　月　日
Complete!!　　年　月　日

駅名	営業キロ
高松　（たかまつ）	0
昭和町　（しょうわちょう）	1.5
栗林公園北口（りつりんこうえんきたぐち）	3.2
栗林　（りつりん）	4.3
木太町　（きたちょう）	6.7
屋島　（やしま）	9.5
古高松南（ふるたかまつみなみ）	10.8
八栗口　（やくりぐち）	12.3
讃岐牟礼（さぬきむれ）	13.4
志度　（しど）	16.3

駅名	営業キロ
オレンジタウン（おれんじたうん）	18.9
造田　（ぞうだ）	21.3
神前　（かんざき）	23.4
讃岐津田（さぬきつだ）	27.7
鶴羽　（つるわ）	30.4
丹生　（にぶ）	34.4
三本松　（さんぼんまつ）	37.6
讃岐白鳥（さぬきしろとり）	40.7
引田　（ひけた）	45.1
讃岐相生（さぬきあいおい）	47.6
阿波大宮（あわおおみや）	53.2
板野　（いたの）	58.0
阿波川端（あわかわばた）	59.8
板東　（ばんどう）	62.1
池谷　（いけのたに）	64.2
勝瑞　（しょうずい）	66.9
吉成　（よしなり）	68.2
佐古　（さこ）	73.1
徳島　（とくしま）	74.5

鳴門線

Challenge!　　年　月　日
Complete!!　　年　月　日

駅名	営業キロ
池谷　（いけのたに）	0
阿波大谷（あわおおたに）	1.3
立道　（たつみち）	3.0
教会前　（きょうかいまえ）	4.9
金比羅前（こんぴらまえ）	5.7
撫養　（むや）	7.2
鳴門　（なると）	8.5

牟岐線

Challenge!　　年　月　日
Complete!!　　年　月　日

駅名	営業キロ
徳島　（とくしま）	0
阿波富田（あわとみだ）	1.4
二軒屋　（にけんや）	2.8
文化の森（ぶんかのもり）	3.9
地蔵橋　（じぞうばし）	6.0
中田　（ちゅうでん）	9.2
南小松島（みなみこまつしま）	10.9
阿波赤石（あわあかいし）	14.2
立江　（たつえ）	15.6
羽ノ浦　（はのうら）	17.7
西原　（にしばら）	19.8
阿波中島（あわなかしま）	21.8
阿南　（あなん）	24.5
見能林　（みのばやし）	26.4
阿波橘　（あわたちばな）	28.6
桑野　（くわの）	32.6
新野　（あらたの）	36.2
阿波福井（あわふくい）	38.9
由岐　（ゆき）	44.9
(臨)田井ノ浜（たいのはま）	45.7
木岐　（きき）	47.2
北河内　（きたがわち）	51.5
日和佐　（ひわさ）	53.3

駅名	営業キロ
山河内（やまがうち）	58.4
辺川　（へがわ）	64.3
牟岐　（むぎ）	67.7
鯖瀬　（さばせ）	72.0
浅川　（あさかわ）	75.4
阿波海南（あわかいなん）	77.8
海部　（かいふ）	79.3

徳島線

Challenge!　　年　月　日
Complete!!　　年　月　日

駅名	営業キロ
佃　（つくだ）	0
辻　（つじ）	1.5
阿波加茂（あわかも）	6.6
三加茂　（みかも）	8.7
江口　（えぐち）	11.2
阿波半田（あわはんだ）	17.2
貞光　（さだみつ）	19.4
小島　（おしま）	24.6
穴吹　（あなぶき）	30.3
川田　（かわた）	34.8
阿波山川（あわやまかわ）	37.7
山瀬　（やませ）	39.9
学　（がく）	42.7
阿波川島（あわかわしま）	46.2
西麻植　（にしおえ）	48.1
鴨島　（かもじま）	50.0
麻植塚　（おえづか）	51.8
牛島　（うしのしま）	53.8
下浦　（しもうら）	56.3
石井　（いしい）	58.6
府中　（こう）	62.3
鮎喰　（あくい）	64.5
蔵本　（くらもと）	65.6
佐古　（さこ）	67.5

予土線

Challenge!　　年　月　日
Complete!!　　年　月　日

駅名	営業キロ
若井　（わかい）	0
家地川（いえぢがわ）	5.8
打井川（うついがわ）	10.7
土佐大正（とさたいしょう）	17.6
土佐昭和（とさしょうわ）	26.5
十川　（とおかわ）	31.0
半家　（はげ）	38.9
江川崎（えかわさき）	42.7
西ケ方（にしがほう）	45.4
真土　（まつち）	51.3
吉野生（よしのぶ）	53.0
松丸　（まつまる）	55.3
出目　（いずめ）	58.8
近永　（ちかなが）	60.4
深田　（ふかた）	62.5
大内　（おおうち）	65.4
二名　（ふたな）	66.9
伊予宮野下（いよみやのした）	69.1
務田　（むでん）	70.0
北宇和島（きたうわじま）	76.3

山陰本線

Challenge!
　　　　年　月　日

Complete!!
　　　　年　月　日

駅名	営業キロ
京都　（きょうと）	0
梅小路京都西 （うめこうじきょうとにし）	1.7
丹波口　（たんばぐち）	2.5
二条　（にじょう）	4.2
円町　（えんまち）	5.8
花園　（はなぞの）	6.9
太秦　（うずまさ）	8.6
嵯峨嵐山 （さがあらしやま）	10.3
保津峡　（ほづきょう）	14.3
馬堀　（うまほり）	18.1
亀岡　（かめおか）	20.2
並河　（なみかわ）	23.4
千代川　（ちよかわ）	25.2
八木　（やぎ）	28.2
吉富　（よしとみ）	32.3
園部　（そのべ）	34.2
船岡　（ふなおか）	38.2
日吉　（ひよし）	41.9
鍼灸大学前 （しんきゅうだいがくまえ）	44.3
胡麻　（ごま）	47.1
下山　（しもやま）	51.9
和知　（わち）	58.6
安栖里　（あせり）	60.7
立木　（たちき）	65.5
山家　（やまが）	69.0
綾部　（あやべ）	76.2
高津　（たかつ）	80.3
石原　（いさ）	82.8
福知山　（ふくちやま）	88.5
上川口　（かみかわぐち）	95.2
下夜久野　（しもやくの）	102.4
上夜久野　（かみやくの）	109.8
梁瀬　（やなせ）	115.6
和田山　（わだやま）	119.0
養父　（やぶ）	124.2
八鹿　（ようか）	131.2
江原　（えばら）	138.7
国府　（こくふ）	142.4
豊岡　（とよおか）	148.4
玄武洞　（げんぶどう）	153.7
城崎温泉 （きのさきおんせん）	158.0
竹野　（たけの）	166.0
佐津　（さつ）	173.4
柴山　（しばやま）	175.7
香住　（かすみ）	180.0
鎧　（よろい）	185.4
餘部　（あまるべ）	187.2
久谷　（くたに）	191.8
浜坂　（はまさか）	197.9
諸寄　（もろよせ）	199.8
居組　（いぐみ）	204.2
東浜　（ひがしはま）	207.5
岩美　（いわみ）	211.9
大岩　（おおいわ）	214.8
福部　（ふくべ）	219.1
鳥取　（とっとり）	230.3
湖山　（こやま）	234.5
鳥取大学前 （とっとりだいがくまえ）	235.8
末恒　（すえつね）	239.6
宝木　（ほうぎ）	244.7
浜村　（はまむら）	247.6
青谷　（あおや）	252.8
泊　（とまり）	258.9

駅名	営業キロ
松崎　（まつざき）	264.6
倉吉　（くらよし）	270.1
下北条　（しもほうじょう）	275.2
由良　（ゆら）	280.1
浦安　（うらやす）	285.8
八橋　（やばせ）	287.6
赤碕　（あかさき）	291.3
中山口　（なかやまぐち）	295.5
下市　（しもいち）	297.7
御来屋　（みくりや）	303.6
名和　（なわ）	304.7
大山口　（だいせんぐち）	308.8
淀江　（よどえ）	312.7
伯耆大山 （ほうきだいせん）	318.2
東山公園 （ひがしやまこうえん）	321.2
米子　（よなご）	323.0
安来　（やすぎ）	331.8
荒島　（あらしま）	336.6
揖屋　（いや）	342.2
東松江　（ひがしまつえ）	345.3
松江　（まつえ）	351.9
乃木　（のぎ）	354.6
玉造温泉 （たまつくりおんせん）	358.5
来待　（きまち）	364.5
宍道　（しんじ）	368.9
荘原　（しょうばら）	373.0
直江　（なおえ）	379.1
出雲市　（いずもし）	384.6
西出雲　（にしいずも）	389.4
出雲神西 （いずもじんざい）	391.4
江南　（こうなん）	393.5
小田　（おだ）	400.1
田儀　（たぎ）	404.0
波根　（はね）	411.5
久手　（くて）	413.7
大田市　（おおだし）	417.2
静間　（しずま）	420.2
五十猛　（いそたけ）	422.8
仁万　（にま）	428.9
馬路　（まじ）	431.8
湯里　（ゆさと）	434.8
温泉津　（ゆのつ）	437.9
石見福光 （いわみふくみつ）	440.8
黒松　（くろまつ）	443.6
浅利　（あさり）	448.0
江津　（ごうつ）	454.3
都野津　（つのづ）	458.7
敬川　（うやがわ）	460.5
波子　（はし）	463.3
久代　（くしろ）	465.6
下府　（しもこう）	469.7
浜田　（はまだ）	473.3
西浜田　（にしはまだ）	478.7
周布　（すふ）	482.8
折居　（おりい）	487.6
三保三隈　（みほみすみ）	492.6
岡見　（おかみ）	497.6
鎌手　（かまて）	502.7
石見津田　（いわみつだ）	507.2
益田　（ますだ）	514.5
戸田小浜　（とだこはま）	524.3
飯浦　（いいのうら）	528.0
江崎　（えさき）	533.8
須佐　（すさ）	540.4
宇田郷　（うたごう）	549.2
木与　（きよ）	555.6
奈古　（なご）	560.2
長門大井 （ながとおおい）	564.5
越ケ浜　（こしがはま）	569.1

駅名	営業キロ
東萩　（ひがしはぎ）	572.0
萩　（はぎ）	575.8
玉江　（たまえ）	578.2
三見　（さんみ）	583.9
飯井　（いい）	588.1
長門三隈 （ながとみすみ）	594.5
長門市　（ながとし）	599.6
黄波戸　（きわど）	604.9
長門古市 （ながとふるいち）	609.0
人丸　（ひとまる）	613.5
伊上　（いがみ）	617.9
長門粟野 （ながとあわの）	622.1
阿川　（あがわ）	627.4
特牛　（こっとい）	631.5
滝部　（たきべ）	635.1
長門二見 （ながとふたみ）	639.9
宇賀本郷 （うかほんごう）	643.5
湯玉　（ゆたま）	645.7
小串　（こぐし）	650.2
川棚温泉 （かわたなおんせん）	652.9
黒井村　（くろいむら）	655.4
梅ケ峠　（うめがとう）	658.8
吉見　（よしみ）	662.7
福江　（ふくえ）	665.6
安岡　（やすおか）	668.2
梶栗郷台地 （かじくりごうだいち）	669.6
綾羅木　（あやらぎ）	670.7
幡生　（はたぶ）	673.8

山陰本線
（長門市―仙崎）

Challenge!
　　　　年　月　日

Complete!!
　　　　年　月　日

駅名	営業キロ
長門市　（ながとし）	0
仙崎　（せんざき）	2.2

播但線

Challenge!
　　　　年　月　日

Complete!!
　　　　年　月　日

駅名	営業キロ
姫路　（ひめじ）	0
京口　（きょうぐち）	1.7
野里　（のざと）	4.3
砥堀　（とほり）	6.0
仁豊野　（にぶの）	8.2
香呂　（こうろ）	11.2
溝口　（みぞぐち）	13.2
福崎　（ふくさき）	17.1
甘地　（あまじ）	20.6
鶴居　（つるい）	24.5
新野　（にいの）	27.7
寺前　（てらまえ）	29.6
長谷　（はせ）	35.9
生野　（いくの）	43.6
新井　（にい）	51.9
青倉　（あおくら）	55.6
竹田　（たけだ）	59.9
和田山　（わだやま）	65.7

木次線

Challenge!
　　　　年　月　日

Complete!!
　　　　年　月　日

駅名	営業キロ
宍道　（しんじ）	0
南宍道　（みなみしんじ）	3.6
加茂中　（かもなか）	8.7
幡屋　（はたや）	11.8
出雲大東 （いずもだいとう）	13.9
南大東　（みなみだいとう）	17.5
木次　（きすき）	21.1
日登　（ひのぼり）	24.8
下久野　（しもくの）	31.5
出雲八代 （いずもやしろ）	37.4
出雲三成 （いずもみなり）	41.5
亀嵩　（かめだけ）	45.9
出雲横田 （いずもよこた）	52.3
八川　（やかわ）	56.3
出雲坂根 （いずもさかね）	63.3
三井野原　（みいのはら）	69.7
油木　（あぶらぎ）	75.3
備後落合 （びんごおちあい）	81.9

福知山線

Challenge!
　　　　年　月　日

Complete!!
　　　　年　月　日

駅名	営業キロ
尼崎　（あまがさき）	0
塚口　（つかぐち）	2.5
猪名寺　（いなでら）	3.9
伊丹　（いたみ）	5.8
北伊丹　（きたいたみ）	7.9
川西池田 （かわにしいけだ）	11.0
中山寺　（なかやまでら）	14.5
宝塚　（たからづか）	17.8
生瀬　（なまぜ）	19.7
西宮名塩 （にしのみやなじお）	21.9
武田尾　（たけだお）	25.1
道場　（どうじょう）	30.1
三田　（さんだ）	33.7
新三田　（しんさんだ）	36.9
広野　（ひろの）	39.7
相野　（あいの）	44.0
藍本　（あいもと）	48.2
草野　（くさの）	50.5
古市　（ふるいち）	53.5
南矢代　（みなみやしろ）	56.1
篠山口　（ささやまぐち）	58.4
丹波大山 （たんばおおやま）	60.7
下滝　（しもたき）	68.7
谷川　（たにかわ）	73.0
柏原　（かいばら）	80.0
石生　（いそう）	83.2
黒井　（くろい）	87.5
市島　（いちじま）	94.0
丹波竹田 （たんばたけだ）	98.2
福知山　（ふくちやま）	106.5

舞鶴線

Challenge!
　　　　年　月　日

Complete!!
　　　　年　月　日

駅名	営業キロ
綾部　（あやべ）	0
淵垣　（ふちがき）	5.3
梅迫　（うめざこ）	8.2
真倉　（まぐら）	15.5
西舞鶴　（にしまいづる）	19.5
東舞鶴　（ひがしまいづる）	26.4

小浜線

Challenge!
　　　　年　月　日

Complete!!
　　　　年　月　日

駅名	営業キロ
敦賀　（つるが）	0
西敦賀　（にしつるが）	3.3
粟野　（あわの）	7.7
東美浜　（ひがしみはま）	12.7
美浜　（みはま）	17.9
気山　（きやま）	21.4
三方　（みかた）	24.7
藤井　（ふじい）	27.3
十村　（とむら）	29.3
大鳥羽　（おおとば）	33.3
若狭有田 （わかさありた）	35.4
上中　（かみなか）	38.8
新平野　（しんひらの）	43.3
東小浜　（ひがしおばま）	46.2
小浜　（おばま）	49.5
勢浜　（せいはま）	53.2
加斗　（かと）	57.2
若狭本郷 （わかさほんごう）	61.8
若狭和田 （わかさわだ）	65.7
若狭高浜 （わかさたかはま）	68.9
三松　（みつまつ）	71.4
青郷　（あおのごう）	73.5
松尾寺　（まつのおでら）	78.2
東舞鶴　（ひがしまいづる）	84.3

境線

Challenge!
　　　　年　月　日

Complete!!
　　　　年　月　日

駅名	営業キロ
米子　（よなご）	0
博労町　（ばくろうまち）	1.0
富士見町　（ふじみちょう）	1.5
後藤　（ごとう）	2.2
三本松口 （さんぼんまつぐち）	3.3
河崎口　（かわさきぐち）	5.3
弓ケ浜　（ゆみがはま）	7.2
和田浜　（わだはま）	9.7
大篠津町 （おおしのづちょう）	11.1
米子空港 （よなごくうこう）	12.7
中浜　（なかはま）	13.2
高松町　（たかまつちょう）	14.3
余子　（あまりこ）	15.0
上道　（あがりみち）	16.3
馬場崎町 （ばばさきちょう）	17.2
境港　（さかいみなと）	17.9

鹿児島本線

Challenge! 　年　月　日

Complete!! 　年　月　日

駅名	営業キロ
門司港　（もじこう）	0
小森江　（こもりえ）	4.0
門司　（もじ）	5.5
小倉　（こくら）	11.0
西小倉　（にしこくら）	11.8
九州工大前　（きゅうしゅうこうだいまえ）	15.3
戸畑　（とばた）	17.2
枝光　（えだみつ）	20.0
スペースワールド　（すぺーすわーるど）	21.1
八幡　（やはた）	22.2
黒崎　（くろさき）	24.9
陣原　（じんのはる）	27.1
折尾　（おりお）	30.1
水巻　（みずまき）	32.2
遠賀川　（おんががわ）	34.3
海老津　（えびつ）	39.4
教育大前　（きょういくだいまえ）	44.6
赤間　（あかま）	46.5
東郷　（とうごう）	50.7
東福間　（ひがしふくま）	53.9
福間　（ふくま）	56.6
千鳥　（ちどり）	58.5
古賀　（こが）	60.0
ししぶ　（ししぶ）	62.0
新宮中央　（しんぐうちゅうおう）	63.4
福工大前　（ふっこうだいまえ）	65.1
九産大前　（きゅうさんだいまえ）	68.1
香椎　（かしい）	69.8
千早　（ちはや）	71.0
箱崎　（はこざき）	75.0
吉塚　（よしづか）	76.4
博多　（はかた）	78.2
竹下　（たけした）	80.9
笹原　（ささばる）	83.3
南福岡　（みなみふくおか）	84.9
春日　（かすが）	86.1
大野城　（おおのじょう）	87.4
水城　（みずき）	88.8
都府楼南　（とふろうみなみ）	91.0
二日市　（ふつかいち）	92.4
天拝山　（てんぱいざん）	94.3
原田　（はるだ）	97.9
けやき台　（けやきだい）	99.9
基山　（きやま）	101.4
弥生が丘　（やよいがおか）	103.5
田代　（たしろ）	105.6
鳥栖　（とす）	106.8
肥前旭　（ひぜんあさひ）	110.4
久留米　（くるめ）	113.9
荒木　（あらき）	118.8
西牟田　（にしむた）	122.6
羽犬塚　（はいぬづか）	126.1
筑後船小屋　（ちくごふなごや）	129.7
瀬高　（せたか）	132.2
南瀬高　（みなみせたか）	135.2
渡瀬　（わたぜ）	139.1
吉野　（よしの）	141.9
銀水　（ぎんすい）	144.3
大牟田　（おおむた）	147.5
荒尾　（あらお）	151.6
南荒尾　（みなみあらお）	154.8
長洲　（ながす）	159.4
大野下　（おおのしも）	164.1
玉名　（たまな）	168.6
肥後伊倉　（ひごいくら）	172.8
木葉　（このは）	176.7
田原坂　（たばるざか）	180.2
植木　（うえき）	184.6
西里　（にしさと）	188.8
崇城大学前　（そうじょうだいがくまえ）	191.7
上熊本　（かみくまもと）	193.3
熊本　（くまもと）	196.6
西熊本　（にしくまもと）	199.8
川尻　（かわしり）	201.9
富合　（とみあい）	205.3
宇土　（うと）	207.5
松橋　（まつばせ）	212.3
小川　（おがわ）	218.5
有佐　（ありさ）	223.5
千丁　（せんちょう）	227.6
新八代　（しんやつしろ）	229.5
八代　（やつしろ）	232.3

鹿児島本線
（川内—鹿児島）

Challenge! 　年　月　日

Complete!! 　年　月　日

駅名	営業キロ
川内　（せんだい）	0
隈之城　（くまのじょう）	2.6
木場茶屋　（こばんちゃや）	5.7
串木野　（くしきの）	12.0
神村学園前　（かみむらがくえんまえ）	14.2
市来　（いちき）	16.6
湯之元　（ゆのもと）	20.4
東市来　（ひがしいちき）	22.9
伊集院　（いじゅういん）	28.8
薩摩松元　（さつままつもと）	34.1
上伊集院　（かみいじゅういん）	36.5
広木　（ひろき）	41.5
鹿児島中央　（かごしまちゅうおう）	46.1
鹿児島　（かごしま）	49.3

長崎本線

Challenge! 　年　月　日

Complete!! 　年　月　日

駅名	営業キロ
鳥栖　（とす）	0
新鳥栖　（しんとす）	2.9
肥前麓　（ひぜんふもと）	4.2
中原　（なかばる）	8.5
吉野ケ里公園　（よしのがりこうえん）	13.1
神埼　（かんざき）	15.7
伊賀屋　（いがや）	20.2
佐賀　（さが）	25.0
鍋島　（なべしま）	28.0
（臨）バルーンさが　（ばるーんさが）	29.8
久保田　（くぼた）	31.4
牛津　（うしづ）	34.2
肥前山口　（ひぜんやまぐち）	39.6
肥前白石　（ひぜんしろいし）	44.7
肥前竜王　（ひぜんりゅうおう）	49.4
肥前鹿島　（ひぜんかしま）	54.6
肥前浜　（ひぜんはま）	57.6
肥前七浦　（ひぜんななうら）	61.5
肥前飯田　（ひぜんいいだ）	63.6
多良　（たら）	67.7
肥前大浦　（ひぜんおおうら）	75.6
小長井　（こながい）	82.3
長里　（ながさと）	84.7
湯江　（ゆえ）	87.6
小江　（おえ）	90.9
肥前長田　（ひぜんながた）	95.6
東諫早　（ひがしいさはや）	97.8
諫早　（いさはや）	100.4
西諫早　（にしいさはや）	103.2
喜々津　（ききつ）	106.9
市布　（いちぬの）	109.4
肥前古賀　（ひぜんこが）	112.3
現川　（うつつがわ）	114.8
浦上　（うらかみ）	123.7
長崎　（ながさき）	125.3

長崎本線
（喜々津—長与—浦上）

Challenge! 　年　月　日

Complete!! 　年　月　日

駅名	営業キロ
喜々津　（ききつ）	0
東園　（ひがしその）	3.5
大草　（おおくさ）	7.2
本川内　（ほんかわち）	12.3
長与　（ながよ）	15.4
高田　（こうだ）	16.4
道ノ尾　（みちのお）	18.9
西浦上　（にしうらかみ）	20.6
浦上　（うらかみ）	23.5

佐世保線

Challenge! 　年　月　日

Complete!! 　年　月　日

駅名	営業キロ
肥前山口　（ひぜんやまぐち）	0
大町　（おおまち）	5.1
北方　（きたがた）	7.4
高橋　（たかはし）	11.4
武雄温泉　（たけおおんせん）	13.7
永尾　（ながお）	18.3
三間坂　（みまさか）	21.5
上有田　（かみありた）	25.7
有田　（ありた）	28.2
三河内　（みかわち）	35.7
早岐　（はいき）	39.9
大塔　（だいとう）	42.6
日宇　（ひう）	45.5
佐世保　（させぼ）	48.8

筑肥線
（姪浜—唐津）

Challenge! 　年　月　日

Complete!! 　年　月　日

駅名	営業キロ
姪浜　（めいのはま）	0
下山門　（しもやまと）	1.6
今宿　（いまじゅく）	5.2
九大学研都市　（きゅうだいがっけんとし）	6.5
周船寺　（すせんじ）	8.1
波多江　（はたえ）	10.1
糸島高校前　（いとしまこうこうまえ）	11.3
筑前前原　（ちくぜんまえばる）	12.7
美咲が丘　（みさきがおか）	14.3
加布里　（かふり）	15.4
一貴山　（いきさん）	16.7
筑前深江　（ちくぜんふかえ）	20.1
大入　（だいにゅう）	23.3
福吉　（ふくよし）	26.1
鹿家　（しかか）	30.2
浜崎　（はまさき）	35.4
虹ノ松原　（にじのまつばら）	37.5
東唐津　（ひがしからつ）	39.3
和多田　（わただ）	40.9
唐津　（からつ）	42.6

筑肥線
（山本—伊万里）

Challenge! 　年　月　日

Complete!! 　年　月　日

駅名	営業キロ
山本　（やまもと）	0
肥前久保　（ひぜんくぼ）	5.1
西相知　（にしおうち）	6.6
佐里　（さり）	8.2
駒鳴　（こまなき）	11.0
大川野　（おおかわの）	12.9
肥前長野　（ひぜんながの）	14.3
桃川　（もものかわ）	17.4
金石原　（かないしはら）	19.7
上伊万里　（かみいまり）	24.1
伊万里　（いまり）	25.7

大村線

Challenge! 　年　月　日

Complete!! 　年　月　日

駅名	営業キロ
早岐　（はいき）	0
ハウステンボス　（はうすてんぼす）	4.7
南風崎　（はえのさき）	5.6
小串郷　（おぐしごう）	9.6
川棚　（かわたな）	13.6
彼杵　（そのぎ）	19.6
千綿　（ちわた）	24.0
松原　（まつばら）	28.5
竹松　（たけまつ）	32.8
諏訪　（すわ）	34.8
大村　（おおむら）	36.2
岩松　（いわまつ）	40.0
諫早　（いさはや）	47.6

香椎線

Challenge! 　年　月　日

Complete!! 　年　月　日

駅名	営業キロ
西戸崎　（さいとざき）	0
海ノ中道　（うみのなかみち）	2.1
雁ノ巣　（がんのす）	6.5
奈多　（なた）	7.4
和白　（わじろ）	9.2
香椎　（かしい）	12.9
香椎神宮　（かしいじんぐう）	14.2
舞松原　（まいまつばら）	14.8
土井　（どい）	16.4
伊賀　（いが）	18.2
長者原　（ちょうじゃばる）	19.2
酒殿　（さかど）	20.6
須恵　（すえ）	21.9
須恵中央　（すえちゅうおう）	23.1
新原　（しんばる）	24.1
宇美　（うみ）	25.4

唐津線

Challenge! 　年　月　日

Complete!! 　年　月　日

駅名	営業キロ
久保田　（くぼた）	0
小城　（おぎ）	5.1
東多久　（ひがしたく）	10.6
中多久　（なかたく）	13.6
多久　（たく）	15.2
厳木　（きゅうらぎ）	20.8
岩屋　（いわや）	23.3
相知　（おうち）	26.0
本牟田部　（ほんむたべ）	30.1
山本　（やまもと）	32.9
鬼塚　（おにづか）	36.6
唐津　（からつ）	40.3
西唐津　（にしからつ）	42.5

豊肥本線

Challenge! 　年　月　日

Complete!! 　年　月　日

駅名	営業キロ
熊本　（くまもと）	0
平成　（へいせい）	2.7
南熊本　（みなみくまもと）	3.6
新水前寺　（しんすいぜんじ）	5.2
水前寺　（すいぜんじ）	5.8
東海学園前　（とうかいがくえんまえ）	7.8
竜田口　（たつたぐち）	8.9
武蔵塚　（むさしづか）	12.9
光の森　（ひかりのもり）	14.8
三里木　（さんりぎ）	15.8
原水　（はらみず）	18.9
肥後大津　（ひごおおづ）	22.6
瀬田　（せた）	27.2
立野　（たての）	32.3
赤水　（あかみず）	40.2
市ノ川　（いちのかわ）	42.6
内牧　（うちのまき）	46.4
阿蘇　（あそ）	49.9

駅名	営業キロ
いこいの村（いこいのむら）	51.2
宮地（みやじ）	53.4
波野（なみの）	64.1
滝水（たきみず）	69.0
豊後荻（ぶんごおぎ）	75.2
玉来（たまらい）	84.9
豊後竹田（ぶんごたけた）	88.0
朝地（あさじ）	93.9
緒方（おがた）	100.3
豊後清川（ぶんごきよかわ）	105.4
三重町（みえまち）	111.9
菅尾（すがお）	117.3
犬飼（いぬかい）	125.2
竹中（たけなか）	130.8
中判田（なかはんだ）	136.3
大分大学前（おおいただいがくまえ）	138.8
敷戸（しきど）	140.2
滝尾（たきお）	142.9
大分（おおいた）	148.0

久大本線

Challenge!　年　月　日

Complete!!　年　月　日

駅名	営業キロ
久留米（くるめ）	0
久留米高校前（くるめこうこうまえ）	3.4
南久留米（みなみくるめ）	4.9
久留米大学前（くるめだいがくまえ）	6.8
御井（みい）	8.0
善導寺（ぜんどうじ）	12.6
筑後草野（ちくごくさの）	15.7
田主丸（たぬしまる）	20.8
筑後吉井（ちくごよしい）	26.4
うきは（うきは）	30.0
筑後大石（ちくごおおいし）	33.0
夜明（よあけ）	39.1
光岡（てるおか）	45.2
日田（ひた）	47.6
豊後三芳（ぶんごみよし）	49.4
豊後中川（ぶんごなかがわ）	55.3
天ケ瀬（あまがせ）	59.5
杉河内（すぎかわち）	63.6
北山田（きたやまだ）	67.8
豊後森（ぶんごもり）	73.2
恵良（えら）	77.3
引治（ひきじ）	80.7
豊後中村（ぶんごなかむら）	83.1
野矢（のや）	88.2
由布院（ゆふいん）	99.1
南由布（みなみゆふ）	102.5
湯平（ゆのひら）	109.6
庄内（しょうない）	114.5
天神山（てんじんやま）	118.1
小野屋（おのや）	119.6
鬼瀬（おにがせ）	124.6
向之原（むかいのはる）	127.7
豊後国分（ぶんごこくぶ）	131.7
賀来（かく）	133.9
南大分（みなみおおいた）	136.6
古国府（ふるごう）	138.9
大分（おおいた）	141.5

三角線

Challenge!　年　月　日

Complete!!　年　月　日

駅名	営業キロ
宇土（うと）	0
緑川（みどりかわ）	4.0
住吉（すみよし）	7.2
肥後長浜（ひごながはま）	11.4
網田（おうだ）	14.5
赤瀬（あかせ）	18.4
石打ダム（いしうちだむ）	19.6
波多浦（はたうら）	23.5
三角（みすみ）	25.6

日田彦山線

Challenge!　年　月　日

Complete!!　年　月　日

駅名	営業キロ
城野（じょうの）	0
石田（いしだ）	
志井公園（しいこうえん）	5.1
志井（しい）	6.8
石原町（いしはらまち）	9.0
呼野（よぶの）	12.3
採銅所（さいどうしょ）	18.1
香春（かわら）	23.4
一本松（いっぽんまつ）	25.0
田川伊田（たがわいた）	27.4
田川後藤寺（たがわごとうじ）	30.0
池尻（いけじり）	32.2
豊前川崎（ぶぜんかわさき）	34.7
西添田（にしそえだ）	38.3
添田（そえだ）	39.5
歓遊舎ひこさん（かんゆうしゃひこさん）	41.6
豊前桝田（ぶぜんますだ）	43.2
彦山（ひこさん）	47.2
筑前岩屋（ちくぜんいわや）	55.1
大行司（だいぎょうじ）	59.3
宝珠山（ほうしゅやま）	61.3
大鶴（おおつる）	62.9
今山（いまやま）	65.4
夜明（よあけ）	68.7

筑豊本線

Challenge!　年　月　日

Complete!!　年　月　日

駅名	営業キロ
若松（わかまつ）	0
藤ノ木（ふじのき）	2.9
奥洞海（おくどうかい）	4.6
二島（ふたじま）	6.3
本城（ほんじょう）	9.3
折尾（おりお）	10.8
東水巻（ひがしみずまき）	13.5
中間（なかま）	14.9
筑前垣生（ちくぜんはぶ）	16.4
鞍手（くらて）	18.7
筑前植木（ちくぜんうえき）	21.2

駅名	営業キロ
新入（しんにゅう）	22.8
直方（のおがた）	24.8
勝野（かつの）	27.5
小竹（こたけ）	31.3
鯰田（なまずた）	34.7
浦田（うらた）	36.2
新飯塚（しんいいづか）	37.6
飯塚（いいづか）	39.4
天道（てんとう）	42.3
桂川（けいせん）	45.3
上穂波（かみほなみ）	48.1
筑前内野（ちくぜんうちの）	51.2
筑前山家（ちくぜんやまえ）	61.4
原田（はるだ）	66.1

篠栗線

Challenge!　年　月　日

Complete!!　年　月　日

駅名	営業キロ
桂川（けいせん）	0
筑前大分（ちくぜんだいぶ）	3.2
九郎原（くろうばる）	5.2
城戸南蔵院前（きどなんぞういんまえ）	10.2
筑前山手（ちくぜんやまて）	11.7
篠栗（ささぐり）	14.8
門松（かどまつ）	17.4
長者原（ちょうじゃばる）	19.4
原町（はるまち）	20.1
柚須（ゆす）	22.6
吉塚（よしづか）	25.1

後藤寺線

Challenge!　年　月　日

Complete!!　年　月　日

駅名	営業キロ
新飯塚（しんいいづか）	0
上三緒（かみみお）	3.1
下鴨生（しもかもお）	5.0
筑前庄内（ちくぜんしょうない）	6.2
船尾（ふなお）	9.9
田川後藤寺（たがわごとうじ）	13.3

日豊本線

Challenge!　年　月　日

Complete!!　年　月　日

駅名	営業キロ
小倉（こくら）	0
西小倉（にしこくら）	0.8
南小倉（みなみこくら）	3.5
城野（じょうの）	6.1
安部山公園（あべやまこうえん）	8.4
下曽根（しもそね）	11.6
朽網（くさみ）	15.0
苅田（かんだ）	18.6
小波瀬西工大前（おばせにしこうだいまえ）	22.2
行橋（ゆくはし）	25.0
南行橋（みなみゆくはし）	26.8
新田原（しんでんばる）	30.2

駅名	営業キロ
築城（ついき）	33.9
椎田（しいだ）	36.9
豊前松江（ぶぜんしょうえ）	41.8
宇島（うのしま）	45.2
三毛門（みけかど）	48.0
吉富（よしとみ）	50.0
中津（なかつ）	51.8
東中津（ひがしなかつ）	56.7
今津（いまづ）	60.1
天津（あまつ）	62.5
豊前善光寺（ぶぜんぜんこうじ）	65.5
柳ケ浦（やなぎがうら）	69.1
豊前長洲（ぶぜんながす）	71.0
宇佐（うさ）	75.8
西屋敷（にしやしき）	79.4
立石（たていし）	85.2
中山香（なかやまが）	90.4
杵築（きつき）	99.2
大神（おおが）	103.3
日出（ひじ）	107.2
暘谷（ようこく）	108.4
豊後豊岡（ぶんごとよおか）	111.3
亀川（かめがわ）	114.9
別府大学（べっぷだいがく）	117.0
別府（べっぷ）	120.8
東別府（ひがしべっぷ）	122.8
西大分（にしおおいた）	130.4
大分（おおいた）	132.9
牧（まき）	136.2
高城（たかじょう）	138.0
鶴崎（つるさき）	141.0
大在（おおざい）	144.3
坂ノ市（さかのいち）	147.4
幸崎（こうざき）	151.8
佐志生（さしう）	159.0
下ノ江（したのえ）	161.1
熊崎（くまさき）	164.7
上臼杵（かみうすき）	167.6
臼杵（うすき）	169.2
津久見（つくみ）	178.9
日代（ひしろ）	184.4
浅海井（あざむい）	188.2
狩生（かりう）	192.0
海崎（かいざき）	194.8
佐伯（さいき）	197.8
上岡（かみおか）	202.4
直見（なおみ）	208.8
直川（なおかわ）	213.6
重岡（しげおか）	224.2
宗太郎（そうたろう）	231.0
市棚（いちたな）	238.5
北川（きたがわ）	243.2
日向長井（ひゅうがながい）	246.7
北延岡（きたのべおか）	251.3
延岡（のべおか）	256.2
南延岡（みなみのべおか）	259.6
旭ケ丘（あさひがおか）	263.1
土々呂（ととろ）	265.7
門川（かどがわ）	270.0
日向市（ひゅうがし）	276.7
財光寺（ざいこうじ）	278.9
南日向（みなみひゅうが）	283.1
美々津（みみつ）	289.7
東都農（ひがしつの）	294.1
都農（つの）	298.7
川南（かわみなみ）	305.6
高鍋（たかなべ）	313.6
日向新富（ひゅうがしんとみ）	320.0

駅名	営業キロ
佐土原（さどわら）	326.7
日向住吉（ひゅうがすみよし）	330.9
蓮ケ池（はすがいけ）	334.7
宮崎神宮（みやざきじんぐう）	337.4
宮崎（みやざき）	339.9
南宮崎（みなみみやざき）	342.5
加納（かのう）	345.1
清武（きよたけ）	347.8
日向沓掛（ひゅうがくつかけ）	352.5
田野（たの）	358.0
青井岳（あおいだけ）	369.3
山之口（やまのくち）	379.1
餅原（もちばる）	382.0
三股（みまた）	385.6
都城（みやこのじょう）	389.9
西都城（にしみやこのじょう）	392.4
五十市（いそいち）	395.2
財部（たからべ）	399.2
北俣（きたまた）	403.0
大隅大川原（おおすみおおかわら）	408.1
北永野田（きたながのだ）	413.4
霧島神宮（きりしまじんぐう）	419.4
国分（こくぶ）	432.1
隼人（はやと）	434.7
加治木（かじき）	441.6
錦江（きんこう）	443.3
帖佐（ちょうさ）	445.5
姶良（あいら）	447.1
重富（しげとみ）	448.7
竜ケ水（りゅうがみず）	455.7
鹿児島（かごしま）	462.6

宮崎空港線

Challenge!　年　月　日

Complete!!　年　月　日

駅名	営業キロ
田吉（たよし）	0
宮崎空港（みやざきくうこう）	1.4

日南線

Challenge!　年　月　日

Complete!!　年　月　日

駅名	営業キロ
南宮崎（みなみみやざき）	0
田吉（たよし）	2.0
南方（みなみかた）	4.2
木花（きばな）	7.5
運動公園（うんどうこうえん）	9.0
曽山寺（そさんじ）	10.2
子供の国（こどものくに）	11.4
青島（あおしま）	12.7
折生迫（おりゅうざこ）	13.8
内海（うちうみ）	17.5
小内海（こうちうみ）	19.9
伊比井（いびい）	23.3
北郷（きたごう）	32.5
内之田（うちのだ）	37.1
飫肥（おび）	39.8
日南（にちなん）	43.8

65

JR路線リスト

駅名	営業キロ
油津 （あぶらつ）	46.0
大堂津 （おおどうつ）	50.3
南郷 （なんごう）	53.0
谷之口 （たにのくち）	56.1
榎原 （よわら）	60.5
日向大束 （ひゅうがおおつか）	68.6
日向北方 （ひゅうがきたかた）	71.8
串間 （くしま）	74.4
福島今町 （ふくしまいままち）	77.2
福島高松 （ふくしまたかまつ）	79.6
大隅夏井 （おおすみなつい）	84.5
志布志 （しぶし）	88.9

肥薩線

Challenge! 　　年　　月　　日

Complete!! 　　年　　月　　日

駅名	営業キロ
八代 （やつしろ）	0
段 （だん）	5.2
坂本 （さかもと）	11.0
葉木 （はき）	14.4
鎌瀬 （かませ）	16.8
瀬戸石 （せといし）	19.6
海路 （かいじ）	23.5
吉尾 （よしお）	26.7
白石 （しろいし）	29.8
球泉洞 （きゅうせんどう）	34.9
一勝地 （いっしょうち）	39.8
那良口 （ならぐち）	42.4
渡 （わたり）	45.3
西人吉 （にしひとよし）	48.4
人吉 （ひとよし）	51.8
大畑 （おこば）	62.2
矢岳 （やたけ）	71.7
真幸 （まさき）	79.0
吉松 （よしまつ）	86.8
栗野 （くりの）	94.3
大隅横川 （おおすみよこがわ）	100.8
植村 （うえむら）	102.8
霧島温泉 （きりしまおんせん）	106.5
嘉例川 （かれいがわ）	112.3
中福良 （なかふくら）	114.4
表木山 （ひょうきやま）	116.8
日当山 （ひなたやま）	121.6
隼人 （はやと）	124.2

指宿枕崎線

Challenge! 　　年　　月　　日

Complete!! 　　年　　月　　日

駅名	営業キロ
鹿児島中央 （かごしまちゅうおう）	0
郡元 （こおりもと）	2.2
南鹿児島 （みなみかごしま）	3.5
宇宿 （うすき）	4.9
谷山 （たにやま）	7.5
慈眼寺 （じげんじ）	9.2
坂之上 （さかのうえ）	11.3
五位野 （ごいの）	14.1
平川 （ひらかわ）	17.2
瀬々串 （せせくし）	20.6
中名 （なかみょう）	24.0

駅名	営業キロ
喜入 （きいれ）	26.6
前之浜 （まえのはま）	30.4
生見 （ぬくみ）	35.0
薩摩今和泉 （さつまいまいずみ）	37.9
宮ケ浜 （みやがはま）	40.7
二月田 （にがつでん）	43.4
指宿 （いぶすき）	45.7
山川 （やまかわ）	50.0
大山 （おおやま）	54.2
西大山 （にしおおやま）	56.7
薩摩川尻 （さつまかわしり）	57.8
東開聞 （ひがしかいもん）	59.6
開聞 （かいもん）	61.0
入野 （いりの）	62.8
頴娃 （えい）	66.1
西頴娃 （にしえい）	67.7
御領 （ごりょう）	70.4
石垣 （いしかき）	72.8
水成川 （みずなりかわ）	74.2
頴娃大川 （えいおおかわ）	76.0
松ケ浦 （まつがうら）	78.1
薩摩塩屋 （さつましおや）	79.9
白沢 （しらさわ）	81.9
薩摩板敷 （さつまいたしき）	84.4
枕崎 （まくらざき）	87.8

吉都線

Challenge! 　　年　　月　　日

Complete!! 　　年　　月　　日

駅名	営業キロ
都城 （みやこのじょう）	0
日向庄内 （ひゅうがしょうない）	4.1
谷頭 （たにがしら）	7.1
万ケ塚 （まんがつか）	10.6
東高崎 （ひがしたかさき）	13.5
高崎新田 （たかさきしんでん）	17.8
日向前田 （ひゅうがまえだ）	22.2
高原 （たかはる）	26.8
広原 （ひろわら）	30.8
小林 （こばやし）	34.8
西小林 （にしこばやし）	41.0
えびの飯野 （えびののいいの）	46.6
えびの上江 （えびのうわえ）	48.6
えびの （えびの）	52.0
京町温泉 （きょうまちおんせん）	56.6
鶴丸 （つるまる）	59.0
吉松 （よしまつ）	61.6

湖西線

Challenge! 　　年　　月　　日

Complete!! 　　年　　月　　日

駅名	営業キロ
山科 （やましな）	0
大津京 （おおつきょう）	5.4
唐崎 （からさき）	8.5
比叡山坂本 （ひえいざんさかもと）	11.1
おごと温泉 （おごとおんせん）	14.5
堅田 （かたた）	17.7

駅名	営業キロ
小野 （おの）	19.8
和邇 （わに）	22.5
蓬莱 （ほうらい）	24.9
志賀 （しが）	27.3
比良 （ひら）	30.0
近江舞子 （おうみまいこ）	32.2
北小松 （きたこまつ）	34.5
近江高島 （おうみたかしま）	40.9
安曇川 （あどがわ）	45.0
新旭 （しんあさひ）	48.3
近江今津 （おうみいまづ）	53.2
近江中庄 （おうみなかしょう）	58.0
マキノ （まきの）	61.2
永原 （ながはら）	68.3
近江塩津 （おうみしおつ）	74.1

北陸本線

Challenge! 　　年　　月　　日

Complete!! 　　年　　月　　日

駅名	営業キロ
米原 （まいばら）	0
坂田 （さかた）	2.4
田村 （たむら）	4.7
長浜 （ながはま）	7.7
虎姫 （とらひめ）	12.8
河毛 （かわけ）	15.6
高月 （たかつき）	18.2
木ノ本 （きのもと）	22.4
余呉 （よご）	26.5
近江塩津 （おうみしおつ）	31.4
新疋田 （しんひきだ）	39.2
敦賀 （つるが）	45.9
南今庄 （みなみいまじょう）	62.5
今庄 （いまじょう）	65.1
湯尾 （ゆのお）	68.7
南条 （なんじょう）	72.2
王子保 （おうしお）	76.7
武生 （たけふ）	81.0
鯖江 （さばえ）	86.2
北鯖江 （きたさばえ）	89.4
大土呂 （おおどろ）	94.1
越前花堂 （えちぜんはなんどう）	97.3
福井 （ふくい）	99.9
森田 （もりた）	105.8
春江 （はるえ）	108.1
丸岡 （まるおか）	111.8
芦原温泉 （あわらおんせん）	117.6
細呂木 （ほそろぎ）	121.4
牛ノ谷 （うしのや）	124.5
大聖寺 （だいしょうじ）	130.2
加賀温泉 （かがおんせん）	134.3
動橋 （いぶりはし）	137.5
粟津 （あわづ）	142.4
小松 （こまつ）	148.2
明峰 （めいほう）	151.0
能美根上 （のみねあがり）	154.0
小舞子 （こまいこ）	157.0
美川 （みかわ）	158.8
加賀笠間 （かがかさま）	162.8
松任 （まっとう）	167.2
野々市 （ののいち）	170.5
西金沢 （にしかなざわ）	172.9
金沢 （かなざわ）	176.6

越美北線

Challenge! 　　年　　月　　日

Complete!! 　　年　　月　　日

駅名	営業キロ
越前花堂 （えちぜんはなんどう）	0
六条 （ろくじょう）	2.3
足羽 （あすわ）	3.7
越前東郷 （えちぜんとうごう）	5.7
一乗谷 （いちじょうだに）	8.3
越前高田 （えちぜんたかだ）	11.4
市波 （いちなみ）	12.6
小和清水 （こわしょうず）	14.6
美山 （みやま）	17.5
越前薬師 （えちぜんやくし）	19.5
越前大宮 （えちぜんおおみや）	22.2
計石 （はかりいし）	24.4
牛ケ原 （うしがはら）	27.6
北大野 （きたおおの）	29.4
越前大野 （えちぜんおおの）	31.4
越前田野 （えちぜんたの）	34.3
越前富田 （えちぜんとみだ）	35.7
下唯野 （しもゆいの）	38.8
柿ケ島 （かきがしま）	39.8
勝原 （かどはら）	42.3
越前下山 （えちぜんしもやま）	48.8
九頭竜湖 （くずりゅうこ）	52.5

城端線

Challenge! 　　年　　月　　日

Complete!! 　　年　　月　　日

駅名	営業キロ
高岡 （たかおか）	0
新高岡 （しんたかおか）	1.8
二塚 （ふたつか）	3.3
林 （はやし）	4.6
戸出 （といで）	7.3
油田 （あぶらでん）	10.7
砺波 （となみ）	13.3
東野尻 （ひがしのじり）	15.5
高儀 （たかぎ）	17.0
福野 （ふくの）	19.4
東石黒 （ひがしいしぐろ）	22.0
福光 （ふくみつ）	24.7
越中山田 （えっちゅうやまだ）	27.5
城端 （じょうはな）	29.9

氷見線

Challenge! 　　年　　月　　日

Complete!! 　　年　　月　　日

駅名	営業キロ
高岡 （たかおか）	0
越中中川 （えっちゅうなかがわ）	1.7
能町 （のうまち）	4.1
伏木 （ふしき）	7.3
越中国分 （えっちゅうこくぶ）	9.0

駅名	営業キロ
雨晴 （あまはらし）	10.9
島尾 （しまお）	13.5
氷見 （ひみ）	16.5

七尾線

Challenge! 　　年　　月　　日

Complete!! 　　年　　月　　日

駅名	営業キロ
津幡 （つばた）	0
中津幡 （なかつばた）	1.8
本津幡 （ほんつばた）	2.9
能瀬 （のせ）	5.1
宇野気 （うのけ）	8.8
横山 （よこやま）	11.8
高松 （たかまつ）	14.4
免田 （めんでん）	17.8
宝達 （ほうだつ）	20.9
敷浪 （しきなみ）	24.2
南羽咋 （みなみはくい）	26.7
羽咋 （はくい）	29.7
千路 （ちじ）	33.8
金丸 （かねまる）	37.5
能登部 （のとべ）	41.1
良川 （よしかわ）	43.9
能登二宮 （のとにのみや）	46.1
徳田 （とくだ）	48.9
七尾 （ななお）	54.4
和倉温泉 （わくらおんせん）	59.5

信越本線
（直江津—新潟）

Challenge! 　　年　　月　　日

Complete!! 　　年　　月　　日

駅名	営業キロ
直江津 （なおえつ）	0
黒井 （くろい）	2.7
犀潟 （さいがた）	7.1
土底浜 （どそこはま）	9.4
潟町 （かたまち）	11.2
上下浜 （じょうげはま）	14.0
柿崎 （かきざき）	17.6
米山 （よねやま）	23.5
笠島 （かさしま）	27.4
青海川 （おうみがわ）	29.6
鯨波 （くじらなみ）	32.6
柏崎 （かしわざき）	36.3
茨目 （いばらめ）	39.3
安田 （やすだ）	42.2
北条 （きたじょう）	44.8
越後広田 （えちごひろた）	48.1
長鳥 （ながとり）	50.8
塚山 （つかやま）	55.8
越後岩塚 （えちごいわつか）	60.5
来迎寺 （らいこうじ）	63.3
前川 （まえかわ）	67.4
宮内 （みやうち）	70.0
長岡 （ながおか）	73.0
北長岡 （きたながおか）	75.5
押切 （おしきり）	79.9
見附 （みつけ）	84.4
帯織 （おびおり）	88.5
東光寺 （とうこうじ）	91.1
三条 （さんじょう）	94.6
東三条 （ひがしさんじょう）	96.2
保内 （ほない）	100.0

越美北線

Challenge! 　　年　　月　　日

Complete!! 　　年　　月　　日

駅名	営業キロ
越前花堂 （えちぜんはなんどう）	0
六条 （ろくじょう）	2.3
足羽 （あすわ）	3.7
越前東郷 （えちぜんとうごう）	5.7
一乗谷 （いちじょうだに）	8.3
越前高田 （えちぜんたかだ）	11.4
市波 （いちなみ）	12.6
小和清水 （こわしょうず）	14.6
美山 （みやま）	17.5
越前薬師 （えちぜんやくし）	19.5
越前大宮 （えちぜんおおみや）	22.2
計石 （はかりいし）	24.4
牛ケ原 （うしがはら）	27.6
北大野 （きたおおの）	29.4
越前大野 （えちぜんおおの）	31.4
越前田野 （えちぜんたの）	34.3
越前富田 （えちぜんとみだ）	35.7
下唯野 （しもゆいの）	38.8
柿ケ島 （かきがしま）	39.8
勝原 （かどはら）	42.3
越前下山 （えちぜんしもやま）	48.8
九頭竜湖 （くずりゅうこ）	52.5

（加茂線 つづき）

駅名	営業キロ
加茂 （かも）	103.8
羽生田 （はにゅうだ）	107.9
田上 （たがみ）	111.1
矢代田 （やしろだ）	114.8
古津 （ふるつ）	117.9
新津 （にいつ）	121.1
さつき野 （さつきの）	122.6
荻川 （おぎかわ）	124.9
亀田 （かめだ）	129.8
越後石山 （えちごいしやま）	132.2
新潟 （にいがた）	136.3

＊高崎—横川間，篠ノ井—長野間は68ページ参照。

弥彦線

Challenge! 　年　月　日
Complete!! 　年　月　日

駅名	営業キロ
弥彦 （やひこ）	0
矢作 （やはぎ）	2.3
吉田 （よしだ）	4.9
西燕 （にしつばめ）	8.0
燕 （つばめ）	10.3
燕三条 （つばめさんじょう）	12.9
北三条 （きたさんじょう）	15.4
東三条 （ひがしさんじょう）	17.4

越後線

Challenge! 　年　月　日
Complete!! 　年　月　日

駅名	営業キロ
柏崎 （かしわざき）	0
東柏崎 （ひがしかしわざき）	1.6
西中通 （にしなかどおり）	5.0
荒浜 （あらはま）	6.6
刈羽 （かりわ）	9.9
西山 （にしやま）	12.8
礼拝 （らいはい）	15.0
石地 （いしじ）	18.7
小木ノ城 （おぎのじょう）	22.7
出雲崎 （いずもざき）	24.8
妙法寺 （みょうほうじ）	29.4
小島谷 （おじまや）	32.4
桐原 （きりはら）	36.2
寺泊 （てらどまり）	39.0
分水 （ぶんすい）	41.5
粟生津 （あおうづ）	45.8
南吉田 （みなみよしだ）	47.8
吉田 （よしだ）	49.8
北吉田 （きたよしだ）	51.7
岩室 （いわむろ）	53.8
巻 （まき）	57.8
越後曽根 （えちごそね）	62.4
越後赤塚 （えちごあかつか）	64.9
内野西が丘 （うちのにしがおか）	68.7
内野 （うちの）	70.3
新潟大学前 （にいがただいがくまえ）	72.3
寺尾 （てらお）	74.4
小針 （こばり）	76.3
青山 （あおやま）	77.7
関屋 （せきや）	79.2
白山 （はくさん）	80.7
新潟 （にいがた）	83.8

飯山線

Challenge! 　年　月　日
Complete!! 　年　月　日

駅名	営業キロ
豊野 （とよの）	0
信濃浅野 （しなのあさの）	2.2
立ケ花 （たてがはな）	3.9
上今井 （かみいまい）	6.9
替佐 （かえさ）	8.8
蓮 （はちす）	14.6
飯山 （いいやま）	19.2
北飯山 （きたいいやま）	20.5
信濃平 （しなのたいら）	23.8
戸狩野沢温泉 （とがりのざわおんせん）	27.5
上境 （かみさかい）	31.1
上桑名川 （かみくわながわ）	35.4
桑名川 （くわながわ）	37.6
西大滝 （にしおおたき）	39.7
信濃白鳥 （しなのしらとり）	41.8
平滝 （ひらたき）	44.7
横倉 （よこくら）	46.6
森宮野原 （もりみやのはら）	49.7
足滝 （あしだき）	52.5
越後田中 （えちごたなか）	54.9
津南 （つなん）	57.9
越後鹿渡 （えちごしかわたり）	62.1
越後田沢 （えちごたざわ）	64.5
越後水沢 （えちごみずさわ）	67.5
土市 （どいち）	70.4
十日町 （とおかまち）	75.3
魚沼中条 （うおぬまなかじょう）	78.4
下条 （げじょう）	82.8
越後岩沢 （えちごいわさわ）	88.1
内ケ巻 （うちがまき）	93.2
越後川口 （えちごかわぐち）	96.7

高山本線

Challenge! 　年　月　日
Complete!! 　年　月　日

駅名	営業キロ
岐阜 （ぎふ）	0
長森 （ながもり）	4.2
那加 （なか）	7.2
蘇原 （そはら）	10.4
各務ケ原 （かがみがはら）	13.2
鵜沼 （うぬま）	17.3
坂祝 （さかほぎ）	22.5
美濃太田 （みのおおた）	27.3
古井 （こび）	30.3
中川辺 （なかかわべ）	34.1
下麻生 （しもあそう）	37.9
上麻生 （かみあそう）	43.2
白川口 （しらかわぐち）	53.1
下油井 （しもゆい）	61.7
飛騨金山 （ひだかなやま）	66.7
焼石 （やけいし）	75.7
下呂 （げろ）	88.3
禅昌寺 （ぜんしょうじ）	93.5
飛騨萩原 （ひだぎわら）	96.7
上呂 （じょうろ）	100.8
飛騨宮田 （ひだみやだ）	105.4
飛騨小坂 （ひだおさか）	108.8
渚 （なぎさ）	115.9
久々野 （くぐの）	123.2
飛騨一ノ宮 （ひだいちのみや）	129.5
高山 （たかやま）	136.4
上枝 （ほずえ）	141.0
飛騨国府 （ひだこくふ）	147.6
飛騨古川 （ひだふるかわ）	151.3
杉崎 （すぎさき）	153.6
飛騨細江 （ひだほそえ）	156.0
角川 （つのがわ）	161.7
坂上 （さかかみ）	166.6
打保 （うつぼ）	176.5
杉原 （すぎはら）	180.5
猪谷 （いのたに）	189.2
楡原 （にれはら）	196.2
笹津 （ささづ）	200.5
東八尾 （ひがしやつお）	205.0
越中八尾 （えっちゅうやつお）	208.7
千里 （ちさと）	213.6
速星 （はやほし）	217.9
婦中鵜坂 （ふちゅううさか）	219.6
西富山 （にしとやま）	222.2
富山 （とやま）	225.8

太多線

Challenge! 　年　月　日
Complete!! 　年　月　日

駅名	営業キロ
多治見 （たじみ）	0
小泉 （こいずみ）	3.2
根本 （ねもと）	4.8
姫 （ひめ）	7.9
下切 （しもぎり）	9.4
可児 （かに）	12.8
美濃川合 （みのかわい）	15.4
美濃太田 （みのおおた）	17.8

中央本線 （神田—名古屋）

Challenge! 　年　月　日
Complete!! 　年　月　日

駅名	営業キロ
神田 （かんだ）	0
御茶ノ水 （おちゃのみず）	1.3
水道橋 （すいどうばし）	2.1
飯田橋 （いいだばし）	3.0
市ケ谷 （いちがや）	4.5
四ツ谷 （よつや）	5.3
信濃町 （しなのまち）	6.6
千駄ケ谷 （せんだがや）	7.3
代々木 （よよぎ）	8.3

駅名	営業キロ
新宿 （しんじゅく）	0
大久保 （おおくぼ）	1.4
東中野 （ひがしなかの）	2.5
中野 （なかの）	4.4
高円寺 （こうえんじ）	5.8
阿佐ケ谷 （あさがや）	7.0
荻窪 （おぎくぼ）	8.4
西荻窪 （にしおぎくぼ）	10.3
吉祥寺 （きちじょうじ）	12.2
三鷹 （みたか）	13.8
武蔵境 （むさしさかい）	15.4
東小金井 （ひがしこがねい）	17.1
武蔵小金井 （むさしこがねい）	18.8
国分寺 （こくぶんじ）	21.1
西国分寺 （にしこくぶんじ）	22.5
国立 （くにたち）	24.2
立川 （たちかわ）	27.2
日野 （ひの）	30.5
豊田 （とよだ）	32.8
八王子 （はちおうじ）	37.1
西八王子 （にしはちおうじ）	39.5
高尾 （たかお）	42.8
相模湖 （さがみこ）	52.3
藤野 （ふじの）	56.0
上野原 （うえのはら）	59.5
四方津 （しおつ）	63.7
梁川 （やながわ）	67.3
鳥沢 （とりさわ）	70.9
猿橋 （さるはし）	75.0
大月 （おおつき）	77.5
初狩 （はつかり）	83.6
笹子 （ささご）	90.1
甲斐大和 （かいやまと）	96.2
勝沼ぶどう郷 （かつぬまぶどうきょう）	102.2
塩山 （えんざん）	106.6
東山梨 （ひがしやまなし）	109.8
山梨市 （やまなしし）	111.9
春日居町 （かすがいちょう）	114.7
石和温泉 （いさわおんせん）	117.5
酒折 （さかおり）	120.9
甲府 （こうふ）	123.8
竜王 （りゅうおう）	128.3
塩崎 （しおざき）	132.4
韮崎 （にらさき）	136.7
新府 （しんぷ）	140.9
穴山 （あなやま）	144.4
日野春 （ひのはる）	149.8
長坂 （ながさか）	156.0
小淵沢 （こぶちざわ）	163.4
信濃境 （しなのさかい）	167.9
富士見 （ふじみ）	172.5
すずらんの里 （すずらんのさと）	175.8
青柳 （あおやぎ）	177.7
茅野 （ちの）	184.9
上諏訪 （かみすわ）	191.6
下諏訪 （しもすわ）	196.0
岡谷 （おかや）	200.1
みどり湖 （みどりこ）	207.9
塩尻 （しおじり）	211.8
洗馬 （せば）	216.0
日出塩 （ひでしお）	220.7
贄川 （にえかわ）	225.9
木曽平沢 （きそひらさわ）	231.1
奈良井 （ならい）	232.9
藪原 （やぶはら）	239.5
宮ノ越 （みやのこし）	245.2
原野 （はらの）	248.0
木曽福島 （きそふくしま）	253.5
上松 （あげまつ）	260.8
倉本 （くらもと）	267.4
須原 （すはら）	272.2
大桑 （おおくわ）	275.5
野尻 （のじり）	278.5
十二兼 （じゅうにかね）	282.2
南木曽 （なぎそ）	287.7
田立 （ただち）	294.0
坂下 （さかした）	296.8
落合川 （おちあいがわ）	302.9
中津川 （なかつがわ）	306.7
美乃坂本 （みのさかもと）	313.1
恵那 （えな）	318.3
武並 （たけなみ）	323.7
釜戸 （かまど）	329.1
瑞浪 （みずなみ）	336.5
土岐市 （ときし）	343.4
多治見 （たじみ）	350.4
古虎渓 （ここけい）	355.0
定光寺 （じょうこうじ）	358.5
高蔵寺 （こうぞうじ）	362.6
神領 （じんりょう）	365.8
春日井 （かすがい）	368.5
勝川 （かちがわ）	371.6
新守山 （しんもりやま）	374.3
大曽根 （おおぞね）	376.8
千種 （ちくさ）	379.5
鶴舞 （つるまい）	381.0
金山 （かなやま）	383.3
名古屋 （なごや）	386.6

中央本線 （岡谷—辰野—塩尻）

Challenge! 　年　月　日
Complete!! 　年　月　日

駅名	営業キロ
岡谷 （おかや）	0
川岸 （かわぎし）	3.5
辰野 （たつの）	9.5
信濃川島 （しなのかわしま）	13.8
小野 （おの）	17.8
塩尻 （しおじり）	27.7

篠ノ井線

Challenge! 　年　月　日
Complete!! 　年　月　日

駅名	営業キロ
塩尻 （しおじり）	0
広丘 （ひろおか）	3.8
村井 （むらい）	6.8
平田 （ひらた）	8.8
南松本 （みなみまつもと）	10.9
松本 （まつもと）	13.3
田沢 （たざわ）	21.6
明科 （あかしな）	28.2
西条 （にしじょう）	37.2
坂北 （さかきた）	40.9
聖高原 （ひじりこうげん）	45.0
冠着 （かむりき）	48.3
姨捨 （おばすて）	54.2
稲荷山 （いなりやま）	62.9
篠ノ井 （しののい）	66.7

小海線

Challenge! 　年　月　日
Complete!! 　年　月　日

駅名	営業キロ
小淵沢 （こぶちざわ）	0
甲斐小泉 （かいこいずみ）	7.1
甲斐大泉 （かいおおいずみ）	12.2

在来線　弥彦線／越後線／飯山線／高山本線／太多線／中央本線／篠ノ井線／小海線

在来線　八高線／相模線／大糸線／高崎線／上越線／両毛線／吾妻線／信越本線／東北本線

駅名	営業キロ
清里 （きよさと）	17.5
野辺山 （のべやま）	23.4
信濃川上 （しなのかわかみ）	31.5
佐久広瀬 （さくひろせ）	34.9
佐久海ノ口 （さくうみのくち）	39.4
海尻 （うみじり）	42.1
松原湖 （まつばらこ）	44.8
小海 （こうみ）	48.3
馬流 （まながし）	49.9
高岩 （たかいわ）	51.7
八千穂 （やちほ）	53.9
海瀬 （かいぜ）	56.5
羽黒下 （はぐろした）	57.8
青沼 （あおぬま）	59.5
臼田 （うすだ）	60.9
龍岡城 （たつおかじょう）	62.1
太田部 （おおたべ）	64.1
中込 （なかごみ）	65.5
滑津 （なめづ）	66.5
北中込 （きたなかごみ）	68.4
岩村田 （いわむらだ）	70.6
佐久平 （さくだいら）	71.5
中佐都 （なかさと）	72.4
美里 （みさと）	73.8
三岡 （みつおか）	75.3
乙女 （おとめ）	76.4
東小諸 （ひがしこもろ）	77.4
小諸 （こもろ）	78.9

八高線

Challenge! 　年　月　日
Complete!! 　年　月　日

駅名	営業キロ
八王子 （はちおうじ）	0
北八王子 （きたはちおうじ）	3.1
小宮 （こみや）	5.1
拝島 （はいじま）	9.9
東福生 （ひがしふっさ）	12.7
箱根ケ崎 （はこねがさき）	15.7
金子 （かねこ）	20.5
東飯能 （ひがしはんのう）	25.6
高麗川 （こまがわ）	31.1
毛呂 （もろ）	36.9
越生 （おごせ）	39.6
明覚 （みょうかく）	44.8
小川町 （おがわまち）	52.8
竹沢 （たけざわ）	56.3
折原 （おりはら）	60.3
寄居 （よりい）	63.9
用土 （ようど）	68.4
松久 （まつひさ）	71.1
児玉 （こだま）	75.9
丹荘 （たんしょう）	80.0
群馬藤岡 （ぐんまふじおか）	84.7
北藤岡 （きたふじおか）	88.4
倉賀野 （くらがの）	92.0

相模線

Challenge! 　年　月　日
Complete!! 　年　月　日

駅名	営業キロ
茅ケ崎 （ちがさき）	0
北茅ケ崎 （きたちがさき）	1.3
香川 （かがわ）	3.4
寒川 （さむかわ）	5.1
宮山 （みややま）	7.2
倉見 （くらみ）	8.6
門沢橋 （かどさわばし）	10.0
社家 （しゃけ）	11.6
厚木 （あつぎ）	14.2
海老名 （えびな）	15.9
入谷 （いりや）	18.9
相武台下 （そうぶだいした）	20.6
下溝 （しもみぞ）	23.5
原当麻 （はらたいま）	24.8
番田 （ばんだ）	26.9
上溝 （かみみぞ）	28.4
南橋本 （みなみはしもと）	31.3
橋本 （はしもと）	33.3

大糸線

Challenge! 　年　月　日
Complete!! 　年　月　日

駅名	営業キロ
松本 （まつもと）	0
北松本 （きたまつもと）	0.7
島内 （しまうち）	2.6
島高松 （しまたかまつ）	3.8
梓橋 （あずさばし）	5.2
一日市場 （ひといちば）	6.8
中萱 （なかがや）	8.4
南豊科 （みなみとよしな）	10.4
豊科 （とよしな）	11.4
柏矢町 （はくやちょう）	14.2
穂高 （ほたか）	16.2
有明 （ありあけ）	18.4
安曇追分 （あずみおいわけ）	19.9
細野 （ほその）	22.8
北細野 （きたほその）	23.8
信濃松川 （しなのまつかわ）	26.0
安曇沓掛 （あずみくつかけ）	28.6
信濃常盤 （しなのときわ）	30.9
南大町 （みなみおおまち）	34.0
信濃大町 （しなのおおまち）	35.1
北大町 （きたおおまち）	37.2
信濃木崎 （しなのきざき）	39.4
稲尾 （いなお）	41.6
海ノ口 （うみのくち）	42.9
簗場 （やなば）	46.3
南神城 （みなみかみしろ）	52.8
神城 （かみしろ）	55.2
飯森 （いいもり）	56.7
白馬 （はくば）	59.7
信濃森上 （しなのもりうえ）	61.6
白馬大池 （はくばおおいけ）	65.4
千国 （ちくに）	68.7
南小谷 （みなみおたり）	70.1
中土 （なかつち）	74.1
北小谷 （きたおたり）	78.5
平岩 （ひらいわ）	85.0
小滝 （こたき）	91.8
根知 （ねち）	95.4
頸城大野 （くびきおおの）	100.3
姫川 （ひめかわ）	102.2
糸魚川 （いといがわ）	105.4

高崎線

Challenge! 　年　月　日
Complete!! 　年　月　日

駅名	営業キロ
大宮 （おおみや）	0
宮原 （みやはら）	4.0
上尾 （あげお）	8.2
北上尾 （きたあげお）	9.9
桶川 （おけがわ）	11.8
北本 （きたもと）	16.4
鴻巣 （こうのす）	20.0
北鴻巣 （きたこうのす）	24.3
吹上 （ふきあげ）	27.3
行田 （ぎょうだ）	29.6
熊谷 （くまがや）	34.4
籠原 （かごはら）	41.0
深谷 （ふかや）	45.8
岡部 （おかべ）	50.1
本庄 （ほんじょう）	55.7
神保原 （じんぼはら）	59.7
新町 （しんまち）	64.2
倉賀野 （くらがの）	70.3
高崎 （たかさき）	74.7

上越線

Challenge! 　年　月　日
Complete!! 　年　月　日

駅名	営業キロ
高崎 （たかさき）	0
高崎問屋町 （たかさきとんやまち）	2.8
井野 （いの）	4.0
新前橋 （しんまえばし）	7.3
群馬総社 （ぐんまそうじゃ）	12.1
八木原 （やぎはら）	17.7
渋川 （しぶかわ）	21.1
敷島 （しきしま）	27.5
津久田 （つくだ）	30.5
岩本 （いわもと）	36.3
沼田 （ぬまた）	41.4
後閑 （ごかん）	46.6
上牧 （かみもく）	53.7
水上 （みなかみ）	59.1
湯檜曽 （ゆびそ）	62.7
土合 （どあい）	69.3
土樽 （つちたる）	80.1
越後中里 （えちごなかざと）	87.4
岩原スキー場前 （いわっぱらすきーじょうまえ）	91.1
越後湯沢 （えちごゆざわ）	94.2
石打 （いしうち）	100.6
大沢 （おおさわ）	104.6
上越国際スキー場前 （じょうえつこくさいすきーじょうまえ）	105.6
塩沢 （しおざわ）	107.9
六日町 （むいかまち）	111.8
五日町 （いつかまち）	118.4
浦佐 （うらさ）	123.9
八色 （やいろ）	127.0
小出 （こいで）	132.2
越後堀之内 （えちごほりのうち）	134.7
北堀之内 （きたほりのうち）	138.1
越後川口 （えちごかわぐち）	142.8
小千谷 （おぢや）	149.4
越後滝谷 （えちごたきや）	156.6
宮内 （みやうち）	162.6

両毛線

Challenge! 　年　月　日
Complete!! 　年　月　日

駅名	営業キロ
小山 （おやま）	0
思川 （おもいがわ）	5.4
栃木 （とちぎ）	10.8
大平下 （おおひらした）	15.2
岩舟 （いわふね）	19.3
佐野 （さの）	26.6
富田 （とみた）	31.1
あしかがフラワーパーク （あしかがふらわーぱーく）	32.0
足利 （あしかが）	38.2
山前 （やままえ）	42.7
小俣 （おまた）	47.3
桐生 （きりゅう）	52.9
岩宿 （いわじゅく）	56.9
国定 （くにさだ）	63.3
伊勢崎 （いせさき）	69.1
駒形 （こまがた）	74.9
前橋大島 （まえばしおおしま）	78.1
前橋 （まえばし）	81.9
新前橋 （しんまえばし）	84.4

吾妻線

Challenge! 　年　月　日
Complete!! 　年　月　日

駅名	営業キロ
渋川 （しぶかわ）	0
金島 （かなしま）	5.5
祖母島 （うばしま）	7.7
小野上 （おのがみ）	11.9
小野上温泉 （おのがみおんせん）	13.7
市城 （いちしろ）	16.4
中之条 （なかのじょう）	19.8
群馬原町 （ぐんまはらまち）	22.9
郷原 （ごうばら）	26.3
矢倉 （やぐら）	28.0
岩島 （いわしま）	30.5
川原湯温泉 （かわらゆおんせん）	37.0
長野原草津口 （ながのはらくさつぐち）	42.0
群馬大津 （ぐんまおおつ）	44.2
羽根尾 （はねお）	46.4
袋倉 （ふくろぐら）	49.3
万座・鹿沢口 （まんざ・かざわぐち）	52.2
大前 （おおまえ）	55.3

信越本線
（高崎—横川）

Challenge! 　年　月　日
Complete!! 　年　月　日

駅名	営業キロ
高崎 （たかさき）	0
北高崎 （きたたかさき）	2.4
群馬八幡 （ぐんまやわた）	6.4
安中 （あんなか）	10.6
磯部 （いそべ）	17.6
松井田 （まついだ）	22.7
西松井田 （にしまついだ）	23.9
横川 （よこかわ）	29.7

信越本線
（篠ノ井—長野）

Challenge! 　年　月　日
Complete!! 　年　月　日

駅名	営業キロ
篠ノ井 （しのノい）	0
今井 （いまい）	2.1
川中島 （かわなかじま）	4.3
安茂里 （あもり）	6.4
長野 （ながの）	9.3

＊直江津—新潟間は66ページ参照。

東北本線

Challenge! 　年　月　日
Complete!! 　年　月　日

駅名	営業キロ
東京 （とうきょう）	0
神田 （かんだ）	1.3
秋葉原 （あきはばら）	2.0
御徒町 （おかちまち）	3.0
上野 （うえの）	3.6
鶯谷 （うぐいすだに）	4.7
日暮里 （にっぽり）	5.8
西日暮里 （にしにっぽり）	6.3
田端 （たばた）	7.1
上中里 （かみなかざと）	8.8
王子 （おうじ）	9.9
東十条 （ひがしじゅうじょう）	11.4
赤羽 （あかばね）	13.2
川口 （かわぐち）	15.8
西川口 （にしかわぐち）	17.8
蕨 （わらび）	19.7
南浦和 （みなみうらわ）	22.5
浦和 （うらわ）	24.2
北浦和 （きたうらわ）	26.0
与野 （よの）	27.6
さいたま新都心 （さいたましんとしん）	28.7
大宮 （おおみや）	30.3
土呂 （とろ）	33.3
東大宮 （ひがしおおみや）	35.4
蓮田 （はすだ）	39.2
白岡 （しらおか）	43.5
新白岡 （しんしらおか）	45.9
久喜 （くき）	48.9
東鷲宮 （ひがしわしのみや）	51.6
栗橋 （くりはし）	57.2
古河 （こが）	64.7
野木 （のぎ）	69.4
間々田 （ままだ）	73.3
小山 （おやま）	80.6
小金井 （こがねい）	88.1
自治医大 （じちいだい）	90.7
石橋 （いしばし）	95.4
雀宮 （すずめのみや）	101.8
宇都宮 （うつのみや）	109.5

岡本 （おかもと）	115.7
宝積寺 （ほうしゃくじ）	121.2
氏家 （うじいえ）	127.1
蒲須坂 （かますさか）	131.6
片岡 （かたおか）	135.5
矢板 （やいた）	141.8
野崎 （のざき）	146.6
西那須野 （にしなすの）	151.8
那須塩原 （なすしおばら）	157.8
黒磯 （くろいそ）	163.3
高久 （たかく）	167.3
黒田原 （くろだはら）	171.5
豊原 （とよはら）	176.7
白坂 （しらさか）	182.0
新白河 （しんしらかわ）	185.4
白河 （しらかわ）	188.2
久田野 （くたの）	192.9
泉崎 （いずみざき）	197.4
矢吹 （やぶき）	203.4
鏡石 （かがみいし）	208.8
須賀川 （すかがわ）	215.1
安積永盛 （あさかながもり）	221.8
郡山 （こおりやま）	226.7
日和田 （ひわだ）	232.4
五百川 （ごひゃくがわ）	236.9
本宮 （もとみや）	240.7
杉田 （すぎた）	246.6
二本松 （にほんまつ）	250.3
安達 （あだち）	254.5
松川 （まつかわ）	259.5
金谷川 （かなやがわ）	264.0
南福島 （みなみふくしま）	269.4
福島 （ふくしま）	272.8
東福島 （ひがしふくしま）	278.8
伊達 （だて）	281.9
桑折 （こおり）	285.9
藤田 （ふじた）	289.3
貝田 （かいだ）	294.9
越河 （こすごう）	298.6
白石 （しろいし）	306.8
東白石 （ひがししろいし）	311.0
北白川 （きたしらかわ）	315.3
大河原 （おおがわら）	320.1
船岡 （ふなおか）	323.1
槻木 （つきのき）	327.7
岩沼 （いわぬま）	334.2
館腰 （たてこし）	337.9
名取 （なとり）	341.4
南仙台 （みなみせんだい）	344.1
太子堂 （たいしどう）	346.3
長町 （ながまち）	347.3
仙台 （せんだい）	351.8
東仙台 （ひがしせんだい）	355.8
岩切 （いわきり）	359.9
陸前山王 （りくぜんさんのう）	362.2
国府多賀城 （こくふたがじょう）	363.5
塩釜 （しおがま）	365.2
松島 （まつしま）	375.2
愛宕 （あたご）	377.2
品井沼 （しないぬま）	381.6
鹿島台 （かしまだい）	386.6
松山町 （まつやままち）	391.5
小牛田 （こごた）	395.0
田尻 （たじり）	401.1
瀬峰 （せみね）	407.8
梅ケ沢 （うめがさわ）	411.5
新田 （にった）	416.2
石越 （いしこし）	423.5
油島 （ゆしま）	427.0
花泉 （はないずみ）	431.2

清水原 （しみずはら）	434.4
有壁 （ありかべ）	437.8
一ノ関 （いちのせき）	445.1
山ノ目 （やまのめ）	448.0
平泉 （ひらいずみ）	452.3
前沢 （まえさわ）	459.9
陸中折居 （りくちゅうおりい）	465.1
水沢 （みずさわ）	470.1
金ケ崎 （かねがさき）	477.7
六原 （ろくはら）	481.1
北上 （きたかみ）	487.5
村崎野 （むらさきの）	492.2
花巻 （はなまき）	500.0
花巻空港 （はなまきくうこう）	505.7
石鳥谷 （いしどりや）	511.4
日詰 （ひづめ）	516.8
紫波中央 （しわちゅうおう）	518.6
古館 （ふるだて）	521.5
矢幅 （やはば）	525.1
岩手飯岡 （いわていいおか）	529.6
仙北町 （せんぼくちょう）	533.5
盛岡 （もりおか）	535.3

東北本線（尾久経由）

Challenge!　　年　月　日

Complete!!　　年　月　日

駅名	営業キロ
日暮里 （にっぽり）	0
尾久 （おく）	2.6
赤羽 （あかばね）	7.6

東北本線（岩切―利府）

Challenge!　　年　月　日

Complete!!　　年　月　日

駅名	営業キロ
岩切 （いわきり）	0
新利府 （しんりふ）	2.5
利府 （りふ）	4.2

東北本線（仙石東北ライン）

Challenge!　　年　月　日

Complete!!　　年　月　日

駅名	営業キロ
塩釜 （しおがま）	0
（松島） （まつしま）	(0)
高城町 （たかぎまち）	(0.3) 10.3

日光線

Challenge!　　年　月　日

Complete!!　　年　月　日

駅名	営業キロ
宇都宮 （うつのみや）	0
鶴田 （つるた）	4.8
鹿沼 （かぬま）	14.3
文挟 （ふばさみ）	22.4
下野大沢 （しもつけおおさわ）	28.2

今市 （いまいち）	33.9
日光 （にっこう）	40.5

烏山線

Challenge!　　年　月　日

Complete!!　　年　月　日

駅名	営業キロ
宝積寺 （ほうしゃくじ）	0
下野花岡 （しもつけはなおか）	3.9
仁井田 （にいた）	5.9
鴻野山 （こうのやま）	8.3
大金 （おおがね）	12.7
小塙 （こばな）	15.3
滝 （たき）	17.5
烏山 （からすやま）	20.4

八戸線

Challenge!　　年　月　日

Complete!!　　年　月　日

駅名	営業キロ
八戸 （はちのへ）	0
長苗代 （ながなわしろ）	3.4
本八戸 （ほんはちのへ）	5.5
小中野 （こなかの）	7.3
陸奥湊 （むつみなと）	9.0
白銀 （しろがね）	10.3
鮫 （さめ）	11.8
陸奥白浜 （むつしらはま）	17.5
種差海岸 （たねさしかいがん）	19.6
大久喜 （おおくき）	21.8
金浜 （かねはま）	24.3
大蛇 （おおじゃ）	25.8
階上 （はしかみ）	27.5
角の浜 （かどのはま）	29.5
平内 （ひらない）	32.1
種市 （たねいち）	34.2
玉川 （たまがわ）	38.1
宿戸 （しゅくのへ）	40.0
陸中八木 （りくちゅうやぎ）	43.1
有家 （うげ）	45.8
陸中中野 （りくちゅうなかの）	48.4
侍浜 （さむらいはま）	54.4
陸中夏井 （りくちゅうなつい）	61.7
久慈 （くじ）	64.9

大湊線

Challenge!　　年　月　日

Complete!!　　年　月　日

駅名	営業キロ
野辺地 （のへじ）	0
北野辺地 （きたのへじ）	2.8
有戸 （ありと）	9.6
吹越 （ふっこし）	23.0
陸奥横浜 （むつよこはま）	30.1
有畑 （ありはた）	36.0
近川 （ちかがわ）	42.7
金谷沢 （かなやさわ）	47.7
赤川 （あかがわ）	53.2

下北 （しもきた）	55.5
大湊 （おおみなと）	58.4

常磐線

Challenge!　　年　月　日

Complete!!　　年　月　日

駅名	営業キロ
日暮里 （にっぽり）	0
三河島 （みかわしま）	1.2
南千住 （みなみせんじゅ）	3.4
北千住 （きたせんじゅ）	5.2
綾瀬 （あやせ）	7.7
亀有 （かめあり）	9.9
金町 （かなまち）	11.8
松戸 （まつど）	15.7
北松戸 （きたまつど）	17.8
馬橋 （まばし）	19.1
新松戸 （しんまつど）	20.7
北小金 （きたこがね）	22.0
南柏 （みなみかしわ）	24.5
柏 （かしわ）	26.9
北柏 （きたかしわ）	29.2
我孫子 （あびこ）	31.3
天王台 （てんのうだい）	34.0
取手 （とりで）	37.4
藤代 （ふじしろ）	43.4
龍ケ崎市 （りゅうがさきし）	45.5
牛久 （うしく）	50.6
ひたち野うしく （ひたちのうしく）	54.5
荒川沖 （あらかわおき）	57.2
土浦 （つちうら）	63.8
神立 （かんだつ）	69.9
高浜 （たかはま）	76.4
石岡 （いしおか）	80.0
羽鳥 （はとり）	86.5
岩間 （いわま）	91.9
友部 （ともべ）	98.8
内原 （うちはら）	103.5
赤塚 （あかつか）	109.3
（臨）偕楽園 （かいらくえん）	………
水戸 （みと）	115.3
勝田 （かつた）	121.1
佐和 （さわ）	125.3
東海 （とうかい）	130.0
大甕 （おおみか）	137.4
常陸多賀 （ひたちたが）	142.0
日立 （ひたち）	146.9
小木津 （おぎつ）	152.4
十王 （じゅうおう）	156.6
高萩 （たかはぎ）	162.5
南中郷 （みなみなかごう）	167.0
磯原 （いそはら）	171.6
大津港 （おおつこう）	178.7
勿来 （なこそ）	183.2
植田 （うえだ）	187.8
泉 （いずみ）	195.0
湯本 （ゆもと）	201.5
内郷 （うちごう）	205.0
いわき （いわき）	209.4
草野 （くさの）	214.8
四ツ倉 （よつくら）	219.2
久ノ浜 （ひさのはま）	224.0
末続 （すえつぎ）	227.6
広野 （ひろの）	232.4
Ｊヴィレッジ （じぇいびれっじ）	235.9
木戸 （きど）	237.8
竜田 （たつた）	240.9
富岡 （とみおか）	247.8

夜ノ森 （よのもり）	253.0
大野 （おおの）	257.9
双葉 （ふたば）	263.7
浪江 （なみえ）	268.6
桃内 （ももうち）	273.5
小高 （おだか）	277.5
磐城太田 （いわきおおた）	282.4
原ノ町 （はらのまち）	286.9
鹿島 （かしま）	294.4
日立木 （にったき）	301.1
相馬 （そうま）	307.0
駒ケ嶺 （こまがみね）	311.4
新地 （しんち）	315.8
坂元 （さかもと）	321.1
山下 （やました）	326.0
浜吉田 （はまよしだ）	330.2
亘理 （わたり）	335.2
逢隈 （おおくま）	338.4
岩沼 （いわぬま）	343.7

水戸線

Challenge!　　年　月　日

Complete!!　　年　月　日

駅名	営業キロ
小山 （おやま）	0
小田林 （おたばやし）	4.9
結城 （ゆうき）	6.6
東結城 （ひがしゆうき）	8.3
川島 （かわしま）	10.4
玉戸 （たまど）	12.5
下館 （しもだて）	16.2
新治 （にいはり）	22.3
大和 （やまと）	25.9
岩瀬 （いわせ）	29.6
羽黒 （はぐろ）	32.8
福原 （ふくはら）	37.0
稲田 （いなだ）	40.1
笠間 （かさま）	43.3
宍戸 （ししど）	48.5
友部 （ともべ）	50.2

水郡線

Challenge!　　年　月　日

Complete!!　　年　月　日

駅名	営業キロ
水戸 （みと）	0
常陸青柳 （ひたちあおやぎ）	1.9
常陸津田 （ひたちつだ）	4.1
後台 （ごだい）	6.5
下菅谷 （しもすがや）	7.8
中菅谷 （なかすがや）	9.0
上菅谷 （かみすがや）	10.1
常陸鴻巣 （ひたちこうのす）	13.4
瓜連 （うりづら）	16.7
静 （しず）	18.1
常陸大宮 （ひたちおおみや）	23.4
玉川村 （たまがわむら）	28.8
野上原 （のがみはら）	32.5
山方宿 （やまがたじゅく）	35.2
中舟生 （なかふにゅう）	37.9
下小川 （しもおがわ）	40.7
西金 （さいがね）	44.1
上小川 （かみおがわ）	47.3
袋田 （ふくろだ）	51.8

JR路線リスト

在来線 水郡線／磐越西線／磐越東線／只見線／仙石線／仙山線／石巻線／気仙沼線／大船渡線

駅名	営業キロ
常陸大子 (ひたちだいご)	55.6
下野宮 (しものみや)	62.0
矢祭山 (やまつりやま)	66.9
東館 (ひがしだて)	71.0
南石井 (みなみいしい)	73.8
磐城石井 (いわきいしい)	74.9
磐城塙 (いわきはなわ)	81.3
近津 (ちかつ)	86.4
中豊 (なかとよ)	88.8
磐城棚倉 (いわきたなくら)	90.5
磐城浅川 (いわきあさかわ)	97.0
里白石 (さとしらいし)	100.0
磐城石川 (いわきいしかわ)	105.3
野木沢 (のぎさわ)	110.1
川辺沖 (かわべおき)	112.6
泉郷 (いずみごう)	115.3
川東 (かわひがし)	122.2
小塩江 (おしおえ)	126.0
谷田川 (やたがわ)	128.9
磐城守山 (いわきもりやま)	132.1
安積永盛 (あさかながもり)	137.5

水郡線 (上菅谷—常陸太田)

Challenge! 　年　月　日
Complete!! 　年　月　日

駅名	営業キロ
上菅谷 (かみすがや)	0
南酒出 (みなみさかいで)	2.5
額田 (ぬかだ)	3.6
河合 (かわい)	6.7
谷河原 (やがわら)	8.2
常陸太田 (ひたちおおた)	9.5

磐越西線

Challenge! 　年　月　日
Complete!! 　年　月　日

駅名	営業キロ
郡山 (こおりやま)	0
郡山富田 (こおりやまとみた)	3.4
喜久田 (きくた)	7.9
安子ケ島 (あこがしま)	11.8
磐梯熱海 (ばんだいあたみ)	15.4
中山宿 (なかやまじゅく)	20.8
上戸 (じょうこ)	27.3
(臨)猪苗代湖畔 (いなわしろこはん)	29.3
関都 (せきと)	31.0
川桁 (かわげた)	33.4
猪苗代 (いなわしろ)	36.7
翁島 (おきなしま)	41.1
磐梯町 (ばんだいまち)	51.2
東長原 (ひがしながはら)	57.2
広田 (ひろた)	60.0
会津若松 (あいづわかまつ)	64.6
堂島 (どうじま)	70.1
笈川 (おいがわ)	73.2
塩川 (しおかわ)	75.1
姥堂 (うばどう)	77.5
会津豊川 (あいづとよかわ)	79.5
喜多方 (きたかた)	81.2
山都 (やまと)	91.1
荻野 (おぎの)	97.2
尾登 (おのぼり)	101.0
野沢 (のざわ)	106.2
上野尻 (かみのじり)	111.3
徳沢 (とくさわ)	118.0
豊実 (とよみ)	121.3
日出谷 (ひでや)	128.4
鹿瀬 (かのせ)	133.6
津川 (つがわ)	137.0
三川 (みかわ)	144.4
五十島 (いがしま)	148.6
東下条 (ひがしげじょう)	152.5
咲花 (さきはな)	155.6
馬下 (まおろし)	158.4
猿和田 (さるわだ)	161.9
五泉 (ごせん)	165.7
北五泉 (きたごせん)	167.5
新関 (しんせき)	170.0
東新津 (ひがしにいつ)	172.8
新津 (にいつ)	175.6

磐越東線

Challenge! 　年　月　日
Complete!! 　年　月　日

駅名	営業キロ
いわき (いわき)	0
赤井 (あかい)	4.8
小川郷 (おがわごう)	10.3
江田 (えだ)	18.3
川前 (かわまえ)	26.3
夏井 (なつい)	36.7
小野新町 (おのにいまち)	40.1
神俣 (かんまた)	46.6
菅谷 (すがや)	49.9
大越 (おおごえ)	54.3
磐城常葉 (いわきときわ)	58.7
船引 (ふねひき)	62.5
要田 (かなめだ)	69.5
三春 (みはる)	73.7
舞木 (もうぎ)	79.8
郡山 (こおりやま)	85.6

只見線

Challenge! 　年　月　日
Complete!! 　年　月　日

駅名	営業キロ
会津若松 (あいづわかまつ)	0
七日町 (なぬかまち)	1.3
西若松 (にしわかまつ)	3.1
会津本郷 (あいづほんごう)	6.5
会津高田 (あいづたかだ)	11.3
根岸 (ねぎし)	14.8
新鶴 (にいつる)	16.8
若宮 (わかみや)	18.9
会津坂下 (あいづばんげ)	21.6
塔寺 (とうでら)	26.0
会津坂本 (あいづさかもと)	29.7
会津柳津 (あいづやないづ)	33.3
郷戸 (ごうど)	36.9
滝谷 (たきや)	39.6
会津桧原 (あいづひのはら)	41.5
会津西方 (あいづにしかた)	43.7
会津宮下 (あいづみやした)	45.4
早戸 (はやと)	51.2
会津水沼 (あいづみずぬま)	55.1
会津中川 (あいづなかがわ)	58.3
会津川口 (あいづかわぐち)	60.8
本名 (ほんな)	63.6
会津越川 (あいづこすがわ)	70.0
会津横田 (あいづよこた)	73.2
会津大塩 (あいづおおしお)	75.4
会津塩沢 (あいづしおざわ)	80.9
会津蒲生 (あいづがもう)	83.9
只見 (ただみ)	88.4
大白川 (おおしらかわ)	109.2
入広瀬 (いりひろせ)	115.6
上条 (かみじょう)	118.7
越後須原 (えちごすはら)	123.1
魚沼田中 (うおぬまたなか)	127.0
越後広瀬 (えちごひろせ)	129.5
藪神 (やぶかみ)	131.6
小出 (こいで)	135.2

仙石線

Challenge! 　年　月　日
Complete!! 　年　月　日

駅名	営業キロ
あおば通 (あおばどおり)	0
仙台 (せんだい)	0.5
榴ケ岡 (つつじがおか)	1.3
宮城野原 (みやぎのはら)	2.4
陸前原ノ町 (りくぜんはらのまち)	3.2
苦竹 (にがたけ)	4.0
小鶴新田 (こづるしんでん)	5.6
福田町 (ふくだまち)	7.7
陸前高砂 (りくぜんたかさご)	8.6
中野栄 (なかのさかえ)	10.3
多賀城 (たがじょう)	12.6
下馬 (げば)	14.4
西塩釜 (にししおがま)	15.2
本塩釜 (ほんしおがま)	16.0
東塩釜 (ひがししおがま)	17.2
陸前浜田 (りくぜんはまだ)	20.3
松島海岸 (まつしまかいがん)	23.2
高城町 (たかぎまち)	25.5
手樽 (てたる)	27.3
陸前富山 (りくぜんとみやま)	28.6
陸前大塚 (りくぜんおおつか)	30.8
東名 (とうな)	32.2
野蒜 (のびる)	33.4
陸前小野 (りくぜんおの)	36.0
鹿妻 (かづま)	37.6
矢本 (やもと)	40.2
東矢本 (ひがしやもと)	41.6
陸前赤井 (りくぜんあかい)	43.1
石巻あゆみ野 (いしのまきあゆみの)	45.2
蛇田 (へびた)	46.6
陸前山下 (りくぜんやました)	47.6
石巻 (いしのまき)	49.0

仙山線

Challenge! 　年　月　日
Complete!! 　年　月　日

駅名	営業キロ
仙台 (せんだい)	0
東照宮 (とうしょうぐう)	3.2
北仙台 (きたせんだい)	4.8
北山 (きたやま)	6.5
東北福祉大前 (とうほくふくしだいまえ)	7.5
国見 (くにみ)	8.6
葛岡 (くずおか)	10.1
陸前落合 (りくぜんおちあい)	12.7
愛子 (あやし)	15.2
陸前白沢 (りくぜんしらさわ)	20.6
熊ケ根 (くまがね)	23.7
作並 (さくなみ)	28.7
奥新川 (おくにっかわ)	33.8
面白山高原 (おもしろやまこうげん)	42.5
山寺 (やまでら)	48.7
高瀬 (たかせ)	52.4
楯山 (たてやま)	54.9
羽前千歳 (うぜんちとせ)	58.0

石巻線

Challenge! 　年　月　日
Complete!! 　年　月　日

駅名	営業キロ
小牛田 (こごた)	0
上涌谷 (かみわくや)	3.5
涌谷 (わくや)	6.2
前谷地 (まえやち)	12.8
佳景山 (かけやま)	17.1
鹿又 (かのまた)	21.2
曽波神 (そばのかみ)	23.7
石巻 (いしのまき)	27.9
陸前稲井 (りくぜんいない)	30.9
渡波 (わたのは)	35.9
万石浦 (まんごくうら)	37.0
沢田 (さわだ)	38.3
浦宿 (うらしゅく)	42.4
女川 (おながわ)	44.7

気仙沼線

Challenge! 　年　月　日
Complete!! 　年　月　日

駅名	営業キロ
前谷地 (まえやち)	0
和渕 (わぶち)	3.2
のの岳 (ののだけ)	6.2
陸前豊里 (りくぜんとよさと)	10.3
御岳堂 (みたけどう)	13.6
柳津 (やないづ)	17.5

気仙沼線BRT (柳津—気仙沼)

Challenge! 　年　月　日
Complete!! 　年　月　日

駅名	営業キロ
柳津 (やないづ)	0
陸前横山 (りくぜんよこやま)	4.8
陸前戸倉 (りくぜんとぐら)	12.0
志津川 (しづがわ)	16.2
南三陸町役場・病院前 (みなみさんりくちょうやくば・びょういんまえ)	17.0
志津川中央団地 (しづがわちゅうおうだんち)	18.1
清水浜 (しずはま)	20.7
歌津 (うたつ)	24.8
陸前港 (りくぜんみなと)	27.4
蔵内 (くらうち)	29.2
陸前小泉 (りくぜんこいずみ)	31.2
本吉 (もとよし)	34.0
小金沢 (こがねざわ)	37.1
大谷海岸 (おおやかいがん)	40.8
陸前階上 (りくぜんはしかみ)	44.1
最知 (さいち)	45.8
岩月 (いわつき)	46.8
松岩 (まついわ)	48.1
赤岩港 (あかいわみなと)	49.4
気仙沼市立病院 (けせんぬまりつびょういん)	49.7
南気仙沼 (みなみけせんぬま)	50.8
不動の沢 (ふどうのさわ)	52.1
気仙沼 (けせんぬま)	55.3

大船渡線

Challenge! 　年　月　日
Complete!! 　年　月　日

駅名	営業キロ
一ノ関 (いちのせき)	0
真滝 (またき)	5.7
陸中門崎 (りくちゅうかんざき)	13.7
岩ノ下 (いわのした)	17.5
陸中松川 (りくちゅうまつかわ)	21.3
猊鼻渓 (げいびけい)	23.3
柴宿 (しばじゅく)	26.1
摺沢 (すりさわ)	30.6
千厩 (せんまや)	39.8
小梨 (こなし)	43.4
矢越 (やごし)	47.6
折壁 (おりかべ)	49.7
新月 (にいつき)	55.3
気仙沼 (けせんぬま)	62.0

大船渡線 BRT
（気仙沼―盛）

Challenge!　　　　年　月　日

Complete!!　　　　年　月　日

駅名	営業キロ
気仙沼　（けせんぬま）	0
鹿折唐桑 （ししおりからくわ）	2.2
八幡大橋（東陵高校） （やわたおおはし（とうりょうこうこう））	3.3
上鹿折　（かみししおり）	7.5
唐桑大沢 （からくわおおさわ）	13.5
長部　（おさべ）	15.8
陸前矢作 （りくぜんやはぎ）	17.5
陸前今泉 （りくぜんいまいずみ）	20.2
奇跡の一本松 （きせきのいっぽんまつ）	20.4
竹駒　（たけこま）	20.5
栃ケ沢公園 （とちがさわこうえん）	21.7
陸前高田 （りくぜんたかた）	23.4
高田高校前 （たかたこうこうまえ）	24.2
高田病院 （たかたびょういん）	25.6
脇ノ沢　（わきのさわ）	26.3
西下　（にしした）	28.4
小友　（おとも）	30.8
碁石海岸口 （ごいしかいがんぐち）	33.4
細浦　（ほそうら）	35.1
大船渡丸森 （おおふなとまるもり）	36.8
下船渡　（しもふなと）	38.2
大船渡魚市場前 （おおふなとうおいちばまえ）	39.7
大船渡　（おおふなと）	41.1
地ノ森　（じのもり）	42.0
田茂山　（たもやま）	43.0
盛　（さかり）	43.7

北上線

Challenge!　　　　年　月　日

Complete!!　　　　年　月　日

駅名	営業キロ
北上　（きたかみ）	0
柳原　（やなぎはら）	2.1
江釣子　（えづりこ）	5.2
藤根　（ふじね）	8.4
立川目　（たてかわめ）	12.1
横川目　（よこかわめ）	14.3
岩沢　（いわさわ）	18.1
和賀仙人 （わかせんにん）	20.3
ゆだ錦秋湖 （ゆだきんしゅうこ）	28.8
ほっとゆだ （ほっとゆだ）	35.2
ゆだ高原　（ゆだこうげん）	39.1
黒沢　（くろさわ）	44.3
小松川　（こまつかわ）	49.6
平石　（ひらいし）	51.6
相野々　（あいのの）	53.4
矢美津　（やびつ）	56.6
横手　（よこて）	61.1

釜石線

Challenge!　　　　年　月　日

Complete!!　　　　年　月　日

駅名	営業キロ
花巻　（はなまき）	0
似内　（にたない）	3.5
新花巻　（しんはなまき）	6.4
小山田　（おやまだ）	8.3
土沢　（つちざわ）	12.7
晴山　（はるやま）	15.9
岩根橋　（いわねばし）	21.7
宮守　（みやもり）	25.1
柏木平　（かしわぎだいら）	31.2
鱒沢　（ますざわ）	33.6
荒谷前　（あらやまえ）	36.4
岩手二日町 （いわてふつかまち）	39.3
綾織　（あやおり）	41.1
遠野　（とおの）	46.0
青笹　（あおざさ）	50.3
岩手上郷 （いわてかみごう）	53.8
平倉　（ひらくら）	56.6
足ケ瀬　（あしがせ）	61.2
上有住　（かみありす）	65.4
陸中大橋 （りくちゅうおおはし）	73.7
洞泉　（どうせん）	79.6
松倉　（まつくら）	83.2
小佐野　（こさの）	86.5
釜石　（かまいし）	90.2

山田線

Challenge!　　　　年　月　日

Complete!!　　　　年　月　日

駅名	営業キロ
宮古　（みやこ）	0
千徳　（せんとく）	3.3
花原市　（けばらいち）	7.9
蟇目　（ひきめ）	10.6
茂市　（もいち）	15.1
腹帯　（はらたい）	19.5
陸中川井 （りくちゅうかわい）	28.6
箱石　（はこいし）	36.4
川内　（かわうち）	40.6
平津戸　（ひらつと）	49.9
松草　（まつくさ）	58.5
区界　（くざかい）	66.5
上米内　（かみよない）	92.2
山岸　（やまぎし）	97.2
上盛岡　（かみもりおか）	99.3
盛岡　（もりおか）	102.1

陸羽東線

Challenge!　　　　年　月　日

Complete!!　　　　年　月　日

駅名	営業キロ
小牛田　（こごた）	0
北浦　（きたうら）	4.5
陸前谷地 （りくぜんやち）	6.6
古川　（ふるかわ）	9.4
塚目　（つかのめ）	12.1
西古川　（にしふるかわ）	15.9
東大崎 （ひがしおおさき）	19.1
西大崎　（にしおおさき）	21.9
岩出山　（いわでやま）	24.8
有備館　（ゆうびかん）	25.8
上野目　（かみのめ）	28.6
池月　（いけづき）	32.4
川渡温泉 （かわたびおんせん）	38.8
鳴子御殿湯 （なるこごてんゆ）	42.7
鳴子温泉 （なるこおんせん）	44.9
中山平温泉 （なかやまだいらおんせん）	50.0
堺田　（さかいだ）	55.3
赤倉温泉 （あかくらおんせん）	61.1
立小路　（たちこうじ）	62.8
最上　（もがみ）	65.6
大堀　（おおほり）	69.5
鵜杉　（うすぎ）	71.5
瀬見温泉 （せみおんせん）	75.0
東長沢 （ひがしながさわ）	81.0
長沢　（ながさわ）	82.8
南新庄 （みなみしんじょう）	89.2
新庄　（しんじょう）	94.1

陸羽西線

Challenge!　　　　年　月　日

Complete!!　　　　年　月　日

駅名	営業キロ
新庄　（しんじょう）	0
升形　（ますかた）	7.5
羽前前波 （うぜんぜんなみ）	10.6
津谷　（つや）	12.9
古口　（ふるくち）	17.0
高屋　（たかや）	24.8
清川　（きよかわ）	31.1
狩川　（かりかわ）	34.9
南野　（みなみの）	38.9
余目　（あまるめ）	43.0

花輪線

Challenge!　　　　年　月　日

Complete!!　　　　年　月　日

駅名	営業キロ
好摩　（こうま）	0
東大更 （ひがしおおぶけ）	4.9
大更　（おおぶけ）	9.0
平館　（たいらだて）	13.7
北森　（きたもり）	15.6
松尾八幡平 （まつおはちまんたい）	17.8
安比高原 （あっぴこうげん）	25.0
赤坂田　（あかさかた）	30.0
小屋の畑　（こやのはた）	33.6
荒屋新町 （あらやしんまち）	37.6
横間　（よこま）	40.3
田山　（たやま）	49.1
兄畑　（あにはた）	55.8
湯瀬温泉 （ゆぜおんせん）	59.9
八幡平　（はちまんたい）	64.2
陸中大里 （りくちゅうおおさと）	66.1
鹿角花輪 （かづのはなわ）	69.7
柴平　（しばひら）	74.4
十和田南 （とわだみなみ）	77.7
末広　（すえひろ）	82.2
土深井　（どぶかい）	84.6
沢尻　（さわじり）	86.6
十二所　（じゅうにしょ）	89.6
大滝温泉 （おおたきおんせん）	92.1
扇田　（おうぎた）	98.6
東大館 （ひがしおおだて）	103.3
大館　（おおだて）	106.9

白新線

Challenge!　　　　年　月　日

Complete!!　　　　年　月　日

駅名	営業キロ
新発田　（しばた）	0
西新発田　（にししばた）	3.0
佐々木　（ささき）	6.3
黒山　（くろやま）	9.3
豊栄　（とよさか）	12.3
早通　（はやどおり）	15.8
新崎　（にいざき）	17.7
大形　（おおがた）	20.3
東新潟 （ひがしにいがた）	22.3
新潟　（にいがた）	27.3

羽越本線

Challenge!　　　　年　月　日

Complete!!　　　　年　月　日

駅名	営業キロ
新津　（にいつ）	0
京ケ瀬　（きょうがせ）	6.1
水原　（すいばら）	10.2
神山　（かみやま）	13.9
月岡　（つきおか）	17.8
中浦　（なかうら）	21.5
新発田　（しばた）	26.0
加治　（かじ）	30.3
金塚　（かなづか）	35.3
中条　（なかじょう）	39.1
平木田　（ひらきだ）	44.7
坂町　（さかまち）	48.0
平林　（ひらばやし）	51.6
岩船町 （いわふね・まちまち）	55.2
村上　（むらかみ）	59.4
間島　（まじま）	66.5
越後早川 （えちごはやかわ）	71.4
桑川　（くわがわ）	78.3
今川　（いまがわ）	82.6
越後寒川 （えちごかんがわ）	87.5
勝木　（がつぎ）	92.8
府屋　（ふや）	95.9
鼠ケ関　（ねずがせき）	101.0
小岩川　（こいわがわ）	105.4
あつみ温泉 （あつみおんせん）	109.8
五十川　（いらがわ）	115.7
小波渡　（こばと）	120.1
三瀬　（さんぜ）	123.2
羽前水沢 （うぜんみずさわ）	128.9
羽前大山 （うぜんおおやま）	133.4
鶴岡　（つるおか）	139.4
藤島　（ふじしま）	146.0
西袋　（にしぶくろ）	151.1
余目　（あまるめ）	154.7
北余目　（きたあまるめ）	157.4
砂越　（さごし）	160.4
東酒田　（ひがしさかた）	163.7
酒田　（さかた）	166.9
本楯　（もとたて）	173.3
南鳥海 （みなみちょうかい）	175.9
遊佐　（ゆざ）	179.1
吹浦　（ふくら）	186.1
女鹿　（めが）	189.7
小砂川　（こさがわ）	194.8
上浜　（かみはま）	198.5
象潟　（きさかた）	203.4
金浦　（このうら）	209.2
仁賀保　（にかほ）	214.7
西目　（にしめ）	223.1
羽後本荘 （うごほんじょう）	228.9
羽後岩谷 （うごいわや）	236.0
折渡　（おりわたり）	240.7
羽後亀田 （うごかめだ）	243.7
岩城みなと （いわきみなと）	250.2
道川　（みちかわ）	251.8
下浜　（しもはま）	258.4
桂根　（かつらね）	261.7
新屋　（あらや）	265.7
羽後牛島　（うごうしじま）	269.0
秋田　（あきた）	271.7

左沢線

Challenge!　　　　年　月　日

Complete!!　　　　年　月　日

駅名	営業キロ
北山形　（きたやまがた）	0
東金井　（ひがしかない）	3.1
羽前山辺 （うぜんやまべ）	6.5
羽前金沢 （うぜんかなざわ）	9.5
羽前長崎 （うぜんながさき）	11.0
南寒河江 （みなみさがえ）	13.5
寒河江　（さがえ）	15.3
西寒河江　（にしさがえ）	16.4
羽前高松 （うぜんたかまつ）	19.3
柴橋　（しばはし）	22.3
左沢　（あてらざわ）	24.3

米坂線

Challenge!　　　　年　月　日

Complete!!　　　　年　月　日

駅名	営業キロ
米沢　（よねざわ）	0
南米沢 （みなみよねざわ）	3.1
西米沢　（にしよねざわ）	6.5
成島　（なるしま）	9.6
中郡　（ちゅうぐん）	12.5
羽前小松 （うぜんこまつ）	16.9
犬川　（いぬかわ）	19.4
今泉　（いまいずみ）	23.0
萩生　（はぎゅう）	27.3

在来線　大船渡線／北上線／釜石線／山田線／陸羽東線／陸羽西線／花輪線／白新線／羽越本線／左沢線／米坂線

在来線 五能線／男鹿線／奥羽本線／津軽線／函館本線／室蘭本線

駅名	営業キロ
羽前椿 (うぜんつばき)	30.1
手ノ子 (てのこ)	34.7
羽前沼沢 (うぜんぬまざわ)	43.9
伊佐領 (いさりょう)	50.0
羽前松岡 (うぜんまつおか)	54.7
小国 (おぐに)	58.3
越後金丸 (えちごかなまる)	67.8
越後片貝 (えちごかたかい)	73.1
越後下関 (えちごしもせき)	79.7
越後大島 (えちごおおしま)	83.5
坂町 (さかまち)	90.7

五能線

Challenge! 年 月 日
Complete!! 年 月 日

駅名	営業キロ
東能代 (ひがしのしろ)	0
能代 (のしろ)	3.9
向能代 (むかいのしろ)	6.1
北能代 (きたのしろ)	9.3
鳥形 (とりがた)	11.2
沢目 (さわめ)	14.1
東八森 (ひがしはちもり)	18.0
八森 (はちもり)	22.7
滝ノ間 (たきのま)	24.5
あきた白神 (あきたしらかみ)	26.1
岩館 (いわだて)	29.1
大間越 (おおまごし)	39.9
白神岳登山口 (しらかみだけとざんぐち)	42.3
松神 (まつかみ)	44.7
十二湖 (じゅうにこ)	46.6
陸奥岩崎 (むついわさき)	50.9
陸奥沢辺 (むつさわべ)	53.6
ウェスパ椿山 (うぇすぱつばきやま)	56.0
艫作 (へなし)	57.9
横磯 (よこいそ)	61.4
深浦 (ふかうら)	66.9
広戸 (ひろと)	70.8
追良瀬 (おいらせ)	72.9
轟木 (とどろき)	76.0
風合瀬 (かぜせ)	79.0
大戸瀬 (おおどせ)	83.9
千畳敷 (せんじょうじき)	86.0
北金ケ沢 (きたかねがさわ)	90.6
陸奥柳田 (むつやなぎた)	93.3
陸奥赤石 (むつあかいし)	97.4
鰺ケ沢 (あじがさわ)	103.8
鳴沢 (なるさわ)	108.3
越水 (こしみず)	111.0
陸奥森田 (むつもりた)	114.5
中田 (なかた)	116.9
木造 (きづくり)	119.5
五所川原 (ごしょがわら)	125.7
陸奥鶴田 (むつつるだ)	131.7
鶴泊 (つるどまり)	134.1
板柳 (いたやなぎ)	138.9
林崎 (はやしざき)	141.9
藤崎 (ふじさき)	144.7
川部 (かわべ)	147.2

男鹿線

Challenge! 年 月 日
Complete!! 年 月 日

駅名	営業キロ
追分 (おいわけ)	0
出戸浜 (でとはま)	5.1
上二田 (かみふただ)	8.3
二田 (ふただ)	10.4
天王 (てんのう)	13.2
船越 (ふなこし)	14.9
脇本 (わきもと)	18.9
羽立 (はだち)	23.7
男鹿 (おが)	26.4

奥羽本線 (秋田—青森)

Challenge! 年 月 日
Complete!! 年 月 日

駅名	営業キロ
秋田 (あきた)	0
土崎 (つちざき)	7.1
上飯島 (かみいいじま)	9.6
追分 (おいわけ)	13.0
大久保 (おおくぼ)	20.2
羽後飯塚 (うごいいづか)	23.5
井川さくら (いかわさくら)	24.9
八郎潟 (はちろうがた)	28.8
鯉川 (こいかわ)	34.3
鹿渡 (かど)	39.7
森岳 (もりたけ)	46.4
北金岡 (きたかなおか)	50.7
東能代 (ひがしのしろ)	56.7
鶴形 (つるがた)	61.6
富根 (とみね)	66.8
二ツ井 (ふたつい)	73.5
前山 (まえやま)	80.8
鷹ノ巣 (たかのす)	86.2
糠沢 (ぬかざわ)	89.4
早口 (はやぐち)	94.8
下川沿 (しもかわぞい)	99.0
大館 (おおだて)	104.2
白沢 (しらさわ)	110.7
陣場 (じんば)	117.8
津軽湯の沢 (つがるゆのさわ)	123.6
碇ケ関 (いかりがせき)	128.5
長峰 (ながみね)	133.3
大鰐温泉 (おおわにおんせん)	136.6
石川 (いしかわ)	142.0
弘前 (ひろさき)	148.4
撫牛子 (ないじょうし)	151.1
川部 (かわべ)	154.7
北常盤 (きたときわ)	157.9
浪岡 (なみおか)	163.4
大釈迦 (だいしゃか)	168.5
鶴ケ坂 (つるがさか)	174.7
津軽新城 (つがるしんじょう)	180.1
新青森 (しんあおもり)	181.9
青森 (あおもり)	185.8

＊福島—秋田間は 56 ページ参照。

津軽線

Challenge! 年 月 日
Complete!! 年 月 日

駅名	営業キロ
青森 (あおもり)	0
油川 (あぶらかわ)	6.0
津軽宮田 (つがるみやた)	9.7
奥内 (おくない)	11.5
左堰 (ひだりせき)	13.1
後潟 (うしろがた)	14.7
中沢 (なかさわ)	16.8
蓬田 (よもぎた)	19.1
郷沢 (ごうさわ)	21.1
瀬辺地 (せへじ)	23.4
蟹田 (かにた)	27.0
中小国 (なかおぐに)	31.4
大平 (おおだい)	35.0
津軽二股 (つがるふたまた)	46.6
大川平 (おおかわだい)	48.6
今別 (いまべつ)	51.0
津軽浜名 (つがるはまな)	52.7
三厩 (みんまや)	55.8

函館本線

Challenge! 年 月 日
Complete!! 年 月 日

駅名	営業キロ
函館 (はこだて)	0
五稜郭 (ごりょうかく)	3.4
桔梗 (ききょう)	8.3
大中山 (おおなかやま)	10.4
七飯 (ななえ)	13.8
新函館北斗 (しんはこだてほくと)	17.9
仁山 (にやま)	21.2
大沼 (おおぬま)	27.0
大沼公園 (おおぬまこうえん)	28.0
赤川 (あかいがわ)	31.7
駒ケ岳 (こまがたけ)	36.5
森 (もり)	49.5
石谷 (いしや)	56.1
本石倉 (ほんいしくら)	60.0
石倉 (いしくら)	62.1
落部 (おとしべ)	66.1
野田生 (のだおい)	71.4
山越 (やまこし)	76.0
八雲 (やくも)	81.1
山崎 (やまさき)	88.3
黒岩 (くろいわ)	94.4
国縫 (くんぬい)	102.8
中ノ沢 (なかのさわ)	107.7
長万部 (おしゃまんべ)	112.3
二股 (ふたまた)	120.9
黒松内 (くろまつない)	132.3
熱郛 (ねっぷ)	140.4
目名 (めな)	155.8
蘭越 (らんこし)	163.4
昆布 (こんぶ)	170.3
ニセコ (にせこ)	179.6
比羅夫 (ひらふ)	186.6
倶知安 (くっちゃん)	193.3
小沢 (こざわ)	203.6
銀山 (ぎんざん)	213.4
然別 (しかりべつ)	224.1
仁木 (にき)	228.2
余市 (よいち)	232.6
蘭島 (らんしま)	237.9
塩谷 (しおや)	244.8
小樽 (おたる)	252.5
南小樽 (みなみおたる)	254.1
小樽築港 (おたるちっこう)	256.2
朝里 (あさり)	259.3
銭函 (ぜにばこ)	268.1
ほしみ (ほしみ)	271.0
星置 (ほしおき)	272.6
稲穂 (いなほ)	273.7
手稲 (ていね)	275.7
稲積公園 (いなづみこうえん)	277.0
発寒 (はっさむ)	279.2
発寒中央 (はっさむちゅうおう)	281.0
琴似 (ことに)	282.5
桑園 (そうえん)	284.7
札幌 (さっぽろ)	286.3
苗穂 (なえぼ)	288.2
白石 (しろいし)	292.1
厚別 (あつべつ)	296.5
森林公園 (しんりんこうえん)	298.5
大麻 (おおあさ)	300.8
野幌 (のっぽろ)	304.2
高砂 (たかさご)	305.5
江別 (えべつ)	307.3
豊幌 (とよほろ)	313.5
幌向 (ほろむい)	316.7
上幌向 (かみほろむい)	322.6
岩見沢 (いわみざわ)	326.9
峰延 (みねのぶ)	335.3
光珠内 (こうしゅない)	339.8
美唄 (びばい)	343.7
茶志内 (ちゃしない)	348.1
奈井江 (ないえ)	354.3
豊沼 (とよぬま)	359.0
砂川 (すながわ)	362.2
滝川 (たきかわ)	369.8
江部乙 (えべおつ)	378.2
妹背牛 (もせうし)	385.7
深川 (ふかがわ)	392.9
納内 (おさむない)	400.3
伊納 (いのう)	413.0
近文 (ちかぶみ)	419.1
旭川 (あさひかわ)	423.1

函館本線 (七飯—大沼)〈下り〉

Challenge! 年 月 日
Complete!! 年 月 日

駅名	営業キロ
七飯 (ななえ)	(0)
大沼 (おおぬま)	(13.2)

函館本線 (大沼—渡島砂原—森)

Challenge! 年 月 日
Complete!! 年 月 日

駅名	営業キロ
大沼 (おおぬま)	0
池田園 (いけだその)	3.4
流山温泉 (ながれやまおんせん)	5.6
銚子口 (ちょうしぐち)	6.8
鹿部 (しかべ)	14.6
渡島沼尻 (おしまぬまじり)	20.0
渡島砂原 (おしまさわら)	25.3
掛澗 (かかりま)	29.0
尾白内 (おしろない)	31.9
東森 (ひがしもり)	33.5
森 (もり)	35.3

室蘭本線

Challenge! 年 月 日
Complete!! 年 月 日

駅名	営業キロ
長万部 (おしゃまんべ)	0
静狩 (しずかり)	10.6
小幌 (こぼろ)	17.5
礼文 (れぶん)	23.6
大岸 (おおきし)	27.7
豊浦 (とようら)	36.1
洞爺 (とうや)	41.5
有珠 (うす)	46.6
長和 (ながわ)	51.5
伊達紋別 (だてもんべつ)	54.5
北舟岡 (きたふなおか)	57.4
稀府 (まれっぷ)	60.6
黄金 (こがね)	65.1
崎守 (さきもり)	67.3
本輪西 (もとわにし)	72.7
東室蘭 (ひがしむろらん)	77.2
鷲別 (わしべつ)	79.1
幌別 (ほろべつ)	86.8
富浦 (とみうら)	92.3
登別 (のぼりべつ)	94.7
虎杖浜 (こじょうはま)	98.1
竹浦 (たけうら)	102.9
北吉原 (きたよしはら)	105.7
萩野 (はぎの)	107.8
白老 (しらおい)	113.6
社台 (しゃだい)	119.1
錦岡 (にしきおか)	125.4
糸井 (いとい)	130.6
青葉 (あおば)	132.8
苫小牧 (とまこまい)	135.2
沼ノ端 (ぬまのはた)	144.0
遠浅 (とおあさ)	152.9
早来 (はやきた)	158.3
安平 (あびら)	164.0
追分 (おいわけ)	170.8
三川 (みかわ)	178.8
古山 (ふるさん)	182.2
由仁 (ゆに)	186.4
栗山 (くりやま)	191.5
栗丘 (くりおか)	195.7
栗沢 (くりさわ)	199.6
志文 (しぶん)	203.9
岩見沢 (いわみざわ)	211.0

室蘭本線 (東室蘭—室蘭)

Challenge! 年 月 日
Complete!! 年 月 日

駅名	営業キロ
東室蘭 (ひがしむろらん)	0
輪西 (わにし)	2.3
御崎 (みさき)	4.2
母恋 (ぼこい)	5.9
室蘭 (むろらん)	7.0

千歳線

Challenge!　　　　年　　月　　日

Complete!!　　　　年　　月　　日

駅名	営業キロ
沼ノ端 （ぬまのはた）	0
植苗 （うえなえ）	6.4
南千歳 （みなみちとせ）	18.4
千歳 （ちとせ）	21.4
長都 （おさつ）	24.9
サッポロビール庭園 （さっぽろびーるていえん）	27.1
恵庭 （えにわ）	29.4
恵み野 （めぐみの）	31.9
島松 （しままつ）	34.1
北広島 （きたひろしま）	40.6
上野幌 （かみのっぽろ）	48.6
新札幌 （しんさっぽろ）	51.5
平和 （へいわ）	54.4
白石 （しろいし）	56.6

千歳線
（南千歳―新千歳空港）

Challenge!　　　　年　　月　　日

Complete!!　　　　年　　月　　日

駅名	営業キロ
南千歳 （みなみちとせ）	0
新千歳空港 （しんちとせくうこう）	2.6

日高本線

Challenge!　　　　年　　月　　日

Complete!!　　　　年　　月　　日

駅名	営業キロ
苫小牧 （とまこまい）	0
勇払 （ゆうふつ）	13.1
浜厚真 （はまあつま）	22.7
浜田浦 （はまたうら）	27.0
鵡川 （むかわ）	30.5
汐見 （しおみ）	34.5
富川 （とみかわ）	43.6
日高門別 （ひだかもんべつ）	51.3
豊郷 （とよさと）	56.3
清畠 （きよはた）	61.1
厚賀 （あつが）	65.6
大狩部 （おおかりべ）	71.1
節婦 （せっぷ）	73.1
新冠 （にいかっぷ）	77.2
静内 （しずない）	82.1
東静内 （ひがししずない）	90.9
春立 （はるたち）	97.0
日高東別 （ひだかとうべつ）	99.4
日高三石 （ひだかみついし）	105.8
蓬栄 （ほうえい）	109.8
本桐 （ほんきり）	113.0
荻伏 （おぎふし）	120.2
絵笛 （えふえ）	125.1
浦河 （うらかわ）	130.3
東町 （ひがしちょう）	132.4
日高幌別 （ひだかほろべつ）	136.9
鵜苫 （うとま）	141.1
西様似 （にしさまに）	143.6
様似 （さまに）	146.5

札沼線

Challenge!　　　　年　　月　　日

Complete!!　　　　年　　月　　日

駅名	営業キロ
桑園 （そうえん）	0
八軒 （はちけん）	2.2
新川 （しんかわ）	3.7
新琴似 （しんことに）	5.6
太平 （たいへい）	7.3
百合が原 （ゆりがはら）	8.6
篠路 （しのろ）	10.2
拓北 （たくほく）	12.2
あいの里教育大 （あいのさときょういくだい）	13.6
あいの里公園 （あいのさとこうえん）	15.1
石狩太美 （いしかりふとみ）	19.3
石狩当別 （いしかりとうべつ）	25.9
北海道医療大学 （ほっかいどういりょうだいがく）	28.9

留萌本線

Challenge!　　　　年　　月　　日

Complete!!　　　　年　　月　　日

駅名	営業キロ
深川 （ふかがわ）	0
北一已 （きたいちやん）	3.8
秩父別 （ちっぷべつ）	8.8
北秩父別 （きたちっぷべつ）	11.2
石狩沼田 （いしかりぬまた）	14.4
真布 （まっぷ）	17.8
恵比島 （えびしま）	20.7
峠下 （とうげした）	28.3
幌糠 （ほろぬか）	34.5
藤山 （ふじやま）	40.0
大和田 （おおわだ）	44.2
留萌 （るもい）	50.1

富良野線

Challenge!　　　　年　　月　　日

Complete!!　　　　年　　月　　日

駅名	営業キロ
旭川 （あさひかわ）	0
神楽岡 （かぐらおか）	2.4
緑が丘 （みどりがおか）	4.0
西御料 （にしごりょう）	5.2
西瑞穂 （にしみずほ）	7.4
西神楽 （にしかぐら）	9.9
西聖和 （にしせいわ）	12.3
千代ケ岡 （ちよがおか）	16.6
北美瑛 （きたびえい）	20.3
美瑛 （びえい）	23.8
美馬牛 （びばうし）	30.6
上富良野 （かみふらの）	39.7
西中 （にしなか）	44.2
（臨）ラベンダー畑 （らべんだーばたけ）	45.8
中富良野 （なかふらの）	47.3
鹿討 （しかうち）	49.7
学田 （がくでん）	52.5
富良野 （ふらの）	54.8

石勝線

Challenge!　　　　年　　月　　日

Complete!!　　　　年　　月　　日

駅名	営業キロ
南千歳 （みなみちとせ）	0
追分 （おいわけ）	17.6
川端 （かわばた）	27.0
滝ノ上 （たきのうえ）	35.8
新夕張 （しんゆうばり）	43.0
占冠 （しむかっぷ）	77.3
トマム （とまむ）	98.6
新得 （しんとく）	132.4

根室本線

Challenge!　　　　年　　月　　日

Complete!!　　　　年　　月　　日

駅名	営業キロ
滝川 （たきかわ）	0
東滝川 （ひがしたきかわ）	7.2
赤平 （あかびら）	13.7
茂尻 （もしり）	17.2
平岸 （ひらぎし）	20.7
芦別 （あしべつ）	26.6
上芦別 （かみあしべつ）	30.5
野花南 （のかなん）	35.2
富良野 （ふらの）	54.6
布部 （ぬのべ）	60.9
山部 （やまべ）	66.7
下金山 （しもかなやま）	74.7
金山 （かなやま）	81.6
東鹿越 （ひがししかごえ）	94.8
幾寅 （いくとら）	98.8
落合 （おちあい）	108.2
新得 （しんとく）	136.3
十勝清水 （とかちしみず）	145.4
御影 （みかげ）	155.9
芽室 （めむろ）	166.5
大成 （たいせい）	168.6
西帯広 （にしおびひろ）	173.4
柏林台 （はくりんだい）	176.6
帯広 （おびひろ）	180.1
札内 （さつない）	184.9
幕別 （まくべつ）	194.3
利別 （としべつ）	200.8
池田 （いけだ）	204.3
十弗 （とおふつ）	212.8
豊頃 （とよころ）	218.2
新吉野 （しんよしの）	225.3
浦幌 （うらほろ）	231.7
厚内 （あつない）	250.1
音別 （おんべつ）	265.1
白糠 （しらぬか）	281.1
西庶路 （にししょろ）	286.5
庶路 （しょろ）	288.6
大楽毛 （おたのしけ）	299.0
新大楽毛 （しんおたのしけ）	300.8
新富士 （しんふじ）	305.7
釧路 （くしろ）	308.4
東釧路 （ひがしくしろ）	311.3
武佐 （むさ）	312.5
別保 （べっぽ）	317.0
上尾幌 （かみおぼろ）	331.7
尾幌 （おぼろ）	340.9
門静 （もんしず）	350.1
厚岸 （あっけし）	355.0
糸魚沢 （いといざわ）	365.6
茶内 （ちゃない）	375.2
浜中 （はまなか）	382.2
姉別 （あねべつ）	392.3
厚床 （あっとこ）	398.9
別当賀 （べっとが）	414.5
落石 （おちいし）	424.8
昆布盛 （こんぶもり）	428.8
西和田 （にしわだ）	433.6
東根室 （ひがしねむろ）	442.3
根室 （ねむろ）	443.8

釧網本線

Challenge!　　　　年　　月　　日

Complete!!　　　　年　　月　　日

駅名	営業キロ
東釧路 （ひがしくしろ）	0
遠矢 （とおや）	7.4
釧路湿原 （くしろしつげん）	14.7
細岡 （ほそおか）	17.1
塘路 （とうろ）	24.3
茅沼 （かやぬま）	31.3
標茶 （しべちゃ）	45.2
磯分内 （いそぶんない）	55.8
摩周 （ましゅう）	70.5
美留和 （びるわ）	79.2
川湯温泉 （かわゆおんせん）	86.4
緑 （みどり）	100.9
札弦 （さっつる）	109.2
清里町 （きよさとちょう）	117.0
南斜里 （みなみしゃり）	122.1
中斜里 （なかしゃり）	124.3
知床斜里 （しれとこしゃり）	128.9
止別 （やむべつ）	140.4
浜小清水 （はまこしみず）	146.1
（臨）原生花園 （げんせいかえん）	149.3
北浜 （きたはま）	154.7
藻琴 （もこと）	157.5
鱒浦 （ますうら）	160.0
桂台 （かつらだい）	164.8
網走 （あばしり）	166.2

石北本線

Challenge!　　　　年　　月　　日

Complete!!　　　　年　　月　　日

駅名	営業キロ
新旭川 （しんあさひかわ）	0
南永山 （みなみながやま）	2.5
東旭川 （ひがしあさひかわ）	5.2
北日ノ出 （きたひので）	7.3
桜岡 （さくらおか）	10.2
当麻 （とうま）	13.9
将軍山 （しょうぐんざん）	17.4
伊香牛 （いかうし）	19.5
愛別 （あいべつ）	25.9
中愛別 （なかあいべつ）	32.0
愛山 （あいざん）	36.0
安足間 （あんたろま）	38.0
東雲 （とううん）	40.4
上川 （かみかわ）	44.9
白滝 （しらたき）	82.2
丸瀬布 （まるせっぷ）	101.9
瀬戸瀬 （せとせ）	109.7
遠軽 （えんがる）	120.8
安国 （やすくに）	128.8
生野 （いくの）	132.7
生田原 （いくたはら）	137.7
西留辺蘂 （にしるべしべ）	156.2
留辺蘂 （るべしべ）	158.2
相内 （あいのない）	169.1
東相内 （ひがしあいのない）	173.7
西北見 （にしきたみ）	176.3
北見 （きたみ）	181.0
柏陽 （はくよう）	183.7
愛し野 （いとしの）	185.9
端野 （たんの）	187.3
緋牛内 （ひうしない）	194.6
美幌 （びほろ）	206.1
西女満別 （にしめまんべつ）	213.1
女満別 （めまんべつ）	218.1
呼人 （よびと）	255.9
網走 （あばしり）	234.0

宗谷本線

Challenge!　　　　年　　月　　日

Complete!!　　　　年　　月　　日

駅名	営業キロ
旭川 （あさひかわ）	0
旭川四条 （あさひかわよじょう）	1.8
新旭川 （しんあさひかわ）	3.7
永山 （ながやま）	9.3
北永山 （きたながやま）	11.4
南比布 （みなみぴっぷ）	14.7
比布 （ぴっぷ）	17.1
北比布 （きたぴっぷ）	20.2
蘭留 （らんる）	22.8
塩狩 （しおかり）	28.4
和寒 （わっさむ）	36.3
東六線 （ひがしろくせん）	41.4
剣淵 （けんぶち）	45.2
北剣淵 （きたけんぶち）	50.2
士別 （しべつ）	53.9
下士別 （しもしべつ）	58.3
多寄 （たよろ）	61.7
瑞穂 （みずほ）	64.5
風連 （ふうれん）	68.1
東風連 （ひがしふうれん）	72.6
名寄 （なよろ）	76.2
日進 （にっしん）	80.2
北星 （ほくせい）	89.3
智恵文 （ちえぶん）	91.2
智北 （ちほく）	93.3
南美深 （みなみびふか）	95.6
美深 （びふか）	98.3
初野 （はつの）	101.9
紋穂内 （もんぽない）	105.0
恩根内 （おんねない）	112.1
豊清水 （とよしみず）	117.9
天塩川温泉 （てしおがわおんせん）	121.5
咲来 （さっくる）	124.7
音威子府 （おといねっぷ）	129.3
筬島 （おさしま）	135.6
佐久 （さく）	153.6
天塩中川 （てしおなかがわ）	161.9
歌内 （うたない）	170.3
問寒別 （といかんべつ）	175.8
糠南 （ぬかなん）	178.0
雄信内 （おのっぷない）	183.7

JR路線リスト

（ここに存在する）

駅名	営業キロ
安牛　（やすうし）	189.7
南幌延　（みなみほろのべ）	191.6
上幌延　（かみほろのべ）	194.6
幌延　（ほろのべ）	199.4
下沼　（しもぬま）	207.2
豊富　（とよとみ）	215.9
徳満　（とくみつ）	220.9
兜沼　（かぶとぬま）	230.9
勇知　（ゆうち）	236.7
抜海　（ばっかい）	245.0
南稚内　（みなみわっかない）	256.7
稚内　（わっかない）	259.4

在来線 山手線／赤羽線／埼京線／川越線／南武線／根岸線／五日市線／青梅線／横浜線／鶴見線／武蔵野線／京葉線

山手線

Challenge!　　　年　月　日
Complete!!　　　年　月　日

駅名	営業キロ
品川　（しながわ）	0
大崎　（おおさき）	2.0
五反田　（ごたんだ）	2.9
目黒　（めぐろ）	4.1
恵比寿　（えびす）	5.6
渋谷　（しぶや）	7.2
原宿　（はらじゅく）	8.4
代々木　（よよぎ）	9.9
新宿　（しんじゅく）	10.6
新大久保　（しんおおくぼ）	11.9
高田馬場　（たかだのばば）	13.3
目白　（めじろ）	14.2
池袋　（いけぶくろ）	15.4
大塚　（おおつか）	17.2
巣鴨　（すがも）	18.3
駒込　（こまごめ）	19.0
田端　（たばた）	20.6

埼京線（赤羽線）

Challenge!　　　年　月　日
Complete!!　　　年　月　日

駅名	営業キロ
池袋　（いけぶくろ）	0
板橋　（いたばし）	1.8
十条　（じゅうじょう）	3.5
赤羽　（あかばね）	5.5

埼京線（東北本線）

Challenge!　　　年　月　日
Complete!!　　　年　月　日

駅名	営業キロ
赤羽　（あかばね）	0
北赤羽　（きたあかばね）	1.5
浮間舟渡　（うきましぶなど）	3.1
戸田公園　（とだこうえん）	5.5
戸田　（とだ）	6.8
北戸田　（きたとだ）	8.2
武蔵浦和　（むさしうらわ）	10.6
中浦和　（なかうらわ）	11.8
南与野　（みなみよの）	13.5
与野本町　（よのほんまち）	15.1
北与野　（きたよの）	16.2
大宮　（おおみや）	18.0

埼京線・相鉄線直通電車（東海道本線）

Challenge!　　　年　月　日
Complete!!　　　年　月　日

駅名	営業キロ
（大崎）　（おおさき）	0
西大井　（にしおおい）	5.6
武蔵小杉　（むさしこすぎ）	12.0
（鶴見）　（つるみ）	19.8
羽沢横浜国大　（はざわよこはまこくだい）	28.6

川越線

Challenge!　　　年　月　日
Complete!!　　　年　月　日

駅名	営業キロ
大宮　（おおみや）	0
日進　（にっしん）	3.7
西大宮　（にしおおみや）	6.3
指扇　（さしおうぎ）	7.7
南古谷　（みなみふるや）	12.4
川越　（かわごえ）	16.1
西川越　（にしかわごえ）	18.7
的場　（まとば）	20.9
笠幡　（かさはた）	23.8
武蔵高萩　（むさしたかはぎ）	27.0
高麗川　（こまがわ）	30.6

南武線

Challenge!　　　年　月　日
Complete!!　　　年　月　日

駅名	営業キロ
川崎　（かわさき）	0
尻手　（しって）	1.7
矢向　（やこう）	2.6
鹿島田　（かしまだ）	4.1
平間　（ひらま）	5.3
向河原　（むかいがわら）	6.6
武蔵小杉　（むさしこすぎ）	7.5
武蔵中原　（むさしなかはら）	9.2
武蔵新城　（むさししんじょう）	10.5
武蔵溝ノ口　（むさしみぞのくち）	12.7
津田山　（つだやま）	13.9
久地　（くじ）	14.9
宿河原　（しゅくがわら）	16.2
登戸　（のぼりと）	17.3
中野島　（なかのしま）	19.5
稲田堤　（いなだづつみ）	20.8
矢野口　（やのくち）	22.4
稲城長沼　（いなぎながぬま）	24.1
南多摩　（みなみたま）	25.5
府中本町　（ふちゅうほんまち）	27.9
分倍河原　（ぶばいがわら）	28.8
西府　（にしふ）	30.0
谷保　（やほ）	31.6
矢川　（やがわ）	33.0
西国立　（にしくにたち）	34.3
立川　（たちかわ）	35.5

南武線（尻手—浜川崎）

Challenge!　　　年　月　日
Complete!!　　　年　月　日

駅名	営業キロ
尻手　（しって）	0
八丁畷　（はっちょうなわて）	1.1
川崎新町　（かわさきしんまち）	2.0
小田栄　（おださかえ）	2.7
浜川崎　（はまかわさき）	4.1

根岸線

Challenge!　　　年　月　日
Complete!!　　　年　月　日

駅名	営業キロ
横浜　（よこはま）	0
桜木町　（さくらぎちょう）	2.0
関内　（かんない）	3.0
石川町　（いしかわちょう）	3.8
山手　（やまて）	5.0
根岸　（ねぎし）	7.1
磯子　（いそご）	9.5
新杉田　（しんすぎた）	11.1
洋光台　（ようこうだい）	14.1
港南台　（こうなんだい）	16.0
本郷台　（ほんごうだい）	18.5
大船　（おおふな）	22.1

五日市線

Challenge!　　　年　月　日
Complete!!　　　年　月　日

駅名	営業キロ
拝島　（はいじま）	0
熊川　（くまがわ）	1.1
東秋留　（ひがしあきる）	3.5
秋川　（あきがわ）	5.7
武蔵引田　（むさしひきだ）	7.2
武蔵増戸　（むさしますこ）	8.5
武蔵五日市　（むさしいつかいち）	11.1

青梅線

Challenge!　　　年　月　日
Complete!!　　　年　月　日

駅名	営業キロ
立川　（たちかわ）	0
西立川　（にしたちかわ）	1.9
東中神　（ひがしなかがみ）	2.7
中神　（なかがみ）	3.6
昭島　（あきしま）	5.0
拝島　（はいじま）	6.9
牛浜　（うしはま）	8.6
福生　（ふっさ）	9.6
羽村　（はむら）	11.7
小作　（おざく）	14.1
河辺　（かべ）	15.9
東青梅　（ひがしおうめ）	17.2
青梅　（おうめ）	18.5
宮ノ平　（みやのひら）	20.6
日向和田　（ひなたわだ）	21.4
石神前　（いしがみまえ）	22.4
二俣尾　（ふたまたお）	23.6
軍畑　（いくさばた）	24.5
沢井　（さわい）	25.9
御嶽　（みたけ）	27.2
川井　（かわい）	30.0
古里　（こり）	31.6
鳩ノ巣　（はとのす）	33.8
白丸　（しろまる）	35.2
奥多摩　（おくたま）	37.2

横浜線

Challenge!　　　年　月　日
Complete!!　　　年　月　日

駅名	営業キロ
東神奈川　（ひがしかながわ）	0
大口　（おおぐち）	2.2
菊名　（きくな）	4.8
新横浜　（しんよこはま）	6.1
小机　（こづくえ）	7.8
鴨居　（かもい）	10.9
中山　（なかやま）	13.5
十日市場　（とおかいちば）	15.9
長津田　（ながつた）	17.9
成瀬　（なるせ）	20.2
町田　（まちだ）	22.9
古淵　（こぶち）	25.7
淵野辺　（ふちのべ）	28.4
矢部　（やべ）	29.2
相模原　（さがみはら）	31.0
橋本　（はしもと）	33.8
相原　（あいはら）	35.7
八王子みなみ野　（はちおうじみなみの）	38.6
片倉　（かたくら）	40.0
八王子　（はちおうじ）	42.6

鶴見線

Challenge!　　　年　月　日
Complete!!　　　年　月　日

駅名	営業キロ
鶴見　（つるみ）	0
国道　（こくどう）	0.9
鶴見小野　（つるみおの）	1.5
弁天橋　（べんてんばし）	2.4
浅野　（あさの）	3.0
安善　（あんぜん）	3.5
武蔵白石　（むさししらいし）	4.1
浜川崎　（はまかわさき）	5.7
昭和　（しょうわ）	6.4
扇町　（おうぎまち）	7.0

鶴見線（浅野—海芝浦）

Challenge!　　　年　月　日
Complete!!　　　年　月　日

駅名	営業キロ
浅野　（あさの）	0
新芝浦　（しんしばうら）	0.9
海芝浦　（うみしばうら）	1.7

鶴見線（安善—大川）

Challenge!　　　年　月　日
Complete!!　　　年　月　日

駅名	営業キロ
安善　（あんぜん）	0
大川　（おおかわ）	0.6

武蔵野線

Challenge!　　　年　月　日
Complete!!　　　年　月　日

駅名	営業キロ
府中本町　（ふちゅうほんまち）	0
北府中　（きたふちゅう）	1.7
西国分寺　（にしこくぶんじ）	3.9
新小平　（しんこだいら）	7.4
新秋津　（しんあきつ）	13.0
東所沢　（ひがしところざわ）	15.7
新座　（にいざ）	19.7
北朝霞　（きたあさか）	22.8
西浦和　（にしうらわ）	27.8
武蔵浦和　（むさしうらわ）	29.8
南浦和　（みなみうらわ）	31.7
東浦和　（ひがしうらわ）	35.4
東川口　（ひがしかわぐち）	39.2
南越谷　（みなみこしがや）	43.5
越谷レイクタウン　（こしがやれいくたうん）	46.3
吉川　（よしかわ）	48.2
吉川美南　（よしかわみなみ）	49.8
新三郷　（しんみさと）	51.3
三郷　（みさと）	53.4
南流山　（みなみながれやま）	55.4
新松戸　（しんまつど）	57.5
新八柱　（しんやはしら）	61.6
東松戸　（ひがしまつど）	64.0
市川大野　（いちかわおおの）	65.9
船橋法典　（ふなばしほうてん）	68.9
西船橋　（にしふなばし）	71.8

京葉線

Challenge!　　　年　月　日
Complete!!　　　年　月　日

駅名	営業キロ
東京　（とうきょう）	0
八丁堀　（はっちょうぼり）	1.2
越中島　（えっちゅうじま）	2.8
潮見　（しおみ）	5.4
新木場　（しんきば）	7.4
葛西臨海公園　（かさいりんかいこうえん）	10.6
舞浜　（まいはま）	12.7
新浦安　（しんうらやす）	16.1
市川塩浜　（いちかわしおはま）	18.2
二俣新町　（ふたまたしんまち）	22.6
南船橋　（みなみふなばし）	26.0
新習志野　（しんならしの）	28.3

74

駅名	営業キロ
海浜幕張 （かいひんまくはり）	31.7
検見川浜 （けみがわはま）	33.7
稲毛海岸 （いなげかいがん）	35.3
千葉みなと （ちばみなと）	39.0
蘇我 （そが）	43.0

京葉線
（西船橋—南船橋）

Challenge!　　　年　　月　　日

Complete!!　　　年　　月　　日

駅名	営業キロ
西船橋 （にしふなばし）	0
南船橋 （みなみふなばし）	5.4

京葉線
（西船橋—市川塩浜）

Challenge!　　　年　　月　　日

Complete!!　　　年　　月　　日

駅名	営業キロ
西船橋 （にしふなばし）	0
市川塩浜 （いちかわしおはま）	5.9

大阪環状線

Challenge!　　　年　　月　　日

Complete!!　　　年　　月　　日

駅名	営業キロ
大阪 （おおさか）	0
福島 （ふくしま）	1.0
野田 （のだ）	2.4
西九条 （にしくじょう）	3.6
弁天町 （べんてんちょう）	5.2
大正 （たいしょう）	7.0
芦原橋 （あしはらばし）	8.2
今宮 （いまみや）	8.8
新今宮 （しんいまみや）	10.0
天王寺 （てんのうじ）	11.0
寺田町 （てらだちょう）	12.0
桃谷 （ももだに）	13.2
鶴橋 （つるはし）	14.0
玉造 （たまつくり）	14.9
森ノ宮 （もりのみや）	15.8
大阪城公園 （おおさかじょうこうえん）	16.7
京橋 （きょうばし）	17.5
桜ノ宮 （さくらのみや）	19.3
天満 （てんま）	20.1
大阪	21.7

桜島線

Challenge!　　　年　　月　　日

Complete!!　　　年　　月　　日

駅名	営業キロ
西九条 （にしくじょう）	0
安治川口 （あじかわぐち）	2.4
ユニバーサルシティ （ゆにばーさるしてい）	3.2
桜島 （さくらじま）	4.1

阪和線

Challenge!　　　年　　月　　日

Complete!!　　　年　　月　　日

駅名	営業キロ
天王寺 （てんのうじ）	0
美章園 （びしょうえん）	1.5
南田辺 （みなみたなべ）	3.0
鶴ケ丘 （つるがおか）	3.9
長居 （ながい）	4.7
我孫子町 （あびこちょう）	5.9
杉本町 （すぎもとちょう）	6.9
浅香 （あさか）	7.9
堺市 （さかいし）	8.8
三国ケ丘 （みくにがおか）	10.2
百舌鳥 （もず）	11.1
上野芝 （うえのしば）	12.4
津久野 （つくの）	13.7
鳳 （おおとり）	15.1
富木 （とのき）	16.3
北信太 （きたしのだ）	18.0
信太山 （しのだやま）	19.4
和泉府中 （いずみふちゅう）	20.9
久米田 （くめだ）	23.9
下松 （しもまつ）	25.1
東岸和田 （ひがしきしわだ）	26.6
東貝塚 （ひがしかいづか）	28.1
和泉橋本 （いずみはしもと）	30.0
東佐野 （ひがしさの）	31.5
熊取 （くまとり）	33.0
日根野 （ひねの）	34.9
長滝 （ながたき）	36.3
新家 （しんげ）	38.6
和泉砂川 （いずみすながわ）	40.5
和泉鳥取 （いずみとっとり）	43.3
山中渓 （やまなかだに）	45.2
紀伊 （きい）	53.3
六十谷 （むそた）	57.2
紀伊中ノ島 （きいなかのしま）	60.2
和歌山 （わかやま）	61.3

阪和線
（鳳—東羽衣）

Challenge!　　　年　　月　　日

Complete!!　　　年　　月　　日

駅名	営業キロ
鳳 （おおとり）	0
東羽衣 （ひがしはごろも）	1.7

おおさか東線

Challenge!　　　年　　月　　日

Complete!!　　　年　　月　　日

駅名	営業キロ
新大阪 （しんおおさか）	0
南吹田 （みなみすいた）	2.0
JR淡路 （じぇいあーるあわじ）	3.3
城北公園通 （しろきたこうえんどおり）	5.4
JR野江 （じぇいあーるのえ）	7.6
鴫野 （しぎの）	9.4
放出 （はなてん）	11.0
高井田中央 （たかいだちゅうおう）	12.7
JR河内永和 （じぇいあーるかわちえいわ）	14.3
JR俊徳道 （じぇいあーるしゅんとくみち）	14.9
JR長瀬 （じぇいあーるながせ）	15.9
衣摺加美北 （きずりかみきた）	17.2
新加美 （しんかみ）	18.6
久宝寺 （きゅうほうじ）	20.2

片町線

Challenge!　　　年　　月　　日

Complete!!　　　年　　月　　日

駅名	営業キロ
木津 （きづ）	0
西木津 （にしきづ）	2.2
祝園 （ほうその）	5.1
下狛 （しもこま）	7.4
JR三山木 （じぇいあーるみやまき）	9.4
同志社前 （どうししゃまえ）	10.5
京田辺 （きょうたなべ）	12.4
大住 （おおすみ）	14.5
松井山手 （まついやまて）	17.0
長尾 （ながお）	18.6
藤阪 （ふじさか）	20.2
津田 （つだ）	21.8
河内磐船 （かわちいわふね）	25.0
星田 （ほしだ）	27.1
寝屋川公園 （ねやがわこうえん）	28.8
忍ケ丘 （しのぶがおか）	30.1
四条畷 （しじょうなわて）	32.0
野崎 （のざき）	33.3
住道 （すみのどう）	35.5
鴻池新田 （こうのいけしんでん）	37.9
徳庵 （とくあん）	39.8
放出 （はなてん）	41.6
鴫野 （しぎの）	43.2
京橋 （きょうばし）	44.8

JR東西線

Challenge!　　　年　　月　　日

Complete!!　　　年　　月　　日

駅名	営業キロ
京橋 （きょうばし）	0
大阪城北詰 （おおさかじょうきたづめ）	0.9
大阪天満宮 （おおさかてんまんぐう）	2.2
北新地 （きたしんち）	3.6
新福島 （しんふくしま）	4.8
海老江 （えびえ）	6.0
御幣島 （みてじま）	8.6
加島 （かしま）	10.3
尼崎 （あまがさき）	12.5

宮島航路

Challenge!　　　年　　月　　日

Complete!!　　　年　　月　　日

駅名	営業キロ
宮島口 （みやじまぐち）	……
宮島 （みやじま）	……

私鉄路線リスト

函館市企業局
（函館市電）
2系統

Challenge!　　　年　月　日

Complete!!　　　年　月　日

駅名	営業キロ
湯の川（ゆのかわ）	0
湯の川温泉（ゆのかわおんせん）	0.5
函館アリーナ前（はこだてありーなまえ）	0.8
駒場車庫前（こまばしゃこまえ）	1.0
競馬場前（けいばじょうまえ）	1.3
深堀町（ふかぼりちょう）	1.8
柏木町（かしわぎちょう）	2.3
杉並町（すぎなみちょう）	2.9
五稜郭公園前（ごりょうかくこうえんまえ）	3.5
中央病院前（ちゅうおうびょういんまえ）	3.8
千代台（ちよがだい）	4.1
堀川町（ほりかわちょう）	4.7
昭和橋（しょうわばし）	5.0
千歳町（ちとせちょう）	5.3
新川町（しんかわちょう）	5.6
松風町（まつかぜちょう）	6.0
函館駅前（はこだてえきまえ）	6.5
市役所前（しやくしょまえ）	6.9
魚市場通（うおいちばどおり）	7.3
十字街（じゅうじがい）	7.8
宝来町（ほうらいちょう）	8.2
青柳町（あおやぎちょう）	8.8
谷地頭（やちがしら）	9.2

5系統

Challenge!　　　年　月　日

Complete!!　　　年　月　日

駅名	営業キロ
湯の川（ゆのかわ）	0
十字街（じゅうじがい）	7.8
末広町（すえひろちょう）	8.4
大町（おおまち）	8.8
函館どつく前（はこだてどっくまえ）	9.3

札幌市交通局
（札幌市営地下鉄・札幌市電）
東西線

Challenge!　　　年　月　日

Complete!!　　　年　月　日

駅名	営業キロ
宮の沢（みやのさわ）	0
発寒南（はっさむみなみ）	1.5
琴似（ことに）	2.8
二十四軒（にじゅうよんけん）	3.7
西28丁目（にしにじゅうはっちょうめ）	4.9
円山公園（まるやまこうえん）	5.7
西18丁目（にしじゅうはっちょうめ）	6.6
西11丁目（にしじゅういっちょうめ）	7.5
大通（おおどおり）	8.5
バスセンター前（ばすせんたーまえ）	9.3
菊水（きくすい）	10.4
東札幌（ひがしさっぽろ）	11.6
白石（しろいし）	12.7
南郷7丁目（なんごうななちょうめ）	14.1
南郷13丁目（なんごうじゅうさんちょうめ）	15.2
南郷18丁目（なんごうじゅうはっちょうめ）	16.4
大谷地（おおやち）	17.9
ひばりが丘（ひばりがおか）	18.9
新さっぽろ（しんさっぽろ）	20.1

南北線

Challenge!　　　年　月　日

Complete!!　　　年　月　日

駅名	営業キロ
麻生（あさぶ）	0
北34条（きたさんじゅうよじょう）	1.0
北24条（きたにじゅうよじょう）	2.2
北18条（きたじゅうはちじょう）	3.1
北12条（きたじゅうにじょう）	3.9
さっぽろ（さっぽろ）	4.9
大通（おおどおり）	5.5
すすきの（すすきの）	6.1
中島公園（なかじまこうえん）	6.8
幌平橋（ほろひらばし）	7.8
中の島（なかのしま）	8.3
平岸（ひらぎし）	9.0
南平岸（みなみひらぎし）	10.1
澄川（すみかわ）	11.3
自衛隊前（じえいたいまえ）	12.6
真駒内（まこまない）	14.3

東豊線

Challenge!　　　年　月　日

Complete!!　　　年　月　日

駅名	営業キロ
栄町（さかえまち）	0
新道東（しんどうひがし）	0.9
元町（もとまち）	2.1
環状通東（かんじょうどおりひがし）	3.5
東区役所前（ひがしくやくしょまえ）	4.5
北13条東（きたじゅうさんじょうひがし）	5.4
さっぽろ（さっぽろ）	6.7
大通（おおどおり）	7.3
豊水すすきの（ほうすいすすきの）	8.1
学園前（がくえんまえ）	9.5
豊平公園（とよひらこうえん）	10.4
美園（みその）	11.4
月寒中央（つきさむちゅうおう）	12.6
福住（ふくずみ）	13.6

市内電車

Challenge!　　　年　月　日

Complete!!　　　年　月　日

駅名	営業キロ
西4丁目（にしよんちょうめ）	0
西8丁目（にしはっちょうめ）	0.5
中央区役所前（ちゅうおうくやくしょまえ）	0.9
西15丁目（にしじゅうごちょうめ）	1.4
西線6条（にしせんろくじょう）	2.0
西線9条旭山公園通（にしせんくじょうあさひやまこうえんどおり）	2.4
西線11条（にしせんじゅういちじょう）	2.7
西線14条（にしせんじゅうよじょう）	3.2
西線16条（にしせんじゅうろくじょう）	3.6
ロープウェイ入口（ろーぷうぇいいりぐち）	4.0
電車事業所前（でんしゃじぎょうしょまえ）	4.3
中央図書館前（ちゅうおうとしょかんまえ）	4.6
石山通（いしやまどおり）	4.9
東屯田通（ひがしとんでんどおり）	5.2
幌南小学校前（こうなんしょうがっこうまえ）	5.6
山鼻19条（やまはなじゅうくじょう）	5.9
静修学園前（せいしゅうがくえんまえ）	6.3
行啓通（ぎょうけいどおり）	6.6
中島公園通（なかじまこうえんどおり）	7.1
山鼻9条（やまはなくじょう）	7.4
東本願寺前（ひがしほんがんじまえ）	7.8
資生館小学校前〈西創成〉（しせいかんしょうがっこうまえ〈にしそうせい〉）	8.2
すすきの（すすきの）	8.5
狸小路（たぬきこうじ）	8.7
西4丁目	8.9

道南いさりび鉄道

Challenge!　　　年　月　日

Complete!!　　　年　月　日

駅名	営業キロ
木古内（きこない）	0
札苅（さつかり）	3.8
泉沢（いずみさわ）	7.2
釜谷（かまや）	10.3
渡島当別（おしまとうべつ）	15.2
茂辺地（もへじ）	20.2
上磯（かみいそ）	29.0
清川口（きよかわぐち）	30.2
久根別（くねべつ）	31.3
東久根別（ひがしくねべつ）	32.5
七重浜（ななえはま）	35.1
五稜郭（ごりょうかく）	37.8

青い森鉄道

Challenge!　　　年　月　日

Complete!!　　　年　月　日

駅名	営業キロ
目時（めとき）	0
三戸（さんのへ）	5.5
諏訪ノ平（すわのたいら）	9.5
剣吉（けんよし）	14.8
苫米地（とまべち）	18.2
北高岩（きたたかいわ）	21.0
八戸（はちのへ）	25.9
陸奥市川（むついちかわ）	32.8
下田（しもだ）	37.0
向山（むかいやま）	42.2
三沢（みさわ）	46.9
小川原（こがわら）	53.5
上北町（かみきたちょう）	57.4
乙供（おっとも）	64.3
千曳（ちびき）	70.9
野辺地（のへじ）	77.3
狩場沢（かりばさわ）	83.8
清水川（しみずがわ）	88.5
小湊（こみなと）	94.5
西平内（にしひらない）	98.3
浅虫温泉（あさむしおんせん）	104.7
野内（のない）	111.2
矢田前（やだまえ）	112.7
小柳（こやなぎ）	114.7
東青森（ひがしあおもり）	116.1
筒井（つつい）	117.5
青森（あおもり）	121.9

弘南鉄道
弘南線

Challenge!　　　年　月　日

Complete!!　　　年　月　日

駅名	営業キロ
弘前（ひろさき）	0
弘前東高前（ひろさきひがしこうまえ）	0.9
運動公園前（うんどうこうえんまえ）	2.1
新里（にさと）	3.6
館田（たちた）	5.2
平賀（ひらか）	7.5
柏農高校前（はくのうこうこうまえ）	9.5
津軽尾上（つがるおのえ）	11.1
尾上高校前（おのえこうこうまえ）	12.5
田んぼアート（たんぼあーと）	13.4
田舎館（いなかだて）	13.8
境松（さかいまつ）	15.3
黒石（くろいし）	16.8

大鰐線

Challenge!　　　年　月　日

Complete!!　　　年　月　日

駅名	営業キロ
大鰐（おおわに）	0
宿川原（しゅくがわら）	0.9

津軽鉄道

(continued)

駅名	営業キロ
鯖石（さばいし）	2.2
石川プール前（いしかわぷーるまえ）	3.0
石川（いしかわ）	4.4
義塾高校前（ぎじゅくこうこうまえ）	5.7
津軽大沢（つがるおおさわ）	6.7
松木平（まつきたい）	8.4
小栗山（こぐりやま）	9.3
千年（ちとせ）	10.0
聖愛中高前（せいあいちゅうこうまえ）	11.3
弘前学院大前（ひろさきがくいんだいまえ）	12.0
弘高下（ひろこうした）	13.1
中央弘前（ちゅうおうひろさき）	13.9

津軽鉄道

Challenge!　　　年　月　日

Complete!!　　　年　月　日

駅名	営業キロ
津軽五所川原（つがるごしょがわら）	0
十川（とがわ）	1.3
五農校前（ごのこうまえ）	3.2
津軽飯詰（つがるいいづめ）	4.2
毘沙門（びしゃもん）	7.4
嘉瀬（かせ）	10.1
金木（かなぎ）	12.8
芦野公園（あしのこうえん）	14.3
川倉（かわくら）	16.0
大沢内（おおざわない）	17.7
深郷田（ふこうだ）	19.0
津軽中里（つがるなかさと）	20.7

IGR
いわて銀河鉄道

Challenge!　　　年　月　日

Complete!!　　　年　月　日

駅名	営業キロ
盛岡（もりおか）	0
青山（あおやま）	3.2
厨川（くりやがわ）	5.6
巣子（すご）	10.2
滝沢（たきざわ）	12.2
渋民（しぶたみ）	16.6
好摩（こうま）	21.3
岩手川口（いわてかわぐち）	26.9
いわて沼宮内（いわてぬまくない）	32.0
御堂（みどう）	37.3
奥中山高原（おくなかやまこうげん）	44.4
小繋（こつなぎ）	52.2
小鳥谷（こずや）	59.8
一戸（いちのへ）	64.5
二戸（にのへ）	70.8
斗米（とまい）	73.7
金田一温泉（きんたいちおんせん）	78.4
目時（めとき）	82.0

三陸鉄道・リアス線

Challenge!　　　年　月　日

Complete!!　　　年　月　日

駅名	営業キロ
盛　（さかり）	0
陸前赤崎（りくぜんあかさき）	3.7
綾里　（りょうり）	9.1
恋し浜　（こいしはま）	12.0
甫嶺　（ほれい）	14.3
三陸　（さんりく）	17.0
吉浜　（よしはま）	21.6
唐丹　（とうに）	27.7
平田　（へいた）	33.1
釜石　（かまいし）	36.6
両石　（りょういし）	42.7
鵜住居　（うのすまい）	44.9
大槌　（おおつち）	48.9
吉里吉里（きりきり）	52.3
浪板海岸（なみいたかいがん）	54.1
岩手船越（いわてふなこし）	60.5
織笠　（おりかさ）	64.3
陸中山田（りくちゅうやまだ）	65.5
豊間根（とよまね）	76.6
払川　（はらいがわ）	80.7
津軽石（つがるいし）	82.8
八木沢・宮古短大（やぎさわ・みやこたんだい）	88.2
磯鶏　（そけい）	90.0
宮古　（みやこ）	92.0
山口団地（やまぐちだんち）	93.6
一の渡（いちのわたり）	98.2
佐羽根（さばね）	101.1
田老　（たろう）	104.7
新田老（しんたろう）	105.2
摂待　（せったい）	113.5
岩泉小本（いわいずみおもと）	117.1
島越　（しまのこし）	125.6
田野畑（たのはた）	127.6
普代　（ふだい）	136.9
白井海岸（しらいかいがん）	140.3
堀内　（ほりない）	143.4
野田玉川（のだたまがわ）	147.9
十府ケ浦海岸（とふがうらかいがん）	149.6
陸中野田（りくちゅうのだ）	151.9
陸中宇部（りくちゅううべ）	155.3
久慈　（くじ）	163.0

仙台空港鉄道
（仙台空港アクセス線）

Challenge!　　　年　月　日

Complete!!　　　年　月　日

駅名	営業キロ
仙台空港（せんだいくうこう）	0
美田園（みたその）	3.3
杜せきのした（もりせきのした）	5.3
名取　（なとり）	7.1

仙台市交通局
（仙台市営地下鉄）

東西線

Challenge!　　　年　月　日

Complete!!　　　年　月　日

駅名	営業キロ
八木山動物公園（やぎやまどうぶつこうえん）	0
青葉山（あおばやま）	2.1
川内　（かわうち）	3.6
国際センター（こくさいせんたー）	4.3
大町西公園（おおまちにしこうえん）	5.0
青葉通一番町（あおばどおりいちばんちょう）	5.6
仙台　（せんだい）	6.4
宮城野通（みやぎのどおり）	7.1
連坊　（れんぼう）	8.3
薬師堂（やくしどう）	9.5
卸町　（おろしまち）	11.0
六丁の目（ろくちょうのめ）	12.3
荒井　（あらい）	13.9

南北線

Challenge!　　　年　月　日

Complete!!　　　年　月　日

駅名	営業キロ
泉中央（いずみちゅうおう）	0
八乙女（やおとめ）	1.2
黒松　（くろまつ）	2.5
旭ケ丘（あさひがおか）	3.3
台原　（だいのはら）	4.3
北仙台（きたせんだい）	5.4
北四番丁（きたよばんちょう）	6.6
勾当台公園（こうとうだいこうえん）	7.3
広瀬通（ひろせどおり）	7.9
仙台　（せんだい）	8.5
五橋　（いつつばし）	9.4
愛宕橋（あたごばし）	10.0
河原町（かわらまち）	10.9
長町一丁目（ながまちいっちょうめ）	11.7
長町　（ながまち）	12.4
長町南（ながまちみなみ）	13.3
富沢　（とみざわ）	14.8

由利高原鉄道・
鳥海山ろく線

Challenge!　　　年　月　日

Complete!!　　　年　月　日

駅名	営業キロ
羽後本荘（うごほんじょう）	0
薬師堂（やくしどう）	2.2
子吉　（こよし）	4.5
鮎川　（あゆかわ）	7.4
黒沢　（くろさわ）	9.5
曲沢　（まがりさわ）	10.3
前郷　（まえごう）	11.7
久保田（くぼた）	13.6
西滝沢（にしたきさわ）	15.7
吉沢　（よしざわ）	17.1
川辺　（かわべ）	20.1
矢島　（やしま）	23.0

秋田内陸縦貫鉄道・
スマイルレール
秋田内陸線

Challenge!　　　年　月　日

Complete!!　　　年　月　日

駅名	営業キロ
鷹巣　（たかのす）	0
西鷹巣（にしたかのす）	1.3
縄文小ケ田（じょうもんおがた）	3.7
大野台（おおのだい）	6.1
合川　（あいかわ）	9.7
上杉　（うえすぎ）	12.1
米内沢（よないざわ）	15.0
桂瀬　（かつらせ）	20.5
阿仁前田（あにまえだ）	25.2
前田南（まえだみなみ）	27.1
小渕　（こぶち）	29.1
阿仁合（あにあい）	33.0
荒瀬　（あらせ）	35.4
萱草　（かやくさ）	38.1
笑内　（おかしない）	40.9
岩野目（いわのめ）	43.3
比立内（ひたちない）	46.0
奥阿仁（おくあに）	49.7
阿仁マタギ（あにまたぎ）	52.3
戸沢　（とざわ）	61.2
上桧木内（かみひのきない）	65.9
左通　（さどおり）	67.7
羽後中里（うごなかざと）	71.7
松葉　（まつば）	75.0
羽後長戸呂（うごながとろ）	77.9
八津　（やつ）	82.9
西明寺（さいみょうじ）	86.9
羽後太田（うごおおた）	89.9
角館　（かくのだて）	94.2

山形鉄道・
フラワー長井線

Challenge!　　　年　月　日

Complete!!　　　年　月　日

駅名	営業キロ
赤湯　（あかゆ）	0
南陽市役所（なんようしやくしょ）	0.9
宮内　（みやうち）	3.0
おりはた（おりはた）	4.4
梨郷　（りんごう）	6.8
西大塚（にしおおつか）	10.3
今泉　（いまいずみ）	12.2
時庭　（ときにわ）	14.9
南長井（みなみながい）	17.3
長井　（ながい）	18.3
あやめ公園（あやめこうえん）	19.1
羽前成田（うぜんなりた）	21.0
白兎　（しろうさぎ）	23.2
蚕桑　（こぐわ）	24.6
鮎貝　（あゆかい）	27.9
四季の郷（しきのさと）	28.6
荒砥　（あらと）	30.5

会津鉄道

Challenge!　　　年　月　日

Complete!!　　　年　月　日

駅名	営業キロ
会津高原尾瀬口（あいづこうげんおぜぐち）	0
七ケ岳登山口（ななつがたけとざんぐち）	4.3
会津山村道場（あいづさんそんどうじょう）	7.3
会津荒海（あいづあらかい）	8.2
中荒井（なかあらい）	11.6
会津田島（あいづたじま）	15.4
田島高校前（たじまこうこうまえ）	17.9
会津長野（あいづながの）	20.1
養鱒公園（ようそんこうえん）	22.3
ふるさと公園（ふるさとこうえん）	24.9
会津下郷（あいづしもごう）	26.3
弥五島（やごしま）	29.4
塔のへつり（とうのへつり）	30.9
湯野上温泉（ゆのかみおんせん）	34.7
芦ノ牧温泉南（あしのまきおんせんみなみ）	39.7
大川ダム公園（おおかわだむこうえん）	41.2
芦ノ牧温泉（あしのまきおんせん）	46.9
あまや（あまや）	49.6
門田　（もんでん）	52.5
南若松（みなみわかまつ）	54.4
西若松（にしわかまつ）	57.4

阿武隈急行

Challenge!　　　年　月　日

Complete!!　　　年　月　日

駅名	営業キロ
福島　（ふくしま）	0
卸町　（おろしまち）	5.6
福島学院前（ふくしまがくいんまえ）	6.5
瀬上　（せのうえ）	7.5
向瀬上（むかいせのうえ）	8.6
高子　（たかこ）	10.1
上保原（かみほばら）	11.5
保原　（ほばら）	12.8
大泉　（おおいずみ）	13.9
二井田（にいだ）	15.4
新田　（にった）	17.0
梁川　（やながわ）	18.3
やながわ希望の森公園前（やながわきぼうのもりこうえんまえ）	20.0
富野　（とみの）	22.1
兜　（かぶと）	25.2
あぶくま（あぶくま）	29.4
丸森　（まるもり）	37.5
北丸森（きたまるもり）	39.2
南角田（みなみかくだ）	41.6
角田　（かくだ）	43.3
横倉　（よこくら）	45.2
岡　（おか）	47.7
東船岡（ひがしふなおか）	51.3
槻木　（つきのき）	54.9

福島交通

Challenge!　　　年　月　日

Complete!!　　　年　月　日

駅名	営業キロ
福島　（ふくしま）	0
曽根田（そねだ）	0.6
美術館図書館前（びじゅつかんとしょかんまえ）	1.4
岩代清水（いわしろしみず）	2.7
泉　（いずみ）	3.0
上松川（かみまつかわ）	3.7
笹谷　（ささや）	4.2
桜水　（さくらみず）	5.1
平野　（ひらの）	6.2
医王寺前（いおうじまえ）	7.4
花水坂（はなみずざか）	8.7
飯坂温泉（いいざかおんせん）	9.2

鹿島臨海鉄道・
大洗鹿島線

Challenge!　　　年　月　日

Complete!!　　　年　月　日

駅名	営業キロ
水戸　（みと）	0
東水戸（ひがしみと）	3.8
常澄　（つねずみ）	8.3
大洗　（おおあらい）	11.6
涸沼　（ひぬま）	18.0
鹿島旭（かしまあさひ）	22.8
徳宿　（とくしゅく）	26.7
新鉾田（しんほこた）	31.0
北浦湖畔（きたうらこはん）	34.9
大洋　（たいよう）	39.0
鹿島灘（かしまなだ）	43.1
鹿島大野（かしまおおの）	46.1
長者ケ浜潮騒はまなす公園前（ちょうじゃがはましおさいはまなすこうえんまえ）	48.4
荒野台（こうやだい）	50.1
鹿島サッカースタジアム（かしまさっかーすたじあむ）	53.0

ひたちなか
海浜鉄道

Challenge!　　　年　月　日

Complete!!　　　年　月　日

駅名	営業キロ
勝田　（かつた）	0
工機前（こうきまえ）	0.6
金上　（かねあげ）	1.8
中根　（なかね）	4.8
高田の鉄橋（たかだのてっきょう）	7.1
那珂湊（なかみなと）	8.2
殿山　（とのやま）	9.6
平磯　（ひらいそ）	10.8

私鉄

三陸鉄道／仙台空港鉄道／仙台市営地下鉄／由利高原鉄道／秋田内陸縦貫鉄道／山形鉄道／会津鉄道／阿武隈急行／福島交通／鹿島臨海鉄道／ひたちなか海浜鉄道

駅名	営業キロ
磯崎 （いそざき）	13.3
阿字ケ浦 （あじがうら）	14.3

関東鉄道

常総線

Challenge! 　　年　月　日

Complete!! 　　年　月　日

駅名	営業キロ
取手 （とりで）	0
西取手 （にしとりで）	1.6
寺原 （てらはら）	2.1
新取手 （しんとりで）	3.4
ゆめみ野 （ゆめみの）	4.2
稲戸井 （いなとい）	5.4
戸頭 （とがしら）	6.3
南守谷 （みなみもりや）	7.4
守谷 （もりや）	9.6
新守谷 （しんもりや）	11.4
小絹 （こきぬ）	13.0
水海道 （みつかいどう）	17.5
北水海道 （きたみつかいどう）	19.3
中妻 （なかつま）	20.9
三妻 （みつま）	23.9
南石下 （みなみいしげ）	27.2
石下 （いしげ）	28.8
玉村 （たまむら）	31.0
宗道 （そうどう）	33.0
下妻 （しもつま）	36.1
大宝 （だいほう）	38.7
騰波ノ江 （とばのえ）	41.0
黒子 （くろご）	43.6
大田郷 （おおたごう）	47.3
下館 （しもだて）	51.1

竜ケ崎線

Challenge! 　　年　月　日

Complete!! 　　年　月　日

駅名	営業キロ
佐貫 （さぬき）	0
入地 （いれじ）	2.2
竜ケ崎 （りゅうがさき）	4.5

真岡鐡道

Challenge! 　　年　月　日

Complete!! 　　年　月　日

駅名	営業キロ
下館 （しもだて）	0
下館二高前 （しもだてにこうまえ）	2.2
折本 （おりもと）	4.6
ひぐち （ひぐち）	6.6
久下田 （くげた）	8.5
寺内 （てらうち）	12.6
真岡 （もおか）	16.4
北真岡 （きたもおか）	18.0
西田井 （にしだい）	21.2
北山 （きたやま）	22.9
益子 （ましこ）	25.1
七井 （なない）	28.4
多田羅 （たたら）	31.2
市塙 （いちはな）	34.3
笹原田 （ささはらだ）	38.1
天矢場 （てんやば）	39.2
茂木 （もてぎ）	41.9

私鉄 関東鉄道／真岡鐡道／ニューシャトル／秩父鉄道／野岩鉄道／いすみ鉄道／わたらせ渓谷鐡道／銚子電気鉄道／小湊鐡道／上信電鉄／上毛電気鉄道／埼玉高速鉄道／

野岩鉄道・会津鬼怒川線

Challenge! 　　年　月　日

Complete!! 　　年　月　日

駅名	営業キロ
新藤原 （しんふじわら）	0
龍王峡 （りゅうおうきょう）	1.7
川治温泉 （かわじおんせん）	4.8
川治湯元 （かわじゆもと）	6.0
湯西川温泉 （ゆにしがわおんせん）	10.3
中三依温泉 （なかみよりおんせん）	16.8
上三依塩原温泉口 （かみみよりしおばらおんせんぐち）	21.0
男鹿高原 （おじかこうげん）	25.0
会津高原尾瀬口 （あいづこうげんおぜぐち）	30.7

わたらせ渓谷鐡道

Challenge! 　　年　月　日

Complete!! 　　年　月　日

駅名	営業キロ
桐生 （きりゅう）	0
下新田 （しもしんでん）	1.9
相老 （あいおい）	3.1
運動公園 （うんどうこうえん）	4.2
大間々 （おおまま）	7.3
上神梅 （かみかんばい）	12.4
本宿 （もとじゅく）	13.8
水沼 （みずぬま）	16.9
花輪 （はなわ）	21.0
中野 （なかの）	22.0
小中 （こなか）	24.4
神戸 （ごうど）	26.4
沢入 （そうり）	33.4
原向 （はらむこう）	38.7
通洞 （つうどう）	41.9
足尾 （あしお）	42.8
間藤 （まとう）	44.1

上信電鉄

Challenge! 　　年　月　日

Complete!! 　　年　月　日

駅名	営業キロ
高崎 （たかさき）	0
南高崎 （みなみたかさき）	0.9
佐野のわたし （さののわたし）	2.2
根小屋 （ねごや）	3.7
高崎商科大学前 （たかさきしょうかだいがくまえ）	5.0
山名 （やまな）	6.1
西山名 （にしやまな）	7.0
馬庭 （まにわ）	9.4
吉井 （よしい）	11.7
西吉井 （にしよしい）	13.4
上州新屋 （じょうしゅうにいや）	14.6
上州福島 （じょうしゅうふくしま）	16.6

駅名	営業キロ
東富岡 （ひがしとみおか）	19.3
上州富岡 （じょうしゅうとみおか）	20.2
西富岡 （にしとみおか）	21.0
上州七日市 （じょうしゅうなのかいち）	21.8
上州一ノ宮 （じょうしゅういちのみや）	23.1
神農原 （かのはら）	25.4
南蛇井 （なんじゃい）	28.2
千平 （せんだいら）	29.9
下仁田 （しもにた）	33.7

上毛電気鉄道

Challenge! 　　年　月　日

Complete!! 　　年　月　日

駅名	営業キロ
中央前橋 （ちゅうおうまえばし）	0
城東 （じょうとう）	0.8
三俣 （みつまた）	1.6
片貝 （かたかい）	2.2
上泉 （かみいずみ）	3.2
赤坂 （あかさか）	4.3
心臓血管センター （しんぞうけっかんせんたー）	5.6
江木 （えぎ）	6.2
大胡 （おおご）	8.3
樋越 （ひごし）	9.9
北原 （きたはら）	10.9
新屋 （あらや）	12.0
粕川 （かすかわ）	13.3
膳 （ぜん）	14.3
新里 （にいさと）	15.8
新川 （にっかわ）	17.7
東新川 （ひがしにっかわ）	18.7
赤城 （あかぎ）	19.6
桐生球場前 （きりゅうきゅうじょうまえ）	21.8
天王宿 （てんのうじゅく）	22.8
富士山下 （ふじやました）	23.7
丸山下 （まるやました）	24.3
西桐生 （にしきりゅう）	25.4

埼玉高速鉄道

Challenge! 　　年　月　日

Complete!! 　　年　月　日

駅名	営業キロ
赤羽岩淵 （あかばねいわぶち）	0
川口元郷 （かわぐちもとごう）	2.4
南鳩ケ谷 （みなみはとがや）	4.3
鳩ケ谷 （はとがや）	5.9
新井宿 （あらいじゅく）	7.5
戸塚安行 （とづかあんぎょう）	10.0
東川口 （ひがしかわぐち）	12.2
浦和美園 （うらわみその）	14.6

埼玉新都市交通（ニューシャトル）

Challenge! 　　年　月　日

Complete!! 　　年　月　日

駅名	営業キロ
大宮 （おおみや）	0
鉄道博物館 （てつどうはくぶつかん）	1.5
加茂宮 （かものみや）	3.2
東宮原 （ひがしみやはら）	4.0
今羽 （こんば）	4.8
吉野原 （よしのはら）	5.6
原市 （はらいち）	6.4
沼南 （しょうなん）	7.2
丸山 （まるやま）	8.2
志久 （しく）	9.4
伊奈中央 （いなちゅうおう）	10.5
羽貫 （はぬき）	11.6
内宿 （うちじゅく）	12.7

秩父鉄道

Challenge! 　　年　月　日

Complete!! 　　年　月　日

駅名	営業キロ
羽生 （はにゅう）	0
西羽生 （にしはにゅう）	1.2
新郷 （しんごう）	2.6
武州荒木 （ぶしゅうあらき）	4.8
東行田 （ひがしぎょうだ）	7.3
行田市 （ぎょうだし）	8.3
持田 （もちだ）	10.1
ソシオ流通センター （そしおりゅうつうせんたー）	11.6
熊谷 （くまがや）	14.9
上熊谷 （かみくまがや）	15.8
石原 （いしわら）	17.0
ひろせ野鳥の森 （ひろせやちょうのもり）	18.5
大麻生 （おおあそう）	20.3
明戸 （あけと）	22.9
武川 （たけかわ）	24.8
永田 （ながた）	27.1
ふかや花園 （ふかやはなぞの）	28.2
小前田 （おまえだ）	30.5
桜沢 （さくらざわ）	31.9
寄居 （よりい）	33.8
波久礼 （はぐれ）	37.7
樋口 （ひぐち）	42.1
野上 （のがみ）	44.7
長瀞 （ながとろ）	46.5
上長瀞 （かみながとろ）	47.6
親鼻 （おやはな）	49.2
皆野 （みなの）	50.8
和銅黒谷 （わどうくろや）	53.4
大野原 （おおのはら）	56.6
秩父 （ちちぶ）	59.0
御花畑 （おはなばたけ）	59.7
影森 （かげもり）	62.4
浦山口 （うらやまぐち）	63.8
武州中川 （ぶしゅうなかがわ）	66.2
武州日野 （ぶしゅうひの）	67.7
白久 （しろく）	70.4
三峰口 （みつみねぐち）	71.7

いすみ鉄道

Challenge! 　　年　月　日

Complete!! 　　年　月　日

駅名	営業キロ
大原 （おおはら）	0
西大原 （にしおおはら）	1.7
上総東 （かずさあづま）	5.2
新田野 （にったの）	7.4
国吉 （くによし）	8.8
上総中川 （かずさなかがわ）	12.0
城見ケ丘 （しろみがおか）	14.8
大多喜 （おおたき）	15.9
小谷松 （こやまつ）	18.2
東総元 （ひがしふさもと）	19.6
久我原 （くがはら）	20.8
総元 （ふさもと）	22.2
西畑 （にしはた）	25.1
上総中野 （かずさなかの）	26.8

銚子電気鉄道

Challenge! 　　年　月　日

Complete!! 　　年　月　日

駅名	営業キロ
銚子 （ちょうし）	0
仲ノ町 （なかのちょう）	0.5
観音 （かんのん）	1.1
本銚子 （もとちょうし）	1.8
笠上黒生 （かさがみくろはえ）	2.7
西海鹿島 （にしあしかじま）	3.2
海鹿島 （あしかじま）	3.6
君ケ浜 （きみがはま）	4.7
犬吠 （いぬぼう）	5.5
外川 （とかわ）	6.4

小湊鐡道

Challenge! 　　年　月　日

Complete!! 　　年　月　日

駅名	営業キロ
五井 （ごい）	0
上総村上 （かずさむらかみ）	2.5
海士有木 （あまありき）	5.4
上総三又 （かずさみつまた）	7.2
上総山田 （かずさやまだ）	8.6
光風台 （こうふうだい）	10.6
馬立 （うまたて）	12.4
上総牛久 （かずさうしく）	16.4
上総川間 （かずさかわま）	18.5
上総鶴舞 （かずさつるまい）	20.0
上総久保 （かずさくぼ）	22.0
高滝 （たかたき）	23.8
里見 （さとみ）	25.7
飯給 （いたぶ）	27.5
月崎 （つきざき）	29.8
上総大久保 （かずさおおくぼ）	32.3
養老渓谷 （ようろうけいこく）	34.9
上総中野 （かずさなかの）	39.1

舞浜リゾートライン・ディズニーリゾートライン

駅名	営業キロ
リゾートゲートウェイ・ステーション （りぞーとげーとうぇい・すてーしょん）	0
東京ディズニーランド・ステーション （とうきょうでぃずにーらんど・すてーしょん）	0.6
ベイサイド・ステーション （べいさいど・すてーしょん）	1.8
東京ディズニーシー・ステーション （とうきょうでぃずにーしー・すてーしょん）	3.7
リゾートゲートウェイ・ステーション	5.0

東葉高速鉄道

駅名	営業キロ
西船橋（にしふなばし）	0
東海神（ひがしかいじん）	2.1
飯山満（はさま）	6.1
北習志野（きたならしの）	8.1
船橋日大前（ふなばしにちだいまえ）	9.8
八千代緑が丘（やちよみどりがおか）	11.0
八千代中央（やちょちゅうおう）	13.8
村上（むらかみ）	15.2
東葉勝田台（とうようかつただい）	16.2

芝山鉄道

駅名	営業キロ
芝山千代田（しばやまちよだ）	0
東成田（ひがしなりた）	2.2

山万・ユーカリが丘線

駅名	営業キロ
ユーカリが丘（ゆーかりがおか）	0
地区センター（ちくせんたー）	0.5
公園（こうえん）	1.0
女子大（じょしだい）	1.9
中学校（ちゅうがっこう）	2.7
井野（いの）	3.5
公園	4.1
地区センター	4.6
ユーカリが丘	5.1

北総鉄道

駅名	営業キロ
京成高砂（けいせいたかさご）	0
新柴又（しんしばまた）	1.3
矢切（やぎり）	3.2
北国分（きたこくぶん）	4.7
秋山（あきやま）	6.2
東松戸（ひがしまつど）	7.5
松飛台（まつひだい）	8.9
大町（おおまち）	10.4
新鎌ケ谷（しんかまがや）	12.7
西白井（にししろい）	15.8
白井（しろい）	17.8
小室（こむろ）	19.8
千葉ニュータウン中央（ちばにゅーたうんちゅうおう）	23.8
印西牧の原（いんざいまきのはら）	28.5
印旛日本医大（いんばにほんいだい）	32.3

新京成電鉄

駅名	営業キロ
松戸（まつど）	0
上本郷（かみほんごう）	1.7
松戸新田（まつどしんでん）	2.4
みのり台（みのりだい）	3.0
八柱（やばしら）	4.2
常盤平（ときわだいら）	5.6
五香（ごこう）	7.4
元山（もとやま）	8.7
くぬぎ山（くぬぎやま）	9.6
北初富（きたはつとみ）	11.4
新鎌ケ谷（しんかまがや）	12.1
初富（はつとみ）	13.3
鎌ケ谷大仏（かまがやだいぶつ）	15.4
二和向台（ふたわむこうだい）	16.3
三咲（みさき）	17.1
滝不動（たきふどう）	18.5
高根公団（たかねこうだん）	19.5
高根木戸（たかねきど）	20.1
北習志野（きたならしの）	21.0
習志野（ならしの）	21.7
薬園台（やくえんだい）	22.5
前原（まえばら）	23.9
新津田沼（しんつだぬま）	25.3
京成津田沼（けいせいつだぬま）	26.5

千葉都市モノレール

1号線

駅名	営業キロ
千葉みなと（ちばみなと）	0
市役所前（しやくしょまえ）	0.7
千葉（ちば）	1.5
栄町（さかえちょう）	2.0
葭川公園（よしかわこうえん）	2.5
県庁前（けんちょうまえ）	3.2

2号線

駅名	営業キロ
千葉（ちば）	0
千葉公園（ちばこうえん）	1.1
作草部（さくさべ）	1.8
天台（てんだい）	2.5
穴川（あながわ）	3.4
スポーツセンター（すぽーつせんたー）	4.0
動物公園（どうぶつこうえん）	5.2
みつわ台（みつわだい）	6.2
都賀（つが）	7.7
桜木（さくらぎ）	9.0
小倉台（おぐらだい）	10.2
千城台北（ちしろだいきた）	11.2
千城台（ちしろだい）	12.0

流鉄・流山線

駅名	営業キロ
馬橋（まばし）	0
幸谷（こうや）	1.7
小金城趾（こがねじょうし）	2.8
鰭ケ崎（ひれがさき）	3.6
平和台（へいわだい）	5.1
流山（ながれやま）	5.7

東京地下鉄（東京メトロ）

銀座線

駅名	営業キロ
浅草（あさくさ）	0
田原町（たわらまち）	0.8
稲荷町（いなりちょう）	1.5
上野（うえの）	2.2
上野広小路（うえのひろこうじ）	2.7
末広町（すえひろちょう）	3.3
神田（かんだ）	4.4
三越前（みつこしまえ）	5.1
日本橋（にほんばし）	5.7
京橋（きょうばし）	6.4
銀座（ぎんざ）	7.1
新橋（しんばし）	8.0
虎ノ門（とらのもん）	8.8
溜池山王（ためいけさんのう）	9.6
赤坂見附（あかさかみつけ）	10.3
青山一丁目（あおやまいっちょうめ）	11.6
外苑前（がいえんまえ）	12.3
表参道（おもてさんどう）	13.0
渋谷（しぶや）	14.2

丸ノ内線

駅名	営業キロ
池袋（いけぶくろ）	0
新大塚（しんおおつか）	1.8
茗荷谷（みょうがだに）	3.0
後楽園（こうらくえん）	4.8
本郷三丁目（ほんごうさんちょうめ）	5.6
御茶ノ水（おちゃのみず）	6.4
淡路町（あわじちょう）	7.2
大手町（おおてまち）	8.1
東京（とうきょう）	8.7
銀座（ぎんざ）	9.8
霞ケ関（かすみがせき）	10.8
国会議事堂前（こっかいぎじどうまえ）	11.5
赤坂見附（あかさかみつけ）	12.4
四ツ谷（よつや）	13.7
四谷三丁目（よつやさんちょうめ）	14.7
新宿御苑前（しんじゅくぎょえんまえ）	15.6
新宿三丁目（しんじゅくさんちょうめ）	16.3
新宿（しんじゅく）	16.6
西新宿（にししんじゅく）	17.4
中野坂上（なかのさかうえ）	18.5
新中野（しんなかの）	19.6
東高円寺（ひがしこうえんじ）	20.6
新高円寺（しんこうえんじ）	21.5
南阿佐ケ谷（みなみあさがや）	22.7
荻窪（おぎくぼ）	24.2

丸ノ内線（中野坂上—方南町）

駅名	営業キロ
中野坂上（なかのさかうえ）	0
中野新橋（なかのしんばし）	1.3
中野富士見町（なかのふじみちょう）	1.9
方南町（ほうなんちょう）	3.2

日比谷線

駅名	営業キロ
北千住（きたせんじゅ）	0
南千住（みなみせんじゅ）	2.1
三ノ輪（みのわ）	2.9
入谷（いりや）	4.1
上野（うえの）	5.3
仲御徒町（なかおかちまち）	5.8
秋葉原（あきはばら）	6.8
小伝馬町（こでんまちょう）	7.7
人形町（にんぎょうちょう）	8.3
茅場町（かやばちょう）	9.2
八丁堀（はっちょうぼり）	9.7
築地（つきじ）	10.7
東銀座（ひがしぎんざ）	11.3
銀座（ぎんざ）	11.7
日比谷（ひびや）	12.1
霞ケ関（かすみがせき）	13.3
虎ノ門ヒルズ（とらのもんひるず）	14.1
神谷町（かみやちょう）	14.6
六本木（ろっぽんぎ）	16.1
広尾（ひろお）	17.8
恵比寿（えびす）	19.3
中目黒（なかめぐろ）	20.3

東西線

駅名	営業キロ
中野（なかの）	0
落合（おちあい）	2.0
高田馬場（たかだのばば）	3.9
早稲田（わせだ）	5.6
神楽坂（かぐらざか）	6.8
飯田橋（いいだばし）	8.0
九段下（くだんした）	8.7
竹橋（たけばし）	9.7
大手町（おおてまち）	10.7
日本橋（にほんばし）	11.5
茅場町（かやばちょう）	12.0
門前仲町（もんぜんなかちょう）	13.8
木場（きば）	14.9
東陽町（とうようちょう）	15.8
南砂町（みなみすなまち）	17.0
西葛西（にしかさい）	19.7
葛西（かさい）	20.9
浦安（うらやす）	22.8
南行徳（みなみぎょうとく）	24.0
行徳（ぎょうとく）	25.5
妙典（みょうでん）	26.8
原木中山（ばらきなかやま）	28.9
西船橋（にしふなばし）	30.8

私鉄路線リスト

千代田線

Challenge!　　年　月　日
Complete!!　　年　月　日

駅名	営業キロ
北綾瀬　（きたあやせ）	0
綾瀬　（あやせ）	2.1
北千住　（きたせんじゅ）	4.7
町屋　（まちや）	7.3
西日暮里　（にしにっぽり）	9.0
千駄木　（せんだぎ）	9.9
根津　（ねづ）	10.9
湯島　（ゆしま）	12.1
新御茶ノ水（しんおちゃのみず）	13.3
大手町　（おおてまち）	14.6
二重橋前（丸の内）（にじゅうばしまえ〈まるのうち〉）	15.3
日比谷　（ひびや）	16.0
霞ケ関　（かすみがせき）	16.8
国会議事堂前（こっかいぎじどうまえ）	17.6
赤坂　（あかさか）	18.4
乃木坂　（のぎざか）	19.5
表参道　（おもてさんどう）	20.9
明治神宮前（原宿）（めいじじんぐうまえ〈はらじゅく〉）	21.8
代々木公園（よよぎこうえん）	23.0
代々木上原（よよぎうえはら）	24.0

有楽町線

Challenge!　　年　月　日
Complete!!　　年　月　日

駅名	営業キロ
和光市　（わこうし）	0
地下鉄成増（ちかてつなります）	2.2
地下鉄赤塚（ちかてつあかつか）	3.6
平和台　（へいわだい）	5.4
氷川台　（ひかわだい）	6.8
小竹向原（こたけむかいはら）	8.3
千川　（せんかわ）	9.3
要町　（かなめちょう）	10.3
池袋　（いけぶくろ）	11.5
東池袋　（ひがしいけぶくろ）	12.4
護国寺　（ごこくじ）	13.5
江戸川橋（えどがわばし）	14.8
飯田橋　（いいだばし）	16.4
市ケ谷　（いちがや）	17.5
麴町　（こうじまち）	18.4
永田町　（ながたちょう）	19.3
桜田門　（さくらだもん）	20.2
有楽町　（ゆうらくちょう）	21.2
銀座一丁目（ぎんざいっちょうめ）	21.7
新富町　（しんとみちょう）	22.4
月島　（つきしま）	23.7
豊洲　（とよす）	25.1
辰巳　（たつみ）	26.8
新木場　（しんきば）	28.3

副都心線

Challenge!　　年　月　日
Complete!!　　年　月　日

駅名	営業キロ
和光市　（わこうし）	0
地下鉄成増（ちかてつなります）	2.2
地下鉄赤塚（ちかてつあかつか）	3.6
平和台　（へいわだい）	5.4
氷川台　（ひかわだい）	6.8
小竹向原（こたけむかいはら）	8.3
千川　（せんかわ）	9.4
要町　（かなめちょう）	10.4
池袋　（いけぶくろ）	11.3
雑司が谷（ぞうしがや）	13.1
西早稲田（にしわせだ）	14.6
東新宿　（ひがししんじゅく）	15.5
新宿三丁目（しんじゅくさんちょうめ）	16.6
北参道　（きたさんどう）	18.0
明治神宮前（原宿）（めいじじんぐうまえ〈はらじゅく〉）	19.2
渋谷　（しぶや）	20.2

半蔵門線

Challenge!　　年　月　日
Complete!!　　年　月　日

駅名	営業キロ
渋谷　（しぶや）	0
表参道　（おもてさんどう）	1.3
青山一丁目（あおやまいっちょうめ）	2.7
永田町　（ながたちょう）	4.1
半蔵門　（はんぞうもん）	5.1
九段下　（くだんした）	6.7
神保町　（じんぼうちょう）	7.1
大手町　（おおてまち）	8.8
三越前　（みつこしまえ）	9.5
水天宮前（すいてんぐうまえ）	10.8
清澄白河（きよすみしらかわ）	12.5
住吉　（すみよし）	14.4
錦糸町　（きんしちょう）	15.4
押上（スカイツリー前）（おしあげ〈すかいつりーまえ〉）	16.8

南北線

Challenge!　　年　月　日
Complete!!　　年　月　日

駅名	営業キロ
目黒　（めぐろ）	0
白金台　（しろかねだい）	1.3
白金高輪（しろかねたかなわ）	2.3
麻布十番（あざぶじゅうばん）	3.6
六本木一丁目（ろっぽんぎいっちょうめ）	4.8
溜池山王（ためいけさんのう）	5.7
永田町　（ながたちょう）	6.4
四ツ谷　（よつや）	7.9
市ケ谷　（いちがや）	8.9
飯田橋　（いいだばし）	10.0
後楽園　（こうらくえん）	11.4
東大前　（とうだいまえ）	12.7
本駒込　（ほんこまごめ）	13.6
駒込　（こまごめ）	15.0
西ケ原　（にしがはら）	16.4
王子　（おうじ）	17.4
王子神谷（おうじかみや）	18.6
志茂　（しも）	20.2
赤羽岩淵（あかばねいわぶち）	21.3

東京都交通局（都営地下鉄，都電荒川線，日暮里・舎人ライナー）

浅草線

Challenge!　　年　月　日
Complete!!　　年　月　日

駅名	営業キロ
西馬込　（にしまごめ）	0
馬込　（まごめ）	1.2
中延　（なかのぶ）	2.1
戸越　（とごし）	3.2
五反田　（ごたんだ）	4.8
高輪台　（たかなわだい）	5.5
泉岳寺　（せんがくじ）	6.9
三田　（みた）	8.0
大門　（だいもん）	9.5
新橋　（しんばし）	10.5
東銀座　（ひがしぎんざ）	11.4
宝町　（たからちょう）	12.2
日本橋　（にほんばし）	13.0
人形町（にんぎょうちょう）	13.8
東日本橋（ひがしにほんばし）	14.5
浅草橋　（あさくさばし）	15.2
蔵前　（くらまえ）	15.9
浅草　（あさくさ）	16.8
本所吾妻橋（ほんじょあずまばし）	17.5
押上（スカイツリー前）（おしあげ〈すかいつりーまえ〉）	18.3

三田線

Challenge!　　年　月　日
Complete!!　　年　月　日

駅名	営業キロ
目黒　（めぐろ）	0
白金台　（しろかねだい）	1.3
白金高輪（しろかねたかなわ）	2.3
三田　（みた）	4.0
芝公園　（しばこうえん）	4.6
御成門　（おなりもん）	5.3
内幸町　（うちさいわいちょう）	6.4
日比谷　（ひびや）	7.3
大手町　（おおてまち）	8.2
神保町　（じんぼうちょう）	9.6
水道橋　（すいどうばし）	10.6
春日　（かすが）	11.3
白山　（はくさん）	12.7
千石　（せんごく）	13.7
巣鴨　（すがも）	14.6
西巣鴨　（にしすがも）	16.0
新板橋　（しんいたばし）	17.0
板橋区役所前（いたばしくやくしょまえ）	17.9
板橋本町（いたばしほんちょう）	19.1
本蓮沼　（もとはすぬま）	20.0
志村坂上（しむらさかうえ）	21.1
志村三丁目（しむらさんちょうめ）	22.0
蓮根　（はすね）	23.2
西台　（にしだい）	24.0
高島平　（たかしまだいら）	25.0
新高島平（しんたかしまだいら）	25.7
西高島平（にしたかしまだいら）	26.5

新宿線

Challenge!　　年　月　日
Complete!!　　年　月　日

駅名	営業キロ
新宿　（しんじゅく）	0
新宿三丁目（しんじゅくさんちょうめ）	0.8
曙橋　（あけぼのばし）	2.3
市ケ谷　（いちがや）	3.7
九段下　（くだんした）	5.0
神保町　（じんぼうちょう）	5.6
小川町　（おがわまち）	6.5
岩本町　（いわもとちょう）	7.3
馬喰横山（ばくろよこやま）	8.1
浜町　（はまちょう）	8.7
森下　（もりした）	9.5
菊川　（きくかわ）	10.3
住吉　（すみよし）	11.2
西大島　（にしおおじま）	12.2
大島　（おおじま）	12.9
東大島　（ひがしおおじま）	14.1
船堀　（ふなぼり）	15.8
一之江　（いちのえ）	17.5
瑞江　（みずえ）	19.2
篠崎　（しのざき）	20.7
本八幡　（もとやわた）	23.5

大江戸線

Challenge!　　年　月　日
Complete!!　　年　月　日

駅名	営業キロ
光が丘　（ひかりがおか）	0
練馬春日町（ねりまかすがちょう）	1.4
豊島園　（としまえん）	2.9
練馬　（ねりま）	3.8
新江古田（しんえごた）	5.4
落合南長崎（おちあいみなみながさき）	7.0
中井　（なかい）	8.3
東中野　（ひがしなかの）	9.1
中野坂上（なかのさかうえ）	10.1
西新宿五丁目（にししんじゅくごちょうめ）	11.3
都庁前　（とちょうまえ）	12.1
新宿　（しんじゅく）	12.9
代々木　（よよぎ）	13.5
国立競技場（こくりつきょうぎじょう）	15.0
青山一丁目（あおやまいっちょうめ）	16.2
六本木　（ろっぽんぎ）	17.5
麻布十番（あざぶじゅうばん）	18.6
赤羽橋　（あかばねばし）	19.4
大門　（だいもん）	20.7
汐留　（しおどめ）	21.6
築地市場（つきじしじょう）	22.5
勝どき　（かちどき）	24.0
月島　（つきしま）	24.8
門前仲町（もんぜんなかちょう）	26.2
清澄白河（きよすみしらかわ）	27.4
森下　（もりした）	28.0
両国　（りょうごく）	29.0
蔵前　（くらまえ）	30.2
新御徒町（しんおかちまち）	31.2
上野御徒町（うえのおかちまち）	32.0
本郷三丁目（ほんごうさんちょうめ）	33.1
春日　（かすが）	33.9
飯田橋　（いいだばし）	34.9
牛込神楽坂（うしごめかぐらざか）	35.9
牛込柳町（うしごめやなぎちょう）	36.9
若松河田（わかまつかわだ）	37.5
東新宿　（ひがししんじゅく）	38.5
新宿西口（しんじゅくにしぐち）	39.9
都庁前　（とちょうまえ）	40.7

都電荒川線（東京さくらトラム）

Challenge!　　年　月　日
Complete!!　　年　月　日

駅名	営業キロ
三ノ輪橋（みのわばし）	0
荒川一中前（あらかわいっちゅうまえ）	0.3
荒川区役所前（あらかわくやくしょまえ）	0.6
荒川二丁目（あらかわにちょうめ）	1.0
荒川七丁目（あらかわななちょうめ）	1.4
町屋駅前（まちやえきまえ）	1.8
町屋二丁目（まちやにちょうめ）	2.2
東尾久三丁目（ひがしおぐさんちょうめ）	2.5
熊野前　（くまのまえ）	3.1
宮ノ前　（みやのまえ）	3.5
小台　（おだい）	3.8
荒川遊園地前（あらかわゆうえんちまえ）	4.1
荒川車庫前（あらかわしゃこまえ）	4.6
梶原　（かじわら）	5.0
栄町　（さかえちょう）	5.5
王子駅前（おうじえきまえ）	6.0
飛鳥山　（あすかやま）	6.4
滝野川一丁目（たきのがわいっちょうめ）	6.9
西ケ原四丁目（にしがはらよんちょうめ）	7.2
新庚申塚（しんこうしんづか）	7.6
庚申塚　（こうしんづか）	7.8
巣鴨新田（すがもしんでん）	8.4

駅名	営業キロ
大塚駅前（おおつかえきまえ）	8.9
向原（むこうはら）	9.4
東池袋四丁目（ひがしいけぶくろよんちょうめ）	10.0
都電雑司ケ谷（とでんぞうしがや）	10.2
鬼子母神前（きしぼじんまえ）	10.7
学習院下（がくしゅういんした）	11.2
面影橋（おもかげばし）	11.7
早稲田（わせだ）	12.2

日暮里・舎人ライナー

Challenge! 年 月 日
Complete!! 年 月 日

駅名	営業キロ
日暮里（にっぽり）	0
西日暮里（にしにっぽり）	0.7
赤土小学校前（あかどしょうがっこうまえ）	1.7
熊野前（くまのまえ）	2.4
足立小台（あだちおだい）	3.0
扇大橋（おうぎおおはし）	4.1
高野（こうや）	4.6
江北（こうほく）	5.2
西新井大師西（にしあらいだいしにし）	6.0
谷在家（やざいけ）	6.8
舎人公園（とねりこうえん）	7.7
舎人（とねり）	8.7
見沼代親水公園（みぬまだいしんすいこうえん）	9.7

ゆりかもめ

Challenge! 年 月 日
Complete!! 年 月 日

駅名	営業キロ
新橋（しんばし）	0
汐留（しおどめ）	0.4
竹芝（たけしば）	1.6
日の出（ひので）	2.2
芝浦ふ頭（しばうらふとう）	3.1
お台場海浜公園（おだいばかいひんこうえん）	7.0
台場（だいば）	7.8
東京国際クルーズターミナル（とうきょうこくさいくるーずたーみなる）	8.4
テレコムセンター（てれこむせんたー）	9.2
青海（あおみ）	10.2
東京ビッグサイト（とうきょうびっぐさいと）	11.3
有明（ありあけ）	12.0
有明テニスの森（ありあけてにすのもり）	12.7
市場前（しじょうまえ）	13.5
新豊洲（しんとよす）	14.0
豊洲（とよす）	14.7

東京臨海高速鉄道・りんかい線

Challenge! 年 月 日
Complete!! 年 月 日

駅名	営業キロ
新木場（しんきば）	0
東雲（しののめ）	2.2
国際展示場（こくさいてんじじょう）	3.5
東京テレポート（とうきょうてれぽーと）	4.9
天王洲アイル（てんのうずあいる）	7.8
品川シーサイド（しながわしーさいど）	8.9
大井町（おおいまち）	10.5
大崎（おおさき）	12.2

東京モノレール

Challenge! 年 月 日
Complete!! 年 月 日

駅名	営業キロ
モノレール浜松町（ものれーるはままつちょう）	0
天王洲アイル（てんのうずあいる）	4.0
大井競馬場前（おおいけいばじょうまえ）	7.1
流通センター（りゅうつうせんたー）	8.7
昭和島（しょうわじま）	9.9
整備場（せいびじょう）	11.8
天空橋（てんくうばし）	12.6
羽田空港第3ターミナル（はねだくうこうだいさんたーみなる）	14.0
新整備場（しんせいびじょう）	16.2
羽田空港第1ターミナル（はねだくうこうだいいちたーみなる）	17.0
羽田空港第2ターミナル（はねだくうこうだいにたーみなる）	17.8

京浜急行電鉄

本線

Challenge! 年 月 日
Complete!! 年 月 日

駅名	営業キロ
泉岳寺（せんがくじ）	0
品川（しながわ）	1.2
北品川（きたしながわ）	1.9
新馬場（しんばんば）	2.6
青物横丁（あおものよこちょう）	3.4
鮫洲（さめず）	3.9
立会川（たちあいがわ）	4.7
大森海岸（おおもりかいがん）	6.0
平和島（へいわじま）	6.9
大森町（おおもりまち）	7.7
梅屋敷（うめやしき）	8.4
京急蒲田（けいきゅうかまた）	9.2
雑色（ぞうしき）	10.6
六郷土手（ろくごうどて）	11.8
京急川崎（けいきゅうかわさき）	13.0
八丁畷（はっちょうなわて）	14.3
鶴見市場（つるみいちば）	15.0
京急鶴見（けいきゅうつるみ）	16.5
花月総持寺（かげつそうじじ）	17.3
生麦（なまむぎ）	18.1
京急新子安（けいきゅうしんこやす）	19.5
子安（こやす）	20.5
神奈川新町（かながわしんまち）	21.2
京急東神奈川（けいきゅうひがしかながわ）	21.7
神奈川（かながわ）	22.7
横浜（よこはま）	23.4
戸部（とべ）	24.6
日ノ出町（ひのでちょう）	26
黄金町（こがねちょう）	26.8
南太田（みなみおおた）	27.7
井土ヶ谷（いどがや）	28.9
弘明寺（ぐみょうじ）	30.3
上大岡（かみおおおか）	32.0
屏風浦（びょうぶがうら）	34.2
杉田（すぎた）	35.5
京急富岡（けいきゅうとみおか）	37.9
能見台（のうけんだい）	38.6
金沢文庫（かなざわぶんこ）	40.7
金沢八景（かなざわはっけい）	42.1
追浜（おっぱま）	44.0
京急田浦（けいきゅうたうら）	45.7
安針塚（あんじんづか）	48.3
逸見（へみ）	49.4
汐入（しおいり）	50.4
横須賀中央（よこすかちゅうおう）	51.1
県立大学（けんりつだいがく）	52.3
堀ノ内（ほりのうち）	53.5
京急大津（けいきゅうおおつ）	54.3
馬堀海岸（まぼりかいがん）	55.4
浦賀（うらが）	56.7

久里浜線

Challenge! 年 月 日
Complete!! 年 月 日

駅名	営業キロ
堀ノ内（ほりのうち）	0
新大津（しんおおつ）	0.8
北久里浜（きたくりはま）	1.7
京急久里浜（けいきゅうくりはま）	4.5
YRP野比（わいあーるぴーのび）	7.2
京急長沢（けいきゅうながさわ）	8.5
津久井浜（つくいはま）	9.7
三浦海岸（みうらかいがん）	11.2
三崎口（みさきぐち）	13.4

空港線

Challenge! 年 月 日
Complete!! 年 月 日

駅名	営業キロ
京急蒲田（けいきゅうかまた）	0
糀谷（こうじや）	0.9
大鳥居（おおとりい）	1.9
穴守稲荷（あなもりいなり）	2.6
天空橋（てんくうばし）	3.3
羽田空港第3ターミナル（はねだくうこうだいさんたーみなる）	4.5
羽田空港第1・第2ターミナル（はねだくうこうだいいち・だいにたーみなる）	6.5

大師線

Challenge! 年 月 日
Complete!! 年 月 日

駅名	営業キロ
京急川崎（けいきゅうかわさき）	0
港町（みなとちょう）	1.2
鈴木町（すずきちょう）	2.0
川崎大師（かわさきだいし）	2.5
東門前（ひがしもんぜん）	3.2
大師橋（だいしばし）	3.8
小島新田（こじましんでん）	4.5

逗子線

Challenge! 年 月 日
Complete!! 年 月 日

駅名	営業キロ
金沢八景（かなざわはっけい）	0
六浦（むつうら）	1.3
神武寺（じんむじ）	4.1
逗子・葉山（ずし・はやま）	5.9

京成電鉄

本線

Challenge! 年 月 日
Complete!! 年 月 日

駅名	営業キロ
京成上野（けいせいうえの）	0
日暮里（にっぽり）	2.1
新三河島（しんみかわしま）	3.4
町屋（まちや）	4.3
千住大橋（せんじゅおおはし）	5.9
京成関屋（けいせいせきや）	7.3
堀切菖蒲園（ほりきりしょうぶえん）	8.8
お花茶屋（おはなちゃや）	9.9
青砥（あおと）	11.5
京成高砂（けいせいたかさご）	12.7
京成小岩（けいせいこいわ）	14.5
江戸川（えどがわ）	15.7
国府台（こうのだい）	16.4
市川真間（いちかわまま）	17.3
菅野（すがの）	18.2
京成八幡（けいせいやわた）	19.1
鬼越（おにごえ）	20.1
京成中山（けいせいなかやま）	20.8
東中山（ひがしなかやま）	21.6
京成西船（けいせいにしふな）	22.2
海神（かいじん）	23.6
京成船橋（けいせいふなばし）	25.1
大神宮下（だいじんぐうした）	26.4
船橋競馬場（ふなばしけいばじょう）	27.2
谷津（やつ）	28.2
京成津田沼（けいせいつだぬま）	29.7
京成大久保（けいせいおおくぼ）	32.1
実籾（みもみ）	34.0
八千代台（やちよだい）	36.6
京成大和田（けいせいおおわだ）	38.7
勝田台（かつただい）	40.3
志津（しづ）	42.1
ユーカリが丘（ゆーかりがおか）	43.2
京成臼井（けいせいうすい）	45.7
京成佐倉（けいせいさくら）	51.0
大佐倉（おおさくら）	53.0
京成酒々井（けいせいしすい）	55.0
宗吾参道（そうごさんどう）	57.0
公津の杜（こうづのもり）	58.6
京成成田（けいせいなりた）	61.2
空港第2ビル（成田第2・第3ターミナル）（くうこうだいにびる（なりただいに・だいさんたーみなる））	68.3
成田空港（成田第1ターミナル）（なりたくうこう（なりただいいちたーみなる））	69.3

東成田線

Challenge! 年 月 日
Complete!! 年 月 日

駅名	営業キロ
京成成田（けいせいなりた）	0
東成田（ひがしなりた）	7.1

金町線

Challenge! 年 月 日
Complete!! 年 月 日

駅名	営業キロ
京成高砂（けいせいたかさご）	0
柴又（しばまた）	1.0
京成金町（けいせいかなまち）	2.5

私鉄 日暮里・舎人ライナー／ゆりかもめ／東京臨海高速鉄道／東京モノレール／京浜急行電鉄／京成電鉄

私鉄路線リスト

私鉄　京成電鉄／つくばエクスプレス／西武鉄道／東武鉄道

押上線

Challenge!　　　年　月　日

Complete!!　　　年　月　日

駅名	営業キロ
押上（スカイツリー前） （おしあげ〈すかいつりーまえ〉）	0
京成曳舟 （けいせいひきふね）	1.1
八広（やひろ）	2.3
四ツ木（よつぎ）	3.1
京成立石 （けいせいたていし）	4.6
青砥（あおと）	5.7

千葉線

Challenge!　　　年　月　日

Complete!!　　　年　月　日

駅名	営業キロ
京成津田沼 （けいせいつだぬま）	0
京成幕張本郷 （けいせいまくはりほんごう）	2.1
京成幕張 （けいせいまくはり）	4.0
検見川（けみがわ）	5.3
京成稲毛 （けいせいいなげ）	8.1
みどり台（みどりだい）	9.9
西登戸（にしのぶと）	10.9
新千葉（しんちば）	11.7
京成千葉 （けいせいちば）	12.3
千葉中央 （ちばちゅうおう）	12.9

千原線

Challenge!　　　年　月　日

Complete!!　　　年　月　日

駅名	営業キロ
千葉中央 （ちばちゅうおう）	0
千葉寺（ちばでら）	2.5
大森台（おおもりだい）	4.2
学園前（がくえんまえ）	7.3
おゆみ野（おゆみの）	8.8
ちはら台（ちはらだい）	10.9

成田スカイアクセス線
（成田空港線）

Challenge!　　　年　月　日

Complete!!　　　年　月　日

駅名	営業キロ
京成高砂 （けいせいたかさご）	0
新柴又（しんしばまた）	1.3
矢切（やぎり）	3.2
北国分（きたこくぶん）	4.7
秋山（あきやま）	6.2
東松戸（ひがしまつど）	7.5
松飛台（まつひだい）	8.9
大町（おおまち）	10.4
新鎌ケ谷 （しんかまがや）	12.7
西白井（にししろい）	15.8
白井（しろい）	17.8
小室（こむろ）	19.8

駅名	営業キロ
千葉ニュータウン中央 （ちばにゅーたうんちゅうおう）	23.8
印西牧の原 （いんざいまきのはら）	28.5
印旛日本医大 （いんばにほんいだい）	32.3
成田湯川 （なりたゆかわ）	40.7
空港第2ビル（成田第2・第3ターミナル） （くうこうだいにびる〈なりただいに・だいさんたーみな る〉）	50.4
成田空港（成田第1ターミナル） （なりたくうこう〈なりただいいちたーみなる〉）	51.4

つくばエクスプレス
（首都圏新都市鉄道）

Challenge!　　　年　月　日

Complete!!　　　年　月　日

駅名	営業キロ
秋葉原（あきはばら）	0
新御徒町 （しんおかちまち）	1.6
浅草（あさくさ）	3.1
南千住（みなみせんじゅ）	5.6
北千住（きたせんじゅ）	7.5
青井（あおい）	10.6
六町（ろくちょう）	12.0
八潮（やしお）	15.6
三郷中央 （みさとちゅうおう）	19.3
南流山（みなみながれやま）	22.1
流山セントラルパーク （ながれやません とらるぱーく）	24.3
流山おおたかの森 （ながれやまおおたかのもり）	26.5
柏の葉キャンパス （かしわのはきゃんぱす）	30.0
柏たなか （かしわたなか）	32.0
守谷（もりや）	37.7
みらい平 （みらいだいら）	44.3
みどりの（みどりの）	48.6
万博記念公園 （ばんぱくきねんこうえん）	51.8
研究学園 （けんきゅうがくえん）	55.6
つくば（つくば）	58.3

西武鉄道
池袋線

Challenge!　　　年　月　日

Complete!!　　　年　月　日

駅名	営業キロ
池袋（いけぶくろ）	0
椎名町（しいなまち）	1.9
東長崎（ひがしながさき）	3.1
江古田（えこだ）	4.3
桜台（さくらだい）	5.2
練馬（ねりま）	6.0
中村橋（なかむらばし）	7.5
富士見台（ふじみだい）	8.3
練馬高野台 （ねりまたかのだい）	9.5
石神井公園 （しゃくじいこうえん）	10.6

駅名	営業キロ
大泉学園 （おおいずみがくえん）	12.5
保谷（ほうや）	14.1
ひばりケ丘 （ひばりがおか）	16.4
東久留米（ひがしくるめ）	17.8
清瀬（きよせ）	19.6
秋津（あきつ）	21.8
所沢（ところざわ）	24.8
西所沢（にしところざわ）	27.2
小手指（こてさし）	29.4
狭山ケ丘 （さやまがおか）	31.6
武蔵藤沢 （むさしふじさわ）	32.9
稲荷山公園 （いなりやまこうえん）	35.9
入間市（いるまし）	36.8
仏子（ぶし）	39.7
元加治（もとかじ）	41.0
飯能（はんのう）	43.7
東飯能 （ひがしはんのう）	44.5
高麗（こま）	48.5
武蔵横手 （むさしよこて）	51.3
東吾野（ひがしあがの）	53.8
吾野（あがの）	57.8

西武秩父線

Challenge!　　　年　月　日

Complete!!　　　年　月　日

駅名	営業キロ
吾野（あがの）	0
西吾野（にしあがの）	3.6
正丸（しょうまる）	6.3
芦ケ久保（あしがくぼ）	12.4
横瀬（よこぜ）	16.4
西武秩父 （せいぶちちぶ）	19.0

豊島線

Challenge!　　　年　月　日

Complete!!　　　年　月　日

駅名	営業キロ
練馬（ねりま）	0
豊島園（としまえん）	1.0

西武有楽町線

Challenge!　　　年　月　日

Complete!!　　　年　月　日

駅名	営業キロ
練馬（ねりま）	0
新桜台（しんさくらだい）	1.4
小竹向原 （こたけむかいはら）	2.6

狭山線

Challenge!　　　年　月　日

Complete!!　　　年　月　日

駅名	営業キロ
西所沢（にしところざわ）	0
下山口（しもやまぐち）	1.8
西武球場前 （せいぶきゅうじょうまえ）	4.2

多摩湖線

Challenge!　　　年　月　日

Complete!!　　　年　月　日

駅名	営業キロ
国分寺（こくぶんじ）	0
一橋学園 （ひとつばしがくえん）	2.4
青梅街道 （おうめかいどう）	3.4
萩山（はぎやま）	4.6

新宿線

Challenge!　　　年　月　日

Complete!!　　　年　月　日

駅名	営業キロ
西武新宿 （せいぶしんじゅく）	0
高田馬場 （たかだのばば）	2.0
下落合（しもおちあい）	3.2
中井（なかい）	3.9
新井薬師前 （あらいやくしまえ）	5.2
沼袋（ぬまぶくろ）	6.1
野方（のがた）	7.1
都立家政 （とりつかせい）	8.0
鷺ノ宮（さぎのみや）	8.5
下井草（しもいぐさ）	9.8
井荻（いおぎ）	10.7
上井草（かみいぐさ）	11.7
上石神井 （かみしゃくじい）	12.8
武蔵関（むさしせき）	14.1
東伏見（ひがしふしみ）	15.3
西武柳沢 （せいぶやぎさわ）	16.3
田無（たなし）	17.6
花小金井 （はなこがねい）	19.9
小平（こだいら）	22.6
久米川（くめがわ）	24.6
東村山（ひがしむらやま）	26.0
所沢（ところざわ）	28.9
航空公園 （こうくうこうえん）	30.5
新所沢（しんところざわ）	31.7
入曽（いりそ）	35.6
狭山市（さやまし）	38.6
新狭山（しんさやま）	41.3
南大塚 （みなみおおつか）	43.9
本川越（ほんかわごえ）	47.5

拝島線

Challenge!　　　年　月　日

Complete!!　　　年　月　日

駅名	営業キロ
小平（こだいら）	0
萩山（はぎやま）	1.1
小川（おがわ）	2.7
東大和市 （ひがしやまとし）	5.7
玉川上水 （たまがわじょうすい）	7.2
武蔵砂川 （むさしすながわ）	9.6
西武立川 （せいぶたちかわ）	11.6
拝島（はいじま）	14.3

多摩川線

Challenge!　　　年　月　日

Complete!!　　　年　月　日

駅名	営業キロ
武蔵境（むさしさかい）	0
新小金井 （しんこがねい）	1.9
多磨（たま）	4.1
白糸台（しらいとだい）	5.5
競艇場前 （きょうていじょうまえ）	7.0
是政（これまさ）	8.0

駅名	営業キロ
八坂（やさか）	5.6
武蔵大和 （むさしやまと）	8.1
西武遊園地 （せいぶゆうえんち）	9.2

国分寺線

Challenge!　　　年　月　日

Complete!!　　　年　月　日

駅名	営業キロ
国分寺（こくぶんじ）	0
恋ケ窪（こいがくぼ）	2.1
鷹の台（たかのだい）	3.6
小川（おがわ）	5.1
東村山（ひがしむらやま）	7.8

西武園線

Challenge!　　　年　月　日

Complete!!　　　年　月　日

駅名	営業キロ
東村山（ひがしむらやま）	0
西武園（せいぶえん）	2.4

山口線（レオライナー）

Challenge!　　　年　月　日

Complete!!　　　年　月　日

駅名	営業キロ
西武遊園地 （せいぶゆうえんち）	0
遊園地西 （ゆうえんちにし）	0.3
西武球場前 （せいぶきゅうじょうまえ）	2.8

東武鉄道
東武スカイツリーライン・伊勢崎線

Challenge!　　　年　月　日

Complete!!　　　年　月　日

駅名	営業キロ
浅草（あさくさ）	0
とうきょうスカイツリー （とうきょうすかいつりー）	1.1
曳舟（ひきふね）	2.4
東向島 （ひがしむこうじま）	3.2
鐘ケ淵（かねがふち）	4.2
堀切（ほりきり）	5.3
牛田（うしだ）	6.0
北千住（きたせんじゅ）	7.1

駅名	営業キロ
小菅 （こすげ）	8.2
五反野 （ごたんの）	9.3
梅島 （うめじま）	10.5
西新井 （にしあらい）	11.3
竹ノ塚 （たけのつか）	13.4
谷塚 （やつか）	15.9
草加 （そうか）	17.5
獨協大学前（草加松原）（どっきょうだいがくまえ〈そうかまつばら〉）	19.2
新田 （しんでん）	20.5
蒲生 （がもう）	21.9
新越谷 （しんこしがや）	22.9
越谷 （こしがや）	24.4
北越谷 （きたこしがや）	26.0
大袋 （おおぶくろ）	28.5
せんげん台 （せんげんだい）	29.8
武里 （たけさと）	31.1
一ノ割 （いちのわり）	33.0
春日部 （かすかべ）	35.3
北春日部 （きたかすかべ）	36.8
姫宮 （ひめみや）	38.4
東武動物公園 （とうぶどうぶつこうえん）	41.0
和戸 （わど）	43.9
久喜 （くき）	47.7
鷲宮 （わしのみや）	52.1
花崎 （はなさき）	54.8
加須 （かぞ）	58.5
南羽生 （みなみはにゅう）	63.1
羽生 （はにゅう）	66.2
川俣 （かわまた）	70.5
茂林寺前 （もりんじまえ）	72.4
館林 （たてばやし）	74.6
多々良 （たたら）	78.6
県 （あがた）	81.8
福居 （ふくい）	83.9
東武和泉 （とうぶいずみ）	85.1
足利市 （あしかがし）	86.8
野州山辺 （やしゅうやまべ）	88.5
韮川 （にらがわ）	91.8
太田 （おおた）	94.7
細谷 （ほそや）	97.8
木崎 （きざき）	101.2
世良田 （せらだ）	104.1
境町 （さかいまち）	106.3
剛志 （ごうし）	110.0
新伊勢崎 （しんいせさき）	113.3
伊勢崎 （いせさき）	114.5

日光線

Challenge! 　年　月　日
Complete!! 　年　月　日

駅名	営業キロ
東武動物公園 （とうぶどうぶつこうえん）	0
杉戸高野台 （すぎとたかのだい）	3.2
幸手 （さって）	5.8
南栗橋 （みなみくりはし）	10.4
栗橋 （くりはし）	13.9
新古河 （しんこが）	20.6
柳生 （やぎゅう）	23.6
板倉東洋大前 （いたくらとうようだいまえ）	25.6
藤岡 （ふじおか）	29.5
静和 （しずわ）	37.3
新大平下 （しんおおひらした）	40.1
栃木 （とちぎ）	44.9
新栃木 （しんとちぎ）	47.9
合戦場 （かっせんば）	50.0
家中 （いえなか）	52.4
東武金崎 （とうぶかなさき）	56.6
楡木 （にれぎ）	61.2
樅山 （もみやま）	64.2
新鹿沼 （しんかぬま）	66.8
北鹿沼 （きたかぬま）	69.8
板荷 （いたが）	74.9
下小代 （しもごしろ）	78.5
明神 （みょうじん）	81.3
下今市 （しもいまいち）	87.4
上今市 （かみいまいち）	88.4
東武日光 （とうぶにっこう）	94.5

宇都宮線

Challenge! 　年　月　日
Complete!! 　年　月　日

駅名	営業キロ
新栃木 （しんとちぎ）	0
野州平川 （やしゅうひらかわ）	2.0
野州大塚 （やしゅうおおつか）	3.9
壬生 （みぶ）	7.3
国谷 （くにや）	10.8
おもちゃのまち （おもちゃのまち）	12.6
安塚 （やすづか）	14.8
西川田 （にしかわだ）	18.3
江曽島 （えぞじま）	20.3
南宇都宮 （みなみうつのみや）	22.1
東武宇都宮 （とうぶうつのみや）	24.3

東武スカイツリーライン・伊勢崎線（押上—曳舟）

Challenge! 　年　月　日
Complete!! 　年　月　日

駅名	営業キロ
押上（スカイツリー前）（おしあげ〈すかいつりーまえ〉）	0
曳舟 （ひきふね）	1.3

亀戸線

Challenge! 　年　月　日
Complete!! 　年　月　日

駅名	営業キロ
曳舟 （ひきふね）	0
小村井 （おむらい）	1.4
東あずま （ひがしあずま）	2.0
亀戸水神 （かめいどすいじん）	2.7
亀戸 （かめいど）	3.4

大師線

Challenge! 　年　月　日
Complete!! 　年　月　日

駅名	営業キロ
西新井 （にしあらい）	0
大師前 （だいしまえ）	1.0

鬼怒川線

Challenge! 　年　月　日
Complete!! 　年　月　日

駅名	営業キロ
下今市 （しもいまいち）	0
大谷向 （だいやむこう）	0.8
大桑 （おおくわ）	4.8
新高徳 （しんたかとく）	7.1
小佐越 （こさごえ）	9.9
東武ワールドスクウェア （とうぶわーるどすくうぇあ）	10.6
鬼怒川温泉 （きぬがわおんせん）	12.4
鬼怒川公園 （きぬがわこうえん）	14.5
新藤原 （しんふじわら）	16.2

佐野線

Challenge! 　年　月　日
Complete!! 　年　月　日

駅名	営業キロ
館林 （たてばやし）	0
渡瀬 （わたらせ）	2.7
田島 （たじま）	6.9
佐野市 （さのし）	9.0
佐野 （さの）	11.5
堀米 （ほりごめ）	13.1
吉水 （よしみず）	15.2
田沼 （たぬま）	17.7
多田 （ただ）	19.3
葛生 （くずう）	22.1

小泉線（館林—西小泉）

Challenge! 　年　月　日
Complete!! 　年　月　日

駅名	営業キロ
館林 （たてばやし）	0
成島 （なるしま）	2.6
本中野 （ほんなかの）	6.8
篠塚 （しのづか）	9.2
東小泉 （ひがしこいずみ）	11.0
小泉町 （こいずみまち）	11.9
西小泉 （にしこいずみ）	13.2

小泉線（東小泉—太田）

Challenge! 　年　月　日
Complete!! 　年　月　日

駅名	営業キロ
東小泉 （ひがしこいずみ）	0
竜舞 （りゅうまい）	4.4
太田 （おおた）	9.1

東上線

Challenge! 　年　月　日
Complete!! 　年　月　日

駅名	営業キロ
池袋 （いけぶくろ）	0
北池袋 （きたいけぶくろ）	1.2
下板橋 （しもいたばし）	2.0
大山 （おおやま）	3.0
中板橋 （なかいたばし）	4.0
ときわ台 （ときわだい）	4.7
上板橋 （かみいたばし）	6.0
東武練馬 （とうぶねりま）	7.4
下赤塚 （しもあかつか）	8.9
成増 （なります）	10.4
和光市 （わこうし）	12.5
朝霞 （あさか）	14.0
朝霞台 （あさかだい）	16.4
志木 （しき）	17.8
柳瀬川 （やなせがわ）	19.3
みずほ台 （みずほだい）	20.6
鶴瀬 （つるせ）	22.0
ふじみ野 （ふじみの）	24.2
上福岡 （かみふくおか）	25.9
新河岸 （しんがし）	28.3
川越 （かわごえ）	30.5
川越市 （かわごえし）	31.4
霞ケ関 （かすみがせき）	34.8
鶴ケ島 （つるがしま）	37.0
若葉 （わかば）	38.9
坂戸 （さかど）	40.6
北坂戸 （きたさかど）	42.7
高坂 （たかさか）	46.2
東松山 （ひがしまつやま）	49.9
森林公園 （しんりんこうえん）	52.6
つきのわ （つきのわ）	55.4
武蔵嵐山 （むさしらんざん）	57.1
小川町 （おがわまち）	64.1
東武竹沢 （とうぶたけざわ）	67.1
みなみ寄居（ホンダ寄居前）＊（みなみよりい〈ほんだよりいます〉）	68.9
男衾 （おぶすま）	70.8
鉢形 （はちがた）	73.5
玉淀 （たまよど）	74.4
寄居 （よりい）	75.0

＊ 2020年10月開業予定。

桐生線

Challenge! 　年　月　日
Complete!! 　年　月　日

駅名	営業キロ
太田 （おおた）	0
三枚橋 （さんまいばし）	3.4
治良門橋 （じろえんばし）	5.9
藪塚 （やぶづか）	9.7
阿左美 （あざみ）	13.1
新桐生 （しんきりゅう）	14.6
相老 （あいおい）	16.9
赤城 （あかぎ）	20.3

東武アーバンパークライン・野田線

Challenge! 　年　月　日
Complete!! 　年　月　日

駅名	営業キロ
大宮 （おおみや）	0
北大宮 （きたおおみや）	1.2
大宮公園 （おおみやこうえん）	2.2
大和田 （おおわだ）	4.0
七里 （ななさと）	5.6
岩槻 （いわつき）	8.5
東岩槻 （ひがしいわつき）	10.9
豊春 （とよはる）	12.2
八木崎 （やぎさき）	14.1
春日部 （かすかべ）	15.2
藤の牛島 （ふじのうしじま）	17.8
南桜井 （みなみさくらい）	20.6
川間 （かわま）	22.9
七光台 （ななこうだい）	25.1
清水公園 （しみずこうえん）	26.6
愛宕 （あたご）	27.7
野田市 （のだし）	28.6
梅郷 （うめさと）	30.9
運河 （うんが）	33.2
江戸川台 （えどがわだい）	35.1
初石 （はついし）	36.8
流山おおたかの森 （ながれやまおおたかのもり）	38.4
豊四季 （とよしき）	39.7
柏 （かしわ）	42.9
新柏 （しんかしわ）	45.8
増尾 （ますお）	47.1
逆井 （さかさい）	48.0
高柳 （たかやなぎ）	50.2
六実 （むつみ）	51.9
新鎌ケ谷 （しんかまがや）	53.3
鎌ケ谷 （かまがや）	55.2
馬込沢 （まごめざわ）	57.7
塚田 （つかだ）	60.1
新船橋 （しんふなばし）	61.3
船橋 （ふなばし）	62.7

越生線

Challenge! 　年　月　日
Complete!! 　年　月　日

駅名	営業キロ
坂戸 （さかど）	0
一本松 （いっぽんまつ）	2.8
西大家 （にしおおや）	4.4
川角 （かわかど）	5.6
武州長瀬 （ぶしゅうながせ）	7.6
東毛呂 （ひがしもろ）	8.6
武州唐沢 （ぶしゅうからさわ）	9.4
越生 （おごせ）	10.9

小田急電鉄

小田原線

Challenge! 　年　月　日
Complete!! 　年　月　日

駅名	営業キロ
新宿 （しんじゅく）	0
南新宿 （みなみしんじゅく）	0.8
参宮橋 （さんぐうばし）	1.5

私鉄　東武鉄道／小田急電鉄

私鉄路線リスト

私鉄 小田急電鉄／京王電鉄／多摩都市モノレール／東急電鉄

小田急電鉄（つづき）

駅名	営業キロ
代々木八幡 （よよぎはちまん）	2.7
代々木上原 （よよぎうえはら）	3.5
東北沢 （ひがしきたざわ）	4.2
下北沢 （しもきたざわ）	4.9
世田谷代田 （せたがやだいた）	5.6
梅ケ丘 （うめがおか）	6.3
豪徳寺 （ごうとくじ）	7.0
経堂 （きょうどう）	8.0
千歳船橋 （ちとせふなばし）	9.2
祖師ケ谷大蔵 （そしがやおおくら）	10.6
成城学園前 （せいじょうがくえんまえ）	11.6
喜多見 （きたみ）	12.7
狛江 （こまえ）	13.8
和泉多摩川 （いずみたまがわ）	14.4
登戸 （のぼりと）	15.2
向ケ丘遊園 （むこうがおかゆうえん）	15.8
生田 （いくた）	17.9
読売ランド前 （よみうりらんどまえ）	19.2
百合ケ丘 （ゆりがおか）	20.5
新百合ケ丘 （しんゆりがおか）	21.5
柿生 （かきお）	23.4
鶴川 （つるかわ）	25.1
玉川学園前 （たまがわがくえんまえ）	27.9
町田 （まちだ）	30.8
相模大野 （さがみおおの）	32.3
小田急相模原 （おだきゅうさがみはら）	34.7
相武台前 （そうぶだいまえ）	36.9
座間 （ざま）	39.2
海老名 （えびな）	42.5
厚木 （あつぎ）	44.1
本厚木 （ほんあつぎ）	45.4
愛甲石田 （あいこういしだ）	48.5
伊勢原 （いせはら）	52.2
鶴巻温泉 （つるまきおんせん）	55.9
東海大学前 （とうかいだいがくまえ）	57.0
秦野 （はだの）	61.7
渋沢 （しぶさわ）	65.6
新松田 （しんまつだ）	71.8
開成 （かいせい）	74.3
栢山 （かやま）	76.2
富水 （とみず）	77.8
螢田 （ほたるだ）	79.2
足柄 （あしがら）	80.8
小田原 （おだわら）	82.5

多摩線

Challenge! 年 月 日
Complete!! 年 月 日

駅名	営業キロ
新百合ケ丘 （しんゆりがおか）	0
五月台 （さつきだい）	1.5
栗平 （くりひら）	2.8
黒川 （くろかわ）	4.1
はるひ野 （はるひの）	4.9
小田急永山 （おだきゅうながやま）	6.8
小田急多摩センター （おだきゅうたませんたー）	9.1
唐木田 （からきた）	10.6

江ノ島線

Challenge! 年 月 日
Complete!! 年 月 日

駅名	営業キロ
相模大野 （さがみおおの）	0
東林間 （ひがしりんかん）	1.5
中央林間 （ちゅうおうりんかん）	3.0
南林間 （みなみりんかん）	4.5
鶴間 （つるま）	5.1
大和 （やまと）	7.6
桜ケ丘 （さくらがおか）	9.8
高座渋谷 （こうざしぶや）	11.8
長後 （ちょうご）	14.0
湘南台 （しょうなんだい）	15.8
六会日大前 （むつあいにちだいまえ）	17.3
善行 （ぜんぎょう）	19.7
藤沢本町 （ふじさわほんまち）	21.3
本鵠沼 （ほんくげぬま）	23.1
鵠沼海岸 （くげぬまかいがん）	25.9
片瀬江ノ島 （かたせえのしま）	27.6

京王電鉄

京王線

Challenge! 年 月 日
Complete!! 年 月 日

駅名	営業キロ
新宿 （しんじゅく）	0
笹塚 （ささづか）	3.6
代田橋 （だいたばし）	4.4
明大前 （めいだいまえ）	5.2
下高井戸 （しもたかいど）	6.1
桜上水 （さくらじょうすい）	7.0
上北沢 （かみきたざわ）	7.8
八幡山 （はちまんやま）	8.4
芦花公園 （ろかこうえん）	9.1
千歳烏山 （ちとせからすやま）	9.9
仙川 （せんがわ）	11.5
つつじケ丘 （つつじがおか）	12.5
柴崎 （しばさき）	13.3
国領 （こくりょう）	14.2
布田 （ふだ）	14.9
調布 （ちょうふ）	15.5
西調布 （にしちょうふ）	17.0
飛田給 （とびたきゅう）	17.7
武蔵野台 （むさしのだい）	18.8
多磨霊園 （たまれいえん）	19.6
東府中 （ひがしふちゅう）	20.4
府中 （ふちゅう）	21.9
分倍河原 （ぶばいがわら）	23.1
中河原 （なかがわら）	24.7
聖蹟桜ケ丘 （せいせきさくらがおか）	26.3
百草園 （もぐさえん）	28.0
高幡不動 （たかはたふどう）	29.7
南平 （みなみだいら）	32.1
平山城址公園 （ひらやまじょうしこうえん）	33.4
長沼 （ながぬま）	34.9
北野 （きたの）	36.1
京王八王子 （けいおうはちおうじ）	37.9

京王線（京王新線）

Challenge! 年 月 日
Complete!! 年 月 日

駅名	営業キロ
新宿 （しんじゅく）	0
初台 （はつだい）	1.7
幡ケ谷 （はたがや）	2.7
笹塚 （ささづか）	3.6

競馬場線

Challenge! 年 月 日
Complete!! 年 月 日

駅名	営業キロ
東府中 （ひがしふちゅう）	0
府中競馬正門前 （ふちゅうけいばせいもんまえ）	0.9

動物園線

Challenge! 年 月 日
Complete!! 年 月 日

駅名	営業キロ
高幡不動 （たかはたふどう）	0
多摩動物公園 （たまどうぶつこうえん）	2.0

相模原線

Challenge! 年 月 日
Complete!! 年 月 日

駅名	営業キロ
調布 （ちょうふ）	0
京王多摩川 （けいおうたまがわ）	1.2
京王稲田堤 （けいおういなだづつみ）	2.5
京王よみうりランド （けいおうよみうりらんどまえ）	3.9
稲城 （いなぎ）	5.5
若葉台 （わかばだい）	8.8
京王永山 （けいおうながやま）	11.4
京王多摩センター （けいおうたませんたー）	13.7
京王堀之内 （けいおうほりのうち）	16.0
南大沢 （みなみおおさわ）	18.2
多摩境 （たまさかい）	20.1
橋本 （はしもと）	22.6

高尾線

Challenge! 年 月 日
Complete!! 年 月 日

駅名	営業キロ
北野 （きたの）	0
京王片倉 （けいおうかたくら）	1.7
山田 （やまだ）	3.2
めじろ台 （めじろだい）	4.3
狭間 （はざま）	5.8
高尾 （たかお）	6.9
高尾山口 （たかおさんぐち）	8.6

井の頭線

Challenge! 年 月 日
Complete!! 年 月 日

駅名	営業キロ
渋谷 （しぶや）	0
神泉 （しんせん）	0.5
駒場東大前 （こまばとうだいまえ）	1.4
池ノ上 （いけのうえ）	2.4
下北沢 （しもきたざわ）	3.0
新代田 （しんだいた）	3.5
東松原 （ひがしまつばら）	4.0
明大前 （めいだいまえ）	4.9
永福町 （えいふくちょう）	6.0
西永福 （にしえいふく）	6.7
浜田山 （はまだやま）	7.5
高井戸 （たかいど）	8.7
富士見ケ丘 （ふじみがおか）	9.4
久我山 （くがやま）	10.2
三鷹台 （みたかだい）	11.2
井の頭公園 （いのかしらこうえん）	12.1
吉祥寺 （きちじょうじ）	12.7

多摩都市モノレール

Challenge! 年 月 日
Complete!! 年 月 日

駅名	営業キロ
多摩センター （たませんたー）	0
松が谷 （まつがや）	0.9
大塚・帝京大学 （おおつか・ていきょうだいがく）	1.7
中央大学・明星大学 （ちゅうおうだいがく・めいせいだいがく）	2.6
多摩動物公園 （たまどうぶつこうえん）	3.7
程久保 （ほどくぼ）	4.7
高幡不動 （たかはたふどう）	5.5
万願寺 （まんがんじ）	6.7
甲州街道 （こうしゅうかいどう）	8.0
柴崎体育館 （しばさきたいいくかん）	9.5
立川南 （たちかわみなみ）	10.2
立川北 （たちかわきた）	10.6
高松 （たかまつ）	11.8
立飛 （たちひ）	12.4
泉体育館 （いずみたいいくかん）	13.0
砂川七番 （すながわななばん）	13.5
玉川上水 （たまがわじょうすい）	14.5
桜街道 （さくらかいどう）	15.3
上北台 （かみきただい）	16.0

東急電鉄

東横線

Challenge! 年 月 日
Complete!! 年 月 日

駅名	営業キロ
渋谷 （しぶや）	0
代官山 （だいかんやま）	1.5
中目黒 （なかめぐろ）	2.2
祐天寺 （ゆうてんじ）	3.2
学芸大学 （がくげいだいがく）	4.2
都立大学 （とりつだいがく）	5.6
自由が丘 （じゆうがおか）	7.0
田園調布 （でんえんちょうふ）	8.2
多摩川 （たまがわ）	9.0
新丸子 （しんまるこ）	10.3
武蔵小杉 （むさしこすぎ）	10.8
元住吉 （もとすみよし）	12.1
日吉 （ひよし）	13.6
綱島 （つなしま）	15.8
大倉山 （おおくらやま）	17.5
菊名 （きくな）	18.8
妙蓮寺 （みょうれんじ）	20.2
白楽 （はくらく）	21.4
東白楽 （ひがしはくらく）	22.1
反町 （たんまち）	23.3
横浜 （よこはま）	24.2

田園都市線

Challenge! 年 月 日
Complete!! 年 月 日

駅名	営業キロ
渋谷 （しぶや）	0
池尻大橋 （いけじりおおはし）	1.9
三軒茶屋 （さんげんぢゃや）	3.3
駒沢大学 （こまざわだいがく）	4.8
桜新町 （さくらしんまち）	6.3
用賀 （ようが）	7.6
二子玉川 （ふたこたまがわ）	9.4
二子新地 （ふたこしんち）	10.1
高津 （たかつ）	10.7
溝の口 （みぞのくち）	11.4
梶が谷 （かじがや）	12.2
宮崎台 （みやざきだい）	13.7
宮前平 （みやまえだいら）	14.7
鷺沼 （さぎぬま）	15.7
たまプラーザ （たまぷらーざ）	17.1
あざみ野 （あざみの）	18.2
江田 （えだ）	19.3
市が尾 （いちがお）	20.6
藤が丘 （ふじがおか）	22.1
青葉台 （あおばだい）	23.1
田奈 （たな）	24.5
長津田 （ながつた）	25.6
つくし野 （つくしの）	26.8
すずかけ台 （すずかけだい）	28.0
南町田グランベリーパーク （みなみまちだぐらんべりーぱーく）	29.2

駅名	営業キロ
つきみ野 （つきみの）	30.3
中央林間 （ちゅうおうりんかん）	31.5

こどもの国線

Challenge!　　　年　月　日

Complete!!　　　年　月　日

駅名	営業キロ
長津田 （ながつた）	0
恩田 （おんだ）	1.8
こどもの国 （こどものくに）	3.4

目黒線

Challenge!　　　年　月　日

Complete!!　　　年　月　日

駅名	営業キロ
目黒 （めぐろ）	0
不動前 （ふどうまえ）	1.0
武蔵小山 （むさしこやま）	1.9
西小山 （にしこやま）	2.6
洗足 （せんぞく）	3.3
大岡山 （おおおかやま）	4.3
奥沢 （おくさわ）	5.5
田園調布 （でんえんちょうふ）	6.5

東急多摩川線

Challenge!　　　年　月　日

Complete!!　　　年　月　日

駅名	営業キロ
多摩川 （たまがわ）	0
沼部 （ぬまべ）	0.9
鵜の木 （うのき）	2.0
下丸子 （しもまるこ）	2.6
武蔵新田 （むさしにった）	3.4
矢口渡 （やぐちのわたし）	4.3
蒲田 （かまた）	5.6

大井町線

Challenge!　　　年　月　日

Complete!!　　　年　月　日

駅名	営業キロ
大井町 （おおいまち）	0
下神明 （しもしんめい）	0.8
戸越公園 （とごしこうえん）	1.5
中延 （なかのぶ）	2.1
荏原町 （えばらまち）	2.7
旗の台 （はたのだい）	3.2
北千束 （きたせんぞく）	4.0
大岡山 （おおおかやま）	4.8
緑が丘 （みどりがおか）	5.3
自由が丘 （じゆうがおか）	6.3
九品仏 （くほんぶつ）	7.1
尾山台 （おやまだい）	7.8
等々力 （とどろき）	8.3
上野毛 （かみのげ）	9.2
二子玉川 （ふたこたまがわ）	10.4

池上線

Challenge!　　　年　月　日

Complete!!　　　年　月　日

駅名	営業キロ
五反田 （ごたんだ）	0
大崎広小路 （おおさきひろこうじ）	0.3
戸越銀座 （とごしぎんざ）	1.4
荏原中延 （えばらなかのぶ）	2.1
旗の台 （はたのだい）	3.1
長原 （ながはら）	3.7
洗足池 （せんぞくいけ）	4.3
石川台 （いしかわだい）	4.9
雪が谷大塚 （ゆきがやおおつか）	5.6
御嶽山 （おんたけさん）	6.4
久が原 （くがはら）	7.1
千鳥町 （ちどりちょう）	8.0
池上 （いけがみ）	9.1
蓮沼 （はすぬま）	10.1
蒲田 （かまた）	10.9

世田谷線

Challenge!　　　年　月　日

Complete!!　　　年　月　日

駅名	営業キロ
三軒茶屋 （さんげんぢゃや）	0
西太子堂 （にしたいしどう）	0.3
若林 （わかばやし）	0.7
松陰神社前 （しょういんじんじゃまえ）	1.4
世田谷 （せたがや）	1.9
上町 （かみまち）	2.2
宮の坂 （みやのさか）	2.7
山下 （やました）	3.4
松原 （まつばら）	4.2
下高井戸 （しもたかいど）	5.0

横浜高速鉄道・みなとみらい線

Challenge!　　　年　月　日

Complete!!　　　年　月　日

駅名	営業キロ
横浜 （よこはま）	0
新高島 （しんたかしま）	0.8
みなとみらい （みなとみらい）	1.7
馬車道 （ばしゃみち）	2.6
日本大通り（県庁・大さん橋） （にほんおおどおり〈けんちょう・おおさんばし〉）	3.2
元町・中華街（山下公園） （もとまち・ちゅうかがい〈やましたこうえん〉）	4.1

江ノ島電鉄

Challenge!　　　年　月　日

Complete!!　　　年　月　日

駅名	営業キロ
藤沢 （ふじさわ）	0

駅名	営業キロ
石上 （いしがみ）	0.6
柳小路 （やなぎこうじ）	1.2
鵠沼 （くげぬま）	1.9
湘南海岸公園 （しょうなんかいがんこうえん）	2.7
江ノ島 （えのしま）	3.3
腰越 （こしごえ）	3.9
鎌倉高校前 （かまくらこうこうまえ）	4.7
七里ケ浜 （しちりがはま）	5.6
稲村ケ崎 （いなむらがさき）	6.8
極楽寺 （ごくらくじ）	7.6
長谷 （はせ）	8.3
由比ケ浜 （ゆいがはま）	8.9
和田塚 （わだづか）	9.2
鎌倉 （かまくら）	10.0

湘南モノレール

Challenge!　　　年　月　日

Complete!!　　　年　月　日

駅名	営業キロ
大船 （おおふな）	0
富士見町 （ふじみちょう）	0.9
湘南町屋 （しょうなんまちや）	2.0
湘南深沢 （しょうなんふかさわ）	2.6
西鎌倉 （にしかまくら）	4.7
片瀬山 （かたせやま）	5.5
目白山下 （めじろやました）	6.2
湘南江の島 （しょうなんえのしま）	6.6

横浜シーサイドライン・金沢シーサイドライン

Challenge!　　　年　月　日

Complete!!　　　年　月　日

駅名	営業キロ
新杉田 （しんすぎた）	0
南部市場 （なんぶしじょう）	1.3
鳥浜 （とりはま）	2.2
並木北 （なみききた）	2.8
並木中央 （なみきちゅうおう）	3.5
幸浦 （さちうら）	4.3
産業振興センター （さんぎょうしんこうせんたー）	5.0
福浦 （ふくうら）	5.6
市大医学部 （しだいいがくぶ）	6.3
八景島 （はっけいじま）	7.5
海の公園柴口 （うみのこうえんしばぐち）	8.1
海の公園南口 （うみのこうえんみなみぐち）	8.8
野島公園 （のじまこうえん）	9.6
金沢八景 （かなざわはっけい）	10.8

相模鉄道

本線

Challenge!　　　年　月　日

Complete!!　　　年　月　日

駅名	営業キロ
横浜 （よこはま）	0
平沼橋 （ひらぬまばし）	0.9
西横浜 （にしよこはま）	1.8
天王町 （てんのうちょう）	2.4
星川 （ほしかわ）	3.3
和田町 （わだまち）	4.3
上星川 （かみほしかわ）	5.0
西谷 （にしや）	6.9
鶴ケ峰 （つるがみね）	8.5
二俣川 （ふたまたがわ）	10.5
希望ケ丘 （きぼうがおか）	12.2
三ツ境 （みつきょう）	13.6
瀬谷 （せや）	15.5
大和 （やまと）	17.4
相模大塚 （さがみおおつか）	19.3
さがみ野 （さがみの）	20.5
かしわ台 （かしわだい）	21.8
海老名 （えびな）	24.6

新横浜線（JR直通線）

Challenge!　　　年　月　日

Complete!!　　　年　月　日

駅名	営業キロ
西谷 （にしや）	0
羽沢横浜国大 （はざわよこはまこくだい）	2.1

いずみ野線

Challenge!　　　年　月　日

Complete!!　　　年　月　日

駅名	営業キロ
二俣川 （ふたまたがわ）	0
南万騎が原 （みなみまきがはら）	1.6
緑園都市 （りょくえんとし）	3.1
弥生台 （やよいだい）	4.9
いずみ野 （いずみの）	6.0
いずみ中央 （いずみちゅうおう）	8.2
ゆめが丘 （ゆめがおか）	9.3
湘南台 （しょうなんだい）	11.3

横浜市交通局
（横浜市営地下鉄）

ブルーライン

Challenge!　　　年　月　日

Complete!!　　　年　月　日

駅名	営業キロ
あざみ野 （あざみの）	0
中川 （なかがわ）	1.5
センター北 （せんたーきた）	3.1
センター南 （せんたーみなみ）	4.0
仲町台 （なかまちだい）	6.3
新羽 （にっぱ）	8.6

駅名	営業キロ
北新横浜 （きたしんよこはま）	9.6
新横浜 （しんよこはま）	10.9
岸根公園 （きしねこうえん）	12.5
片倉町 （かたくらちょう）	13.7
三ツ沢上町 （みつざわかみちょう）	15.6
三ツ沢下町 （みつざわしもちょう）	16.5
横浜 （よこはま）	17.9
高島町 （たかしまちょう）	18.8
桜木町 （さくらぎちょう）	20.0
関内 （かんない）	20.7
伊勢佐木長者町 （いせざきちょうじゃまち）	21.4
阪東橋 （ばんどうばし）	22.3
吉野町 （よしのちょう）	22.8
蒔田 （まいた）	23.9
弘明寺 （ぐみょうじ）	25.0
上大岡 （かみおおおか）	26.6
港南中央 （こうなんちゅうおう）	27.7
上永谷 （かみながや）	29.4
下永谷 （しもながや）	30.7
舞岡 （まいおか）	31.4
戸塚 （とつか）	33.0
踊場 （おどりば）	34.7
中田 （なかだ）	35.6
立場 （たてば）	36.7
下飯田 （しもいいだ）	38.8
湘南台 （しょうなんだい）	40.4

グリーンライン

Challenge!　　　年　月　日

Complete!!　　　年　月　日

駅名	営業キロ
日吉 （ひよし）	0
日吉本町 （ひよしほんちょう）	1.4
高田 （たかた）	2.7
東山田 （ひがしやまた）	4.2
北山田 （きたやまた）	5.6
センター北 （せんたーきた）	7.3
センター南 （せんたーみなみ）	8.2
都筑ふれあいの丘 （つづきふれあいのおか）	9.9
川和町 （かわわちょう）	11.3
中山 （なかやま）	13.0

箱根登山鉄道

Challenge!　　　年　月　日

Complete!!　　　年　月　日

駅名	営業キロ
小田原 （おだわら）	0
箱根板橋 （はこねいたばし）	1.7
風祭 （かざまつり）	3.2
入生田 （いりうだ）	4.2
箱根湯本 （はこねゆもと）	6.1
塔ノ沢 （とうのさわ）	7.1
大平台 （おおひらだい）	9.9
宮ノ下 （みやのした）	12.1
小涌谷 （こわきだに）	13.4
彫刻の森 （ちょうこくのもり）	14.3
強羅 （ごうら）	15.0

東急電鉄／横浜高速鉄道／江ノ島電鉄／湘南モノレール／横浜シーサイドライン／相模鉄道／横浜市営地下鉄／箱根登山鉄道

私鉄路線リスト

伊豆箱根鉄道・大雄山線

Challenge!　　　年　　月　　日

Complete!!　　　年　　月　　日

駅名	営業キロ
小田原　（おだわら）	0
緑町　（みどりちょう）	0.4
井細田　（いさいだ）	1.4
五百羅漢　（ごひゃくらかん）	2.3
穴部　（あなべ）	3.1
飯田岡　（いいだおか）	4.3
相模沼田　（さがみぬまた）	5.0
岩原　（いわはら）	6.0
塚原　（つかはら）	6.3
和田河原　（わだがはら）	8.2
富士フイルム前　（ふじふいるむまえ）	9.1
大雄山　（だいゆうざん）	9.6

＊駿豆線は 88 ページ参照。

北越急行・ほくほく線

Challenge!　　　年　　月　　日

Complete!!　　　年　　月　　日

駅名	営業キロ
犀潟　（さいがた）	0
くびき　（くびき）	5.9
大池いこいの森　（おおいけいこいのもり）	7.8
うらがわら　（うらがわら）	12.7
虫川大杉　（むしがわおおすぎ）	14.7
ほくほく大島　（ほくほくおおしま）	20.9
まつだい　（まつだい）	30.3
十日町　（とおかまち）	43.6
しんざ　（しんざ）	45.1
美佐島　（みさしま）	47.3
魚沼丘陵　（うおぬまきゅうりょう）	55.9
六日町　（むいかまち）	59.5

えちごトキめき鉄道

妙高はねうまライン

Challenge!　　　年　　月　　日

Complete!!　　　年　　月　　日

駅名	営業キロ
妙高高原　（みょうこうこうげん）	0
関山　（せきやま）	6.4
二本木　（にほんぎ）	14.7
新井　（あらい）	21.0
北新井　（きたあらい）	23.9
上越妙高　（じょうえつみょうこう）	27.3
南高田　（みなみたかだ）	29.0
高田　（たかだ）	31.0
春日山　（かすがやま）	34.9
直江津　（なおえつ）	37.7

日本海ひすいライン

Challenge!　　　年　　月　　日

Complete!!　　　年　　月　　日

駅名	営業キロ
市振　（いちぶり）	0
親不知　（おやしらず）	8.6
青海　（おうみ）	13.9
糸魚川　（いといがわ）	20.5
梶屋敷　（かじやしき）	24.8
浦本　（うらもと）	28.3
能生　（のう）	33.4
筒石　（つついし）	40.9
名立　（なだち）	45.1
有間川　（ありまがわ）	49.3
谷浜　（たにはま）	52.7
直江津　（なおえつ）	59.3

あいの風とやま鉄道

Challenge!　　　年　　月　　日

Complete!!　　　年　　月　　日

駅名	営業キロ
倶利伽羅　（くりから）	0
石動　（いするぎ）	6.8
福岡　（ふくおか）	14.0
西高岡　（にしたかおか）	17.5
高岡やぶなみ　（たかおかやぶなみ）	20.2
高岡　（たかおか）	22.8
越中大門　（えっちゅうだいもん）	26.5
小杉　（こすぎ）	30.2
呉羽　（くれは）	36.8
富山　（とやま）	41.6
東富山　（ひがしとやま）	48.2
水橋　（みずはし）	53.1
滑川　（なめりかわ）	58.6
東滑川　（ひがしなめりかわ）	62.1
魚津　（うおづ）	67.1
黒部　（くろべ）	73.4
生地　（いくじ）	77.4
西入善　（にしにゅうぜん）	81.6
入善　（にゅうぜん）	85.5
泊　（とまり）	90.7
越中宮崎　（えっちゅうみやざき）	95.4
市振　（いちぶり）	100.1

富山地方鉄道（鉄道線・市内電車）

立山線

Challenge!　　　年　　月　　日

Complete!!　　　年　　月　　日

駅名	営業キロ
寺田　（てらだ）	0
稚子塚　（ちごづか）	1.4
田添　（たぞえ）	2.1
五百石　（ごひゃくこく）	3.7
榎町　（えのきまち）	4.6
下段　（しただん）	5.7
釜ケ淵　（かまがふち）	7.4
沢中山　（さわなかやま）	8.6
岩峅寺　（いわくらじ）	10.2
横江　（よこえ）	13.5
千垣　（ちがき）	17.3
有峰口　（ありみねぐち）	17.9
本宮　（ほんぐう）	19.4
立山　（たてやま）	24.2

本線

Challenge!　　　年　　月　　日

Complete!!　　　年　　月　　日

駅名	営業キロ
電鉄富山　（でんてつとやま）	0
稲荷町　（いなりまち）	1.6
新庄田中　（しんじょうたなか）	2.5
東新庄　（ひがししんじょう）	3.6
越中荏原　（えっちゅうえばら）	4.7
越中三郷　（えっちゅうさんごう）	7.0
越中舟橋　（えっちゅうふなはし）	8.5
寺田　（てらだ）	9.8
越中泉　（えっちゅういずみ）	10.5
相ノ木　（あいのき）	11.3
新相ノ木　（しんあいのき）	12.1
上市　（かみいち）	13.3
新宮川　（しんみやかわ）	15.1
中加積　（なかかづみ）	17.1
西加積　（にしかづみ）	18.7
西滑川　（にしなめりかわ）	19.8
中滑川　（なかなめりかわ）	20.6
滑川　（なめりかわ）	21.8
浜加積　（はまかづみ）	23.2
早月加積　（はやつきかづみ）	24.4
越中中村　（えっちゅうなかむら）	25.6
西魚津　（にしうおづ）	27.6
電鉄魚津　（でんてつうおづ）	28.9
新魚津　（しんうおづ）	30.2
経田　（きょうでん）	32.9
電鉄石田　（でんてついしだ）	34.9
電鉄黒部　（でんてつくろべ）	37.2
東三日市　（ひがしみっかいち）	37.8
荻生　（おぎゅう）	38.6
長屋　（ながや）	39.6
新黒部　（しんくろべ）	40.7
舌山　（したやま）	41.0
若栗　（わかぐり）	41.7
栃屋　（とちや）	42.8
浦山　（うらやま）	44.3
下立口　（おりたてぐち）	45.6
下立　（おりたて）	46.3
愛本　（あいもと）	47.6
内山　（うちやま）	48.7
音沢　（おとざわ）	49.5
宇奈月温泉　（うなづきおんせん）	53.3

不二越・上滝線

Challenge!　　　年　　月　　日

Complete!!　　　年　　月　　日

駅名	営業キロ
稲荷町　（いなりまち）	0
栄町（県立中央病院口）　（さかえまち〈けんりつちゅうおうびょういんぐち〉）	0.6
不二越　（ふじこし）	1.0
大泉　（おおいずみ）	2.2
南富山　（みなみとやま）	3.3
朝菜町　（あさなまち）	4.6
上堀　（かみほり）	5.4
小杉　（こすぎ）	6.0
布市　（ぬのいち）	6.5
開発　（かいほつ）	7.7
月岡　（つきおか）	9.9
大庄　（おおしょう）	11.2
上滝　（かみだき）	13.4
大川寺　（だいせんじ）	14.5
岩峅寺　（いわくらじ）	15.7

軌道線（1 系統・2 系統、4 系統・5 系統〈富山港線直通〉）

Challenge!　　　年　　月　　日

Complete!!　　　年　　月　　日

駅名	営業キロ
南富山駅前　（みなみとやまえきまえ）	0
大町　（おおまち）	0.3
堀川小泉　（ほりかわこいずみ）	0.6
小泉町　（こいずみちょう）	1.0
西中野　（にしなかの）	1.3
広貫堂前　（こうかんどうまえ）	1.5
上本町　（かみほんまち）	1.8
西町　（にしちょう）	2.1
中町（西町北）＊　（なかまち〈にしちょうきた〉）	2.3
荒町　（あらまち）	2.5
桜橋　（さくらばし）	2.8
電気ビル前　（でんきびるまえ）	3.1
地鉄ビル前　（ちてつびるまえ）	3.3
電鉄富山駅・エスタ前　（でんてつとやまえきまえ・えすたまえ）	3.6
富山駅　（とやまえき）	3.8
新富町　（しんとみちょう）	4.2
県庁前　（けんちょうまえ）	4.5
丸の内　（まるのうち）	4.9
諏訪川原　（すわのかわら）	5.2
安野屋　（やすのや）	5.3
富山トヨペット本社前（五福末広町）　（とやまとよぺっとほんしゃまえ〈ごふくすえひろちょう〉）	6.3
富山大学前　（とやまだいがくまえ）	6.7

＊1 系統・2 系統・4 系統南富山駅前行きは停車せず。

環状線（3 系統、6 系統〈富山港線直通〉）

Challenge!　　　年　　月　　日

Complete!!　　　年　　月　　日

駅名	営業キロ
丸の内　（まるのうち）	0
国際会議場前　（こくさいかいぎじょうまえ）	0.3
大手モール　（おおてもーる）	0.5
グランドプラザ前　（ぐらんどぷらざまえ）	0.7
中町（西町北）　（なかまち〈にしちょうきた〉）	1.0

＊環状線 1 周は 3.7km。

富山港線（4 系統・5 系統〈軌道線直通〉、6 系統〈環状線直通〉）

Challenge!　　　年　　月　　日

Complete!!　　　年　　月　　日

駅名	営業キロ
富山駅　（とやまえき）	0
インテック本社前　（いんてっくほんしゃまえ）	0.5
奥田中学校前　（おくだちゅうがっこうまえ）	1.2
下奥井　（しもおくい）	2.1
粟島（大阪屋ショップ前）　（あわじま〈おおさかやしょっぷまえ〉）	2.9
越中中島　（えっちゅうなかじま）	3.3
城川原　（じょうがわら）	4.3
犬島新町　（いぬじましんまち）	4.7
蓮町（馬場記念公園前）　（はすまち〈ばばきねんこうえんまえ〉）	5.5
萩浦小学校前　（はぎうらしょうがっこうまえ）	6.2
東岩瀬　（ひがしいわせ）	6.6
競輪場前　（けいりんじょうまえ）	7.3
岩瀬浜　（いわせはま）	7.7

黒部峡谷鉄道

Challenge!　　　年　　月　　日

Complete!!　　　年　　月　　日

駅名	営業キロ
宇奈月　（うなづき）	0
黒薙　（くろなぎ）	6.5
鐘釣　（かねつり）	14.3
欅平　（けやきだいら）	20.1

＊旅客乗降可能駅のみ掲載。

万葉線

Challenge!　　　年　　月　　日

Complete!!　　　年　　月　　日

駅名	営業キロ
高岡駅　（たかおかえき）	0
末広町　（すえひろちょう）	0.4
片原町　（かたはらまち）	0.7
坂下町　（さかしたまち）	0.9
急患医療センター前（古城公園西口）　（きゅうかんいりょうせんたーまえ〈こじょうこうえんにしぐち〉）	1.3
広小路　（ひろこうじ）	1.7
志貴野中学校前（高岡市役所前）　（しきのちゅうがっこうまえ〈たかおかしやくしょまえ〉）	2.1
市民病院前　（しみんびょういんまえ）	2.4
江尻　（えじり）	3.0
旭ケ丘　（あさひがおか）	3.3

駅名	営業キロ
荻布（日本ゼオン前）(おぎの〈にほんぜおんまえ〉)	3.8
新能町 (しんのうまち)	4.1
米島口（アルビス米島店前）(よねじまぐち〈あるびすよねじまてんまえ〉)	4.4
能町口 (のうまちぐち)	5.5
新吉久 (しんよしひさ)	6.0
吉久 (よしひさ)	6.7
中伏木 (なかふしき)	7.5
六渡寺 (ろくどうじ)	8.0
庄川口 (しょうがわぐち)	8.6
西新湊 (にししんみなと)	9.4
新町口 (しんまちぐち)	10.0
中新湊 (なかしんみなと)	10.6
東新湊 (ひがししんみなと)	11.6
海王丸 (かいおうまる)	12.2
越ノ潟 (こしのかた)	12.9

のと鉄道

Challenge! 年 月 日
Complete!! 年 月 日

駅名	営業キロ
七尾 (ななお)	0
和倉温泉 (わくらおんせん)	5.1
田鶴浜 (たつるはま)	8.6
笠師保 (かさしほ)	12.7
能登中島 (のとなかじま)	16.3
西岸 (にしぎし)	22.5
能登鹿島 (のとかしま)	26.8
穴水 (あなみず)	33.1

IRいしかわ鉄道

Challenge! 年 月 日
Complete!! 年 月 日

駅名	営業キロ
金沢 (かなざわ)	0
東金沢 (ひがしかなざわ)	2.6
森本 (もりもと)	5.4
津幡 (つばた)	11.5
倶利伽羅 (くりから)	17.8

北陸鉄道

浅野川線

Challenge! 年 月 日
Complete!! 年 月 日

駅名	営業キロ
北鉄金沢 (ほくてつかなざわ)	0
七ツ屋 (ななつや)	0.6
上諸江 (かみもろえ)	1.5
磯部 (いそべ)	2.2
割出 (わりだし)	2.8
三口 (みつくち)	3.3
三ツ屋 (みつや)	3.9
大河端 (おこばた)	4.5
北間 (きたま)	5.1
蚊爪 (かがつめ)	5.5
粟ケ崎 (あわがさき)	6.3
内灘 (うちなだ)	6.8

石川線

Challenge! 年 月 日
Complete!! 年 月 日

駅名	営業キロ
野町 (のまち)	0
西泉 (にしいずみ)	1.0
新西金沢 (しんにしかなざわ)	2.1
押野 (おしの)	3.4
野々市 (ののいち)	4.0
野々市工大前 (ののいちこうだいまえ)	4.5
馬替 (まがえ)	5.5
額住宅前 (ぬかじゅうたくまえ)	6.1
乙丸 (おとまる)	6.8
四十万 (しじま)	8.2
陽羽里 (ひばり)	8.8
曽谷 (そだに)	9.3
道法寺 (どうほうじ)	9.9
井口 (いのくち)	10.7
小柳 (おやなぎ)	11.4
日御子 (ひのみこ)	12.1
鶴来 (つるぎ)	13.8

えちぜん鉄道

三国芦原線

Challenge! 年 月 日
Complete!! 年 月 日

駅名	営業キロ
福井口 (ふくいぐち)	0
まつもと町屋 (まつもとまちや)	1.0
西別院 (にしべついん)	1.6
田原町 (たわらまち)	2.1
福大前西福井 (ふくだいまえにしふくい)	2.8
日華化学前 (にっかかがくまえ)	3.6
八ツ島 (やつしま)	4.2
新田塚 (にったづか)	4.9
中角 (なかつの)	5.9
(臨) 仁愛グランド前 (じんあいぐらんどまえ)	7.3
鷲塚針原 (わしづかはりばら)	8.1
太郎丸エンゼルランド (たろうまるえんぜるらんど)	9.2
西春江ハートピア (にしはるえ-とぴあ)	10.1
西長田ゆりの里 (にしながたゆりのさと)	11.7
下兵庫こうふく (しもひょうごこうふく)	13.6
大関 (おおぜき)	15.4
本荘 (ほんじょう)	17.4
番田 (ばんでん)	18.3
あわら湯のまち (あわらゆのまち)	20.0
水居 (みずい)	22.0
三国神社 (みくにじんじゃ)	23.4
三国 (みくに)	24.2
三国港 (みくにみなと)	25.2

勝山永平寺線

Challenge! 年 月 日
Complete!! 年 月 日

駅名	営業キロ
福井 (ふくい)	0
新福井 (しんふくい)	0.5
福井口 (ふくいぐち)	1.5
越前開発 (えちぜんかいほつ)	2.4
越前新保 (えちぜんしんぼ)	3.4
追分口 (おいわけぐち)	4.4
東藤島 (ひがしふじしま)	5.3
越前島橋 (えちぜんしまばし)	6.0
観音町 (かんのんまち)	7.3
松岡 (まつおか)	8.4
志比堺 (しいざかい)	9.3
永平寺口 (えいへいじぐち)	10.9
下志比 (しもしい)	11.9
光明寺 (こうみょうじ)	12.7
轟 (どめき)	14.2
越前野中 (えちぜんのなか)	15.7
山王 (さんのう)	17.2
越前竹原 (えちぜんたけはら)	19.3
小舟渡 (こぶなと)	21.2
保田 (ほた)	23.1
発坂 (ほっさか)	24.5
比島 (ひしま)	26.4
勝山 (かつやま)	27.8

福井鉄道

福武線

Challenge! 年 月 日
Complete!! 年 月 日

駅名	営業キロ
越前武生 (えちぜんたけふ)	0
北府 (きたご)	0.6
スポーツ公園 (すぽーつこうえん)	1.7
家久 (いえひさ)	2.4
サンドーム西 (さんどーむにし)	4.1
西鯖江 (にしさばえ)	5.3
西山公園 (にしやまこうえん)	6.0
水落 (みずおち)	7.3
神明 (しんめい)	8.5
鳥羽中 (とばなか)	9.7
三十八社 (さんじゅうはっしゃ)	10.9
泰澄の里 (たいちょうのさと)	12.1
浅水 (あそうず)	13.0
ハーモニーホール (はーもにーほーる)	13.8
清明 (せいめい)	14.9
江端 (えばた)	15.5
ベル前 (べるまえ)	16.1
花堂 (はなんどう)	16.9
赤十字前 (せきじゅうじまえ)	17.8
商工会議所前 (しょうこうかいぎしょまえ)	18.4
足羽山公園口 (あすわやまこうえんぐち)	18.9
福井城址大名町 (ふくいじょうしだいみょうまち)	19.6
仁愛女子高校 (じんあいじょしこうこう)	20.2
田原町 (たわらまち)	20.9

福武線（福井城址大名町—福井駅）

Challenge! 年 月 日
Complete!! 年 月 日

駅名	営業キロ
福井城址大名町 (ふくいじょうしだいみょうまち)	0
福井駅 (ふくいえき)	0.6

富士急行

Challenge! 年 月 日
Complete!! 年 月 日

駅名	営業キロ
大月 (おおつき)	0
上大月 (かみおおつき)	0.6
田野倉 (たのくら)	3.0
禾生 (かせい)	5.6
赤坂 (あかさか)	7.1
都留市 (つるし)	8.6
谷村町 (やむらまち)	9.4
都留文科大学前 (つるぶんかだいがくまえ)	10.6
十日市場 (とおかいちば)	11.5
東桂 (ひがしかつら)	13.1
三つ峠 (みつとうげ)	15.8
寿 (ことぶき)	18.8
葭池温泉前 (よしいけおんせんまえ)	20.2
下吉田 (しもよしだ)	21.1
月江寺 (げっこうじ)	21.9
富士山 (ふじさん)	23.6
富士急ハイランド (ふじきゅうはいらんど)	25.0
河口湖 (かわぐちこ)	26.6

しなの鉄道

しなの鉄道線

Challenge! 年 月 日
Complete!! 年 月 日

駅名	営業キロ
軽井沢 (かるいざわ)	0
中軽井沢 (なかかるいざわ)	4.0
信濃追分 (しなのおいわけ)	7.2
御代田 (みよた)	13.2
平原 (ひらはら)	18.3
小諸 (こもろ)	22.0
滋野 (しげの)	27.9
田中 (たなか)	31.3
大屋 (おおや)	34.7
信濃国分寺 (しなのこくぶんじ)	37.1
上田 (うえだ)	40.0
西上田 (にしうえだ)	44.4
テクノさかき (てくのさかき)	47.9
坂城 (さかき)	50.4
戸倉 (とぐら)	54.9
千曲 (ちくま)	57.1
屋代 (やしろ)	59.9
屋代高校前 (やしろこうこうまえ)	61.8
篠ノ井 (しののい)	65.1

北しなの線

Challenge! 年 月 日
Complete!! 年 月 日

駅名	営業キロ
長野 (ながの)	0
北長野 (きたながの)	3.9
三才 (さんさい)	6.8
豊野 (とよの)	10.8
牟礼 (むれ)	18.6
古間 (ふるま)	25.1
黒姫 (くろひめ)	28.9
妙高高原 (みょうこうこうげん)	37.3

長野電鉄

Challenge! 年 月 日
Complete!! 年 月 日

駅名	営業キロ
長野 (ながの)	0
市役所前 (しやくしょまえ)	0.4
権堂 (ごんどう)	1.0
善光寺下 (ぜんこうじした)	1.6
本郷 (ほんごう)	2.7
桐原 (きりはら)	3.6
信濃吉田 (しなのよしだ)	4.3
朝陽 (あさひ)	6.3
附属中学前 (ふぞくちゅうがくまえ)	7.0
柳原 (やなぎはら)	8.0
村山 (むらやま)	10.0
日野 (ひの)	11.0
須坂 (すざか)	12.5
北須坂 (きたすざか)	15.0
小布施 (おぶせ)	17.5
都住 (つすみ)	18.6
桜沢 (さくらさわ)	21.3
延徳 (えんとく)	23.3
信州中野 (しんしゅうなかの)	25.6
中野松川 (なかのまつかわ)	27.0
信濃竹原 (しなのたけはら)	29.3
夜間瀬 (よませ)	30.4
上条 (かみじょう)	31.8
湯田中 (ゆだなか)	33.2

上田電鉄・別所線

Challenge! 年 月 日
Complete!! 年 月 日

駅名	営業キロ
上田 (うえだ)	0
城下 (しろした)	0.8
三好町 (みよしちょう)	1.5
赤坂上 (あかさかうえ)	2.2
上田原 (うえだはら)	2.7
寺下 (てらした)	3.8
神畑 (かばたけ)	4.5
大学前 (だいがくまえ)	5.2
下之郷 (しものごう)	6.1
中塩田 (なかしおだ)	7.4

駅名	営業キロ
塩田町 （しおだまち）	8.0
中野 （なかの）	8.5
舞田 （まいた）	9.4
八木沢 （やぎさわ）	10.1
別所温泉 （べっしょおんせん）	11.6

アルピコ交通・上高地線

Challenge! 　年　月　日

Complete!! 　年　月　日

駅名	営業キロ
松本 （まつもと）	0
西松本 （にしまつもと）	0.4
渚 （なぎさ）	1.1
信濃荒井 （しなのあらい）	1.9
大庭 （おおにわ）	2.6
下新 （しもにい）	4.4
北新・松本大学前 （きたにい・まつもとだいがく）	5.4
新村 （にいむら）	6.2
三溝 （さみぞ）	7.6
森口 （もりぐち）	8.6
下島 （しもじま）	9.5
波田 （はた）	11.1
渕東 （えんどう）	12.7
新島々 （しんしましま）	14.4

樽見鉄道

Challenge! 　年　月　日

Complete!! 　年　月　日

駅名	営業キロ
大垣 （おおがき）	0
東大垣 （ひがしおおがき）	2.7
横屋 （よこや）	4.5
十九条 （じゅうくじょう）	5.5
美江寺 （みえじ）	7.5
北方真桑 （きたがたまくわ）	10.8
モレラ岐阜 （もれらぎふ）	12.5
糸貫 （いとぬき）	13.4
本巣 （もとす）	16.2
織部 （おりべ）	17.5
木知原 （こちぼら）	20.2
谷汲口 （たにぐみぐち）	21.6
神海 （こうみ）	23.6
高科 （たかしな）	25.2
鍋原 （なべら）	26.4
日当 （ひなた）	28.3
高尾 （たかお）	30.5
水鳥 （みどり）	32.5
樽見 （たるみ）	34.5

長良川鉄道

Challenge! 　年　月　日

Complete!! 　年　月　日

駅名	営業キロ
美濃太田 （みのおおた）	0
前平公園 （まえびらこうえん）	1.7
加茂野 （かもの）	3.7
富加 （とみか）	5.9
関富岡 （せきとみおか）	8.2

駅名	営業キロ
関口 （せきぐち）	9.7
刃物会館前 （はものかいかんまえ）	11.2
関 （せき）	12.0
関市役所前 （せきしやくしょまえ）	13.0
関下有知 （せきしもうち）	14.6
松森 （まつもり）	16.1
美濃市 （みのし）	17.7
梅山 （うめやま）	18.8
湯の洞温泉口 （ゆのほらおんせんぐち）	22.3
洲原 （すはら）	24.7
母野 （はんの）	26.1
木尾 （こんの）	27.3
八坂 （やさか）	29.4
みなみ子宝温泉 （みなみこだからおんせん）	30.6
大矢 （おおや）	31.8
福野 （ふくの）	32.9
美並苅安 （みなみかりやす）	34.8
赤池 （あかいけ）	36.3
深戸 （ふかど）	38.5
相生 （あいおい）	43.0
郡上八幡 （ぐじょうはちまん）	46.9
自然園前 （しぜんえんまえ）	50.9
山田 （やまだ）	54.0
徳永 （とくなが）	55.9
郡上大和 （ぐじょうやまと）	57.3
万場 （まんば）	59.7
上万場 （かみまんば）	61.1
大中 （おおなか）	62.4
大島 （おおしま）	64.3
美濃白鳥 （みのしろとり）	66.1
白鳥高原 （しろとりこうげん）	69.6
白山長滝 （はくさんながたき）	70.9
北濃 （ほくのう）	72.1

明知鉄道

Challenge! 　年　月　日

Complete!! 　年　月　日

駅名	営業キロ
恵那 （えな）	0
東野 （ひがしの）	2.6
飯沼 （いいぬま）	7.6
阿木 （あぎ）	9.9
飯羽間 （いいばま）	12.7
極楽 （ごくらく）	13.7
岩村 （いわむら）	15.0
花白温泉 （はなしろおんせん）	18.3
山岡 （やまおか）	19.7
野志 （のし）	23.1
明智 （あけち）	25.1

養老鉄道

Challenge! 　年　月　日

Complete!! 　年　月　日

駅名	営業キロ
桑名 （くわな）	0
播磨 （はりま）	1.6
下深谷 （しもふかや）	4.0
下野代 （しものしろ）	6.6
多度 （たど）	8.6
美濃松山 （みのまつやま）	11.8

駅名	営業キロ
石津 （いしづ）	14.1
美濃山崎 （みのやまざき）	16.2
駒野 （こまの）	19.7
美濃津屋 （みのつや）	24.5
養老 （ようろう）	28.8
美濃高田 （みのたかだ）	31.8
烏江 （からすえ）	34.5
大外羽 （おおとば）	36.0
友江 （ともえ）	37.4
美濃青柳 （みのやなぎ）	39.4
西大垣 （にしおおがき）	41.2
大垣 （おおがき）	43.0
室 （むろ）	44.1
北大垣 （きたおおがき）	45.4
東赤坂 （ひがしあかさか）	47.5
広神戸 （ひろごうど）	50.3
北神戸 （きたごうど）	51.9
池野 （いけの）	53.5
北池野 （きたいけの）	54.4
美濃本郷 （みのほんごう）	55.2
揖斐 （いび）	57.5

伊豆急行

Challenge! 　年　月　日

Complete!! 　年　月　日

駅名	営業キロ
伊東 （いとう）	0
南伊東 （みなみいとう）	2.0
川奈 （かわな）	6.1
富戸 （ふと）	11.5
城ケ崎海岸 （じょうがさきかいがん）	13.9
伊豆高原 （いずこうげん）	15.9
伊豆大川 （いずおおかわ）	20.9
伊豆北川 （いずほっかわ）	22.9
伊豆熱川 （いずあたがわ）	24.3
片瀬白田 （かたせしらた）	26.1
伊豆稲取 （いずいなとり）	30.3
今井浜海岸 （いまいはまかいがん）	34.2
河津 （かわづ）	35.3
稲梓 （いなずさ）	40.7
蓮台寺 （れんだいじ）	43.4
伊豆急下田 （いずきゅうしもだ）	45.7

天竜浜名湖鉄道・天浜線

Challenge! 　年　月　日

Complete!! 　年　月　日

駅名	営業キロ
掛川 （かけがわ）	0
掛川市役所前 （かけがわしやくしょまえ）	1.3
西掛川 （にしかけがわ）	1.8
桜木 （さくらぎ）	4.0
いこいの広場 （いこいのひろば）	5.5
細谷 （ほそや）	6.0
原谷 （はらのや）	7.9
原田 （はらだ）	9.4
戸綿 （とわた）	12.0
遠州森 （えんしゅうもり）	12.8

駅名	営業キロ
森町病院前 （もりまちびょういんまえ）	13.6
円田 （えんでん）	14.7
遠江一宮 （とおとうみいちのみや）	16.4
敷地 （しきじ）	19.9
豊岡 （とよおか）	23.0
上野部 （かみのべ）	24.4
天竜二俣 （てんりゅうふたまた）	26.2
二俣本町 （ふたまたほんまち）	26.8
西鹿島 （にしかじま）	28.5
岩水寺 （がんすいじ）	30.3
宮口 （みやぐち）	32.3
フルーツパーク （ふるーつぱーく）	36.2
都田 （みやこだ）	37.7
常葉大学前 （とこはだいがくまえ）	39.1
金指 （かなさし）	41.9
岡地 （おかじ）	43.5
気賀 （きが）	44.8
西気賀 （にしきが）	47.7
寸座 （すんざ）	49.4
浜名湖佐久米 （はまなこさくめ）	50.7
東都筑 （ひがしつづき）	51.9
都筑 （つづき）	53.3
三ケ日 （みっかび）	55.6
奥浜名湖 （おくはまなこ）	56.8
尾奈 （おな）	58.1
知波田 （ちばた）	62.9
大森 （おおもり）	65.0
アスモ前 （あすもまえ）	66.7
新所原 （しんじょはら）	67.7

岳南電車

Challenge! 　年　月　日

Complete!! 　年　月　日

駅名	営業キロ
吉原 （よしわら）	0
ジヤトコ前（ジヤトコ１地区前） （じゃとこまえ〈じゃとこいっちくまえ〉）	2.3
吉原本町 （よしわらほんちょう）	2.7
本吉原 （ほんよしわら）	3.0
岳南原田 （がくなんはらだ）	4.4
比奈 （ひな）	5.4
岳南富士岡 （がくなんふじおか）	6.4
須津 （すど）	7.3
神谷 （かみや）	8.2
岳南江尾 （がくなんえのお）	9.2

伊豆箱根鉄道・駿豆線

Challenge! 　年　月　日

Complete!! 　年　月　日

駅名	営業キロ
三島 （みしま）	0
三島広小路 （みしまひろこうじ）	1.3
三島田町 （みしまたまち）	2.0
三島二日町 （みしまふつかまち）	2.9

駅名	営業キロ
大場 （だいば）	5.5
伊豆仁田 （いずにった）	7.0
原木 （ばらき）	8.5
韮山 （にらやま）	9.8
伊豆長岡 （いずながおか）	11.4
田京 （たきょう）	14.2
大仁 （おおひと）	16.6
牧之郷 （まきのこう）	18.6
修善寺 （しゅぜんじ）	19.8

＊大雄山線は 86 ページ参照。

静岡鉄道

Challenge! 　年　月　日

Complete!! 　年　月　日

駅名	営業キロ
新静岡 （しんしずおか）	0
日吉町 （ひよしちょう）	0.5
音羽町 （おとわちょう）	1.0
春日町 （かすがちょう）	1.5
柚木 （ゆのき）	2.0
長沼 （ながぬま）	3.1
古庄 （ふるしょう）	3.8
県総合運動場 （けんそうごううんどうじょう）	4.8
県立美術館前 （けんりつびじゅつかんまえ）	5.7
草薙 （くさなぎ）	6.4
御門台 （みかどだい）	7.4
狐ケ崎 （きつねがさき）	8.3
桜橋 （さくらばし）	10.0
入江岡 （いりえおか）	10.3
新清水 （しんしみず）	11.0

大井川鐵道

本線

Challenge! 　年　月　日

Complete!! 　年　月　日

駅名	営業キロ
金谷 （かなや）	0
新金谷 （しんかなや）	2.3
代官町 （だいかんちょう）	3.8
日切 （ひぎり）	4.3
五和 （ごか）	5.0
神尾 （かみお）	9.8
福用 （ふくよう）	12.3
大和田 （おわだ）	14.8
家山 （いえやま）	17.1
抜里 （ぬくり）	18.8
川根温泉笹間渡 （かわねおんせんささまど）	20.0
地名 （じな）	22.9
塩郷 （しおごう）	24.3
下泉 （しもいずみ）	27.4
田野口 （たのくち）	31.0
駿河徳山 （するがとくやま）	34.1
青部 （あおべ）	36.1
崎平 （さきだいら）	37.2
千頭 （せんず）	39.5

井川線

Challenge! 　年　月　日

Complete!! 　年　月　日

駅名	営業キロ
千頭 （せんず）	0

駅名	営業キロ
川根両国（かわねりょうごく）	1.1
沢間（さわま）	2.4
土本（どもと）	3.9
川根小山（かわねこやま）	5.8
奥泉（おくいずみ）	7.5
アプトいちしろ（あぷといちしろ）	9.9
長島ダム（ながしまだむ）	11.4
ひらんだ（ひらんだ）	12.6
奥大井湖上（おくおおいこじょう）	13.9
接岨峡温泉（せっそきょうおんせん）	15.5
尾盛（おもり）	17.8
閑蔵（かんぞう）	20.5
井川（いかわ）	25.5

遠州鉄道

Challenge! 　年　月　日
Complete!! 　年　月　日

駅名	営業キロ
新浜松（しんはままつ）	0
第一通り（だいいちどおり）	0.5
遠州病院（えんしゅうびょういん）	0.8
八幡（はちまん）	1.6
助信（すけのぶ）	2.4
曳馬（ひくま）	3.4
上島（かみじま）	4.5
自動車学校前（じどうしゃがっこうまえ）	5.3
さぎの宮（さぎのみや）	6.6
積志（せきし）	7.8
西ケ崎（にしがさき）	9.2
小松（こまつ）	10.2
浜北（はまきた）	11.2
美薗中央公園（みそのちゅうおうこうえん）	12.0
小林（こばやし）	13.3
芝本（しばもと）	15.0
岩水寺（がんすいじ）	16.3
西鹿島（にしかじま）	17.8

東海交通事業・城北線

Challenge! 　年　月　日
Complete!! 　年　月　日

駅名	営業キロ
枇杷島（びわじま）	0
尾張星の宮（おわりほしのみや）	1.9
小田井（おたい）	4.5
比良（ひら）	6.7
味美（あじよし）	9.4
勝川（かちがわ）	11.2

名古屋臨海高速鉄道・あおなみ線

Challenge! 　年　月　日
Complete!! 　年　月　日

駅名	営業キロ
名古屋（なごや）	0
ささしまライブ（ささしまらいぶ）	0.8
小本（こもと）	3.3
荒子（あらこ）	4.3
南荒子（みなみあらこ）	5.2
中島（なかじま）	5.9
名古屋競馬場前（なごやけいばじょうまえ）	7.1
荒子川公園（あらこがわこうえん）	8.2
稲永（いなえい）	9.8
野跡（のせき）	12.1
金城ふ頭（きんじょうふとう）	15.2

愛知環状鉄道

Challenge! 　年　月　日
Complete!! 　年　月　日

駅名	営業キロ
岡崎（おかざき）	0
六名（むつな）	1.7
中岡崎（なかおかざき）	3.4
北岡崎（きたおかざき）	5.3
大門（だいもん）	6.5
北野桝塚（きたのますづか）	8.7
三河上郷（みかわかみごう）	10.7
永覚（えかく）	12.4
末野原（すえのはら）	14.0
三河豊田（みかわとよた）	15.9
新上挙母（しんうわごろも）	17.6
新豊田（しんとよた）	19.5
愛環梅坪（あいかんうめつぼ）	21.5
四郷（しごう）	23.5
貝津（かいづ）	25.5
保見（ほみ）	26.8
篠原（ささばら）	29.2
八草（やくさ）	32.0
山口（やまぐち）	34.6
瀬戸口（せとぐち）	36.7
瀬戸市（せとし）	39.1
中水野（なかみずの）	41.9
高蔵寺（こうぞうじ）	45.3

豊橋鉄道
市内線

Challenge! 　年　月　日
Complete!! 　年　月　日

駅名	営業キロ
駅前（えきまえ）	0
駅前大通（えきまえおおどおり）	0.3
新川（しんかわ）	0.6
札木（ふだぎ）	1.0
市役所前（しやくしょまえ）	1.4
豊橋公園前（とよはしこうえんまえ）	1.6
東八町（ひがしはっちょう）	2.1
前畑（まえはた）	2.5
東田坂上（あずまださかうえ）	2.8
東田（あずまだ）	3.3
競輪場前（けいりんじょうまえ）	3.6
井原（いはら）	4.1
赤岩口（あかいわぐち）	4.8

市内線（井原―運動公園前）

Challenge! 　年　月　日
Complete!! 　年　月　日

駅名	営業キロ
井原（いはら）	0
運動公園前（うんどうこうえんまえ）	0.6

渥美線

Challenge! 　年　月　日
Complete!! 　年　月　日

駅名	営業キロ
新豊橋（しんとよはし）	0
柳生橋（やぎゅうばし）	1.0
小池（こいけ）	1.7
愛知大学前（あいちだいがくまえ）	2.5
南栄（みなみさかえ）	3.2
高師（たかし）	4.3
芦原（あしはら）	5.3
植田（うえた）	6.3
向ケ丘（むつがおか）	7.1
大清水（おおしみず）	8.5
老津（おいつ）	10.7
杉山（すぎやま）	12.7
やぐま台（やぐまだい）	14.0
豊島（としま）	15.6
神戸（かんべ）	17.1
三河田原（みかわたはら）	18.0

名古屋鉄道
名古屋本線

Challenge! 　年　月　日
Complete!! 　年　月　日

駅名	営業キロ
豊橋（とよはし）	0
伊奈（いな）	5.0
小田渕（おだぶち）	6.6
国府（こう）	9.6
御油（ごゆ）	10.7
名電赤坂（めいでんあかさか）	12.5
名電長沢（めいでんながさわ）	15.0
本宿（もとじゅく）	18.7
名電山中（めいでんやまなか）	20.4
藤川（ふじかわ）	23.1
美合（みあい）	25.6
男川（おとがわ）	27.6
東岡崎（ひがしおかざき）	29.8
岡崎公園前（おかざきこうえんまえ）	31.1
矢作橋（やはぎばし）	32.5
宇頭（うとう）	34.8
新安城（しんあんじょう）	38.3
牛田（うしだ）	40.9
知立（ちりゅう）	43.1
一ツ木（ひとつぎ）	44.6
富士松（ふじまつ）	46.6
豊明（とよあけ）	48.1
前後（ぜんご）	49.8
中京競馬場前（ちゅうきょうけいばじょうまえ）	51.4
有松（ありまつ）	52.7
左京山（さきょうやま）	53.8
鳴海（なるみ）	55.1
本星崎（もとほしざき）	56.7
本笠寺（もとかさでら）	58.2
桜（さくら）	58.9
呼続（よびつぎ）	59.9
堀田（ほりた）	61.1
神宮前（じんぐうまえ）	62.2
金山（かなやま）	64.4
山王（さんのう）	66.0
名鉄名古屋（めいてつなごや）	68.0
栄生（さこう）	69.9
東枇杷島（ひがしびわじま）	70.7
西枇杷島（にしびわじま）	71.6
二ツ杁（ふたついり）	72.2
新川橋（しんかわばし）	72.8
須ケ口（すかぐち）	73.5
丸ノ内（まるのうち）	74.3
新清洲（しんきよす）	75.2
大里（おおさと）	77.5
奥田（おくだ）	78.8
国府宮（こうのみや）	80.9
島氏永（しまうじなが）	82.9
妙興寺（みょうこうじ）	84.7
名鉄一宮（めいてついちのみや）	86.4
今伊勢（いまいせ）	88.3
石刀（いわと）	89.2
新木曽川（しんきそがわ）	91.2
黒田（くろだ）	92.1
木曽川堤（きそがわづつみ）	93.9
笠松（かさまつ）	95.1
岐南（ぎなん）	96.9
茶所（ちゃじょ）	98.3
加納（かのう）	98.7
名鉄岐阜（めいてつぎふ）	99.8

西尾線

Challenge! 　年　月　日
Complete!! 　年　月　日

駅名	営業キロ
新安城（しんあんじょう）	0
北安城（きたあんじょう）	2.6
南安城（みなみあんじょう）	4.0
碧海古井（へきかいふるい）	5.7
堀内公園（ほりうちこうえん）	6.7
桜井（さくらい）	7.9
南桜井（みなみさくらい）	9.5
米津（よねづ）	11.6
桜町前（さくらまちまえ）	13.0
西尾口（にしおぐち）	14.2
西尾（にしお）	15.0
福地（ふくち）	17.4
上横須賀（かみよこすか）	20.5
吉良吉田（きらよしだ）	24.7

蒲郡線

Challenge! 　年　月　日
Complete!! 　年　月　日

駅名	営業キロ
吉良吉田（きらよしだ）	0
三河鳥羽（みかわとば）	3.2
西幡豆（にしはず）	4.7
東幡豆（ひがしはず）	7.0
こどもの国（こどものくに）	8.9
西浦（にしうら）	10.5
形原（かたはら）	11.7
三河鹿島（みかわかしま）	13.5
蒲郡競艇場前（がまごおりきょうていじょうまえ）	15.3
蒲郡（がまごおり）	17.6

豊川線

Challenge! 　年　月　日
Complete!! 　年　月　日

駅名	営業キロ
国府（こう）	0
八幡（やわた）	2.5
諏訪町（すわちょう）	4.4
稲荷口（いなりぐち）	6.0
豊川稲荷（とよかわいなり）	7.2

三河線（知立―碧南）

Challenge! 　年　月　日
Complete!! 　年　月　日

駅名	営業キロ
知立（ちりゅう）	0
重原（しげはら）	2.2
刈谷（かりや）	3.9
刈谷市（かりやし）	5.5
小垣江（おがきえ）	8.1
吉浜（よしはま）	10.1
三河高浜（みかわたかはま）	12.0
高浜港（たかはまみなと）	13.0
北新川（きたしんかわ）	14.8
新川町（しんかわまち）	15.8
碧南中央（へきなんちゅうおう）	16.9
碧南（へきなん）	18.5

三河線（知立―猿投）

Challenge! 　年　月　日
Complete!! 　年　月　日

駅名	営業キロ
知立（ちりゅう）	0
三河知立（みかわちりゅう）	0.7
三河八橋（みかわやつはし）	3.8
若林（わかばやし）	6.2
竹村（たけむら）	8.5
土橋（つちはし）	11.1
上挙母（うわごろも）	13.9
豊田市（とよたし）	15.7
梅坪（うめつぼ）	17.1
越戸（こしど）	19.1
平戸橋（ひらとばし）	20.2
猿投（さなげ）	21.3

私鉄　遠州鉄道／東海交通事業／名古屋臨海高速鉄道／愛知環状鉄道／豊橋鉄道／名古屋鉄道

豊田線

Challenge!　　年　月　日

Complete!!　　年　月　日

駅名	営業キロ
梅坪　　（うめつぼ）	0
上豊田　（かみとよた）	2.0
浄水　　（じょうすい）	3.8
三好ケ丘（みよしがおか）	6.2
黒笹　　（くろざさ）	8.1
米野木　（こめのき）	10.4
日進　　（にっしん）	12.2
赤池　　（あかいけ）	15.2

知多新線

Challenge!　　年　月　日

Complete!!　　年　月　日

駅名	営業キロ
富貴　　（ふき）	0
上野間　（かみのま）	5.8
美浜緑苑（みはまりょくえん）	6.7
知多奥田（ちたおくだ）	8.1
野間　　（のま）	9.8
内海　　（うつみ）	13.9

常滑線

Challenge!　　年　月　日

Complete!!　　年　月　日

駅名	営業キロ
神宮前　（じんぐうまえ）	0
豊田本町（とよだほんまち）	1.4
道徳　　（どうとく）	2.4
大江　　（おおえ）	3.8
大同町　（だいどうちょう）	5.3
柴田　　（しばた）	6.1
名和　　（なわ）	7.5
聚楽園　（しゅうらくえん）	9.7
新日鉄前（しんにってつまえ）	10.6
太田川　（おおたがわ）	12.3
尾張横須賀（おわりよこすか）	13.7
寺本　　（てらもと）	15.1
朝倉　　（あさくら）	16.4
古見　　（こみ）	17.3
長浦　　（ながうら）	18.7
日長　　（ひなが）	21.0
新舞子　（しんまいこ）	22.5
大野町　（おおのまち）	24.1
西ノ口　（にしのくち）	25.4
蒲池　　（かばいけ）	26.4
榎戸　　（えのきど）	27.5
多屋　　（たや）	28.6
常滑　　（とこなめ）	29.3

空港線

Challenge!　　年　月　日

Complete!!　　年　月　日

駅名	営業キロ
常滑　　（とこなめ）	0
りんくう常滑（りんくうとこなめ）	1.6
中部国際空港（ちゅうぶこくさいくうこう）	4.2

河和線

Challenge!　　年　月　日

Complete!!　　年　月　日

駅名	営業キロ
太田川　（おおたがわ）	0
高横須賀（たかよこすか）	1.3
南加木屋（みなみかきや）	4.1
八幡新田（やわたしんでん）	5.9
巽ケ丘　（たつみがおか）	7.1
白沢　　（しらさわ）	7.9
坂部　　（さかべ）	9.5
阿久比　（あぐい）	10.6
植大　　（うえだい）	12.2
半田口　（はんだぐち）	13.2
住吉町　（すみよしちょう）	14.0
知多半田（ちたはんだ）	14.8
成岩　　（ならわ）	15.8
青山　　（あおやま）	16.8
上ゲ　　（あげ）	19.0
知多武豊（ちたたけとよ）	19.8
富貴　　（ふき）	22.3
河和口　（こうわぐち）	25.8
河和　　（こうわ）	28.8

築港線

Challenge!　　年　月　日

Complete!!　　年　月　日

駅名	営業キロ
大江　　（おおえ）	0
東名古屋港（ひがしなごやこう）	1.5

瀬戸線

Challenge!　　年　月　日

Complete!!　　年　月　日

駅名	営業キロ
栄町　　（さかえまち）	0
東大手　（ひがしおおて）	1.5
清水　　（しみず）	2.2
尼ケ坂　（あまがさか）	2.7
森下　　（もりした）	3.6
大曽根　（おおぞね）	4.6
矢田　　（やだ）	5.9
守山自衛隊前（もりやまじえいたいまえ）	7.0
瓢箪山　（ひょうたんやま）	7.6
小幡　　（おばた）	8.6
喜多山　（きたやま）	9.9
大森・金城学院前（おおもり・きんじょうがくいんまえ）	10.7
印場　　（いんば）	12.2
旭前　　（あさひまえ）	13.1
尾張旭　（おわりあさひ）	14.7
三郷　　（さんごう）	16.1
水野　　（みずの）	18.0
新瀬戸　（しんせと）	18.7
瀬戸市役所前（せとしやくしょまえ）	19.4
尾張瀬戸（おわりせと）	20.6

犬山線

Challenge!　　年　月　日

Complete!!　　年　月　日

駅名	営業キロ
東枇杷島（ひがしびわじま）	0
下小田井（しもおたい）	1.6
中小田井（なかおたい）	3.0

津島線

Challenge!　　年　月　日

Complete!!　　年　月　日

駅名	営業キロ
須ケ口　（すかぐち）	0
甚目寺　（じもくじ）	2.0
七宝　　（しっぽう）	3.7
木田　　（きだ）	5.4
青塚　　（あおつか）	7.3
勝幡　　（しょばた）	9.0
藤浪　　（ふじなみ）	10.2
津島　　（つしま）	11.8

尾西線（津島―弥富）

Challenge!　　年　月　日

Complete!!　　年　月　日

駅名	営業キロ
津島　　（つしま）	0
日比野　（ひびの）	1.6
佐屋　　（さや）	3.6
五ノ三　（ごのさん）	5.7
弥富　　（やとみ）	8.2

尾西線（津島―名鉄一宮）

Challenge!　　年　月　日

Complete!!　　年　月　日

駅名	営業キロ
津島　　（つしま）	0
町方　　（まちかた）	1.4
六輪　　（ろくわ）	2.9
渕高　　（ふちだか）	4.2
丸渕　　（まるぶち）	5.2
上丸渕　（かみまるぶち）	6.5
森上　　（もりかみ）	8.0
山崎　　（やまざき）	9.1
玉野　　（たまの）	10.5
萩原　　（はぎわら）	12.0
二子　　（ふたご）	13.1
苅安賀　（かりやすか）	14.3
観音寺　（かんのんじ）	15.0
名鉄一宮（めいてついちのみや）	17.1

尾西線（名鉄一宮―玉ノ井）

Challenge!　　年　月　日

Complete!!　　年　月　日

駅名	営業キロ
名鉄一宮（めいてついちのみや）	0
西一宮　（にしいちのみや）	0.7
開明　　（かいめい）	2.8
奥町　　（おくちょう）	4.1
玉ノ井　（たまのい）	5.6

駅名	営業キロ
上小田井（かみおたい）	4.1
西春　　（にしはる）	6.5
徳重・名古屋芸大（とくしげ・なごやげいだい）	7.9
大山寺　（たいさんじ）	8.7
岩倉　　（いわくら）	10.3
石仏　　（いしぼとけ）	12.4
布袋　　（ほてい）	14.8
江南　　（こうなん）	16.8
柏森　　（かしわもり）	19.6
扶桑　　（ふそう）	21.8
木津用水（こつようすい）	23.2
犬山口　（いぬやまぐち）	24.6
犬山　　（いぬやま）	25.5
犬山遊園（いぬやまゆうえん）	26.7
新鵜沼　（しんうぬま）	27.4

各務原線

Challenge!　　年　月　日

Complete!!　　年　月　日

駅名	営業キロ
新鵜沼　（しんうぬま）	0
鵜沼宿　（うぬまじゅく）	1.1
羽場　　（はば）	2.1
苧ケ瀬　（おがせ）	3.0
名電各務原（めいでんかかみがはら）	3.9
二十軒　（にじっけん）	5.2
三柿野　（みかきの）	6.4
六軒　　（ろっけん）	7.7
各務原市役所前（かかみがはらしやくしょまえ）	8.9
市民公園前（しみんこうえんまえ）	9.5
新那加　（しんなか）	10.1
新加納　（しんかのう）	11.0
高田橋　（たかだばし）	12.2
手力　　（てぢから）	12.8
切通　　（きりどおし）	13.7
細畑　　（ほそばた）	14.4
田神　　（たがみ）	16.5
名鉄岐阜（めいてつぎふ）	17.6

小牧線

Challenge!　　年　月　日

Complete!!　　年　月　日

駅名	営業キロ
犬山　　（いぬやま）	0
羽黒　　（はぐろ）	3.4
楽田　　（がくでん）	5.7
田県神社前（たがたじんじゃまえ）	7.3
味岡　　（あじおか）	8.2
小牧原　（こまきはら）	9.3
小牧　　（こまき）	10.8
小牧口　（こまきぐち）	11.6
間内　　（まない）	12.8
牛山　　（うしやま）	13.7
春日井　（かすがい）	15.2
味美　　（あじよし）	16.9
味鋺　　（あじま）	18.3
上飯田　（かみいいだ）	20.6

広見線（犬山―新可児）

Challenge!　　年　月　日

Complete!!　　年　月　日

駅名	営業キロ
犬山　　（いぬやま）	0
富岡前　（とみおかまえ）	1.9
善師野　（ぜんじの）	4.0
西可児　（にしかに）	7.7
可児川　（かにがわ）	9.7
日本ライン今渡（にほんらいんいまわたり）	12.2
新可児　（しんかに）	14.9

広見線（新可児―御嵩）

Challenge!　　年　月　日

Complete!!　　年　月　日

駅名	営業キロ
新可児　（しんかに）	0
明智　　（あけち）	3.5
顔戸　　（ごうど）	5.1
御嵩口　（みたけぐち）	6.8
御嵩　　（みたけ）	7.4

竹鼻線

Challenge!　　年　月　日

Complete!!　　年　月　日

駅名	営業キロ
笠松　　（かさまつ）	0
西笠松　（にしかさまつ）	0.9
柳津　　（やないづ）	2.9
南宿　　（みなみじゅく）	5.2
須賀　　（すか）	6.1
不破一色（ふわいしき）	7.0
竹鼻　　（たけはな）	8.6
羽島市役所前（はしまやくしょまえ）	9.6
江吉良　（えぎら）	10.3

羽島線

Challenge!　　年　月　日

Complete!!　　年　月　日

駅名	営業キロ
江吉良　（えぎら）	0
新羽島　（しんはしま）	1.3

愛知高速交通（リニモ）

Challenge!　　年　月　日

Complete!!　　年　月　日

駅名	営業キロ
藤が丘　（ふじがおか）	0
はなみずき通（はなみずきどおり）	1.4
杁ケ池公園（いりがいけこうえん）	2.3
長久手古戦場（ながくてこせんじょう）	3.4
芸大通　（げいだいどおり）	4.5
公園西　（こうえんにし）	6.0
愛・地球博記念公園（あい・ちきゅうはくきねんこうえん）	7.0

駅名	営業キロ
陶磁資料館南 (とうじしりょうかんみなみ)	8.0
八草 (やくさ)	8.9

名古屋市交通局
（名古屋市営地下鉄）
東山線

Challenge! 　年　月　日
Complete!! 　年　月　日

駅名	営業キロ
高畑 (たかばた)	0
八田 (はった)	0.9
岩塚 (いわつか)	2.0
中村公園 (なかむらこうえん)	3.1
中村日赤 (なかむらにっせき)	3.9
本陣 (ほんじん)	4.6
亀島 (かめじま)	5.5
名古屋 (なごや)	6.6
伏見 (ふしみ)	8.0
栄 (さかえ)	9.0
新栄町 (しんさかえまち)	10.1
千種 (ちくさ)	11.0
今池 (いまいけ)	11.7
池下 (いけした)	12.6
覚王山 (かくおうざん)	13.2
本山 (もとやま)	14.2
東山公園 (ひがしやまこうえん)	15.1
星ケ丘 (ほしがおか)	16.2
一社 (いっしゃ)	17.5
上社 (かみやしろ)	18.6
本郷 (ほんごう)	19.3
藤が丘 (ふじがおか)	20.6

名港線

Challenge! 　年　月　日
Complete!! 　年　月　日

駅名	営業キロ
金山 (かなやま)	0
日比野 (ひびの)	1.5
六番町 (ろくばんちょう)	2.6
東海通 (とうかいどおり)	3.8
港区役所 (みなとくやくしょ)	4.6
築地口 (つきじぐち)	5.4
名古屋港 (なごやこう)	6.0

名城線

Challenge! 　年　月　日
Complete!! 　年　月　日

駅名	営業キロ
ナゴヤドーム前矢田 (なごやどーむまえやだ)	0
大曽根 (おおぞね)	0.8
平安通 (へいあんどおり)	1.5
志賀本通 (しがほんどおり)	2.3
黒川 (くろかわ)	3.3
名城公園 (めいじょうこうえん)	4.3
市役所 (しやくしょ)	5.4
久屋大通 (ひさやおおどおり)	6.3
栄 (さかえ)	6.7
矢場町 (やばちょう)	7.4

駅名	営業キロ
上前津 (かみまえづ)	8.1
東別院 (ひがしべついん)	9.0
金山 (かなやま)	9.7
西高蔵 (にしたかくら)	10.8
神宮西 (じんぐうにし)	11.7
伝馬町 (てんまちょう)	12.7
堀田 (ほりた)	13.9
妙音通 (みょうおんどおり)	14.7
新瑞橋 (あらたまばし)	15.4
瑞穂運動場東 (みずほうんどうじょうひがし)	16.6
総合リハビリセンター (そうごうりはびりせんたー)	17.6
八事 (やごと)	18.9
八事日赤 (やごとにっせき)	19.9
名古屋大学 (なごやだいがく)	21.0
本山 (もとやま)	22.0
自由ケ丘 (じゆうがおか)	23.4
茶屋ケ坂 (ちゃやがさか)	24.6
砂田橋 (すなだばし)	25.5
ナゴヤドーム前矢田	26.4

鶴舞線

Challenge! 　年　月　日
Complete!! 　年　月　日

駅名	営業キロ
上小田井 (かみおたい)	0
庄内緑地公園 (しょうないりょくちこうえん)	1.4
庄内通 (しょうないどおり)	2.7
浄心 (じょうしん)	4.1
浅間町 (せんげんちょう)	4.9
丸の内 (まるのうち)	6.3
伏見 (ふしみ)	7.0
大須観音 (おおすかんのん)	7.8
上前津 (かみまえづ)	8.8
鶴舞 (つるまい)	9.7
荒畑 (あらはた)	11.0
御器所 (ごきそ)	11.9
川名 (かわな)	13.1
いりなか (いりなか)	14.1
八事 (やごと)	15.0
塩釜口 (しおがまぐち)	16.4
植田 (うえだ)	17.6
原 (はら)	18.4
平針 (ひらばり)	19.3
赤池 (あかいけ)	20.4

桜通線

Challenge! 　年　月　日
Complete!! 　年　月　日

駅名	営業キロ
中村区役所 (なかむらくやくしょ)	0
名古屋 (なごや)	0.9
国際センター (こくさいせんたー)	1.6
丸の内 (まるのうち)	2.4
久屋大通 (ひさやおおどおり)	3.3
高岳 (たかおか)	4.0
車道 (くるまみち)	5.3
今池 (いまいけ)	6.3

駅名	営業キロ
吹上 (ふきあげ)	7.4
御器所 (ごきそ)	8.4
桜山 (さくらやま)	9.5
瑞穂区役所 (みずほくやくしょ)	10.4
瑞穂運動場西 (みずほうんどうじょうにし)	11.1
新瑞橋 (あらたまばし)	11.8
桜本町 (さくらほんまち)	12.9
鶴里 (つるさと)	13.8
野並 (のなみ)	14.9
鳴子北 (なるこきた)	16.0
相生山 (あいおいやま)	16.9
神沢 (かみさわ)	18.3
徳重 (とくしげ)	19.1

上飯田線

Challenge! 　年　月　日
Complete!! 　年　月　日

駅名	営業キロ
平安通 (へいあんどおり)	0
上飯田 (かみいいだ)	0.8

伊勢鉄道

Challenge! 　年　月　日
Complete!! 　年　月　日

駅名	営業キロ
河原田 (かわらだ)	0
鈴鹿 (すずか)	3.8
玉垣 (たまがき)	7.0
鈴鹿サーキット稲生 (すずかさーきっといのう)	9.1
徳田 (とくだ)	11.1
中瀬古 (なかせこ)	12.7
伊勢上野 (いせうえの)	14.0
河芸 (かわげ)	16.4
東一身田 (ひがしいしんでん)	19.4
津 (つ)	22.3

三岐鉄道
三岐線

Challenge! 　年　月　日
Complete!! 　年　月　日

駅名	営業キロ
近鉄富田 (きんてつとみだ)	0
大矢知 (おおやち)	2.6
平津 (へいづ)	4.2
暁学園前 (あかつきがくえんまえ)	5.4
山城 (やまじょう)	7.1
保々 (ほぼ)	9.6
北勢中央公園口 (ほくせいちゅうおうこうえんぐち)	11.3
梅戸井 (うめどい)	13.2
大安 (だいあん)	15.4
三里 (みさと)	17.2
丹生川 (にゅうがわ)	19.7
伊勢治田 (いせはった)	20.9
東藤原 (ひがしふじわら)	23.2
西野尻 (にしのじり)	25.4
西藤原 (にしふじわら)	26.6

北勢線

Challenge! 　年　月　日
Complete!! 　年　月　日

駅名	営業キロ
西桑名 (にしくわな)	0
馬道 (うまみち)	1.1
西別所 (にしべっしょ)	2.0
蓮花寺 (れんげじ)	3.5
在良 (ありよし)	4.1
星川 (ほしかわ)	5.5
七和 (ななわ)	6.9
穴太 (あのう)	8.0
東員 (とういん)	9.7
大泉 (おおいずみ)	12.4
楚原 (そはら)	14.4
麻生田 (おうだ)	18.1
阿下喜 (あげき)	20.4

四日市あすなろう鉄道
内部線

Challenge! 　年　月　日
Complete!! 　年　月　日

駅名	営業キロ
あすなろう四日市 (あすなろうよっかいち)	0
赤堀 (あかほり)	1.0
日永 (ひなが)	1.8
南日永 (みなみひなが)	2.5
泊 (とまり)	3.6
追分 (おいわけ)	4.3
小古曽 (おごそ)	5.0
内部 (うつべ)	5.7

八王子線

Challenge! 　年　月　日
Complete!! 　年　月　日

駅名	営業キロ
日永 (ひなが)	0
西日野 (にしひの)	1.3

伊賀鉄道

Challenge! 　年　月　日
Complete!! 　年　月　日

駅名	営業キロ
伊賀上野 (いがうえの)	0
新居 (にい)	0.8
西大手 (にしおおて)	3.3
上野市 (うえのし)	3.9
広小路 (ひろこうじ)	4.4
茅町 (かやまち)	5.0
桑町 (くわまち)	5.8
四十九 (しじゅく)	6.5
猪田道 (いだみち)	8.0
市部 (いちべ)	9.2
依那古 (いなこ)	10.6
丸山 (まるやま)	11.9
上林 (うえばやし)	13.0
比土 (ひど)	15.6
伊賀神戸 (いがかんべ)	16.6

信楽高原鐵道

Challenge! 　年　月　日
Complete!! 　年　月　日

駅名	営業キロ
貴生川 (きぶかわ)	0
紫香楽宮跡 (しがらきぐうし)	9.6
雲井 (くもい)	10.2
勅旨 (ちょくし)	12.4
玉桂寺前 (ぎょくけいじまえ)	13.4
信楽 (しがらき)	14.7

近江鉄道
本線
（彦根・多賀大社線，湖東近江路線，水口・蒲生野線）

Challenge! 　年　月　日
Complete!! 　年　月　日

駅名	営業キロ
米原 (まいばら)	0
フジテック前	2.3
鳥居本 (とりいもと)	3.4
彦根 (ひこね)	5.8
ひこね芹川 (ひこねせりかわ)	7.0
彦根口 (ひこねぐち)	7.8
高宮 (たかみや)	9.9
尼子 (あまご)	12.8
豊郷 (とよさと)	15.0
愛知川 (えちがわ)	17.9
五箇荘 (ごかしょう)	20.9
河辺の森 (かわべのもり)	23.0
八日市 (ようかいち)	25.3
長谷野 (ながたにの)	27.5
大学前 (だいがくまえ)	28.4
京セラ前 (きょうせらまえ)	29.9
桜川 (さくらがわ)	31.2
朝日大塚 (あさひおおつか)	32.8
朝日野 (あさひの)	35.2
日野 (ひの)	37.8
水口松尾 (みなくちまつお)	42.7
水口 (みなくち)	43.8
水口石橋 (みなくちいしばし)	44.4
水口城南 (みなくちじょうなん)	45.1
貴生川 (きぶかわ)	47.7

多賀線
（彦根・多賀大社線）

Challenge! 　年　月　日
Complete!! 　年　月　日

駅名	営業キロ
高宮 (たかみや)	0
スクリーン (すくりーん)	0.8
多賀大社前 (たがたいしゃまえ)	2.5

私鉄路線リスト

八日市線
（万葉あかね線）

Challenge!

　　　　年　　月　　日

Complete!!

　　　　年　　月　　日

駅名	営業キロ
八日市　（ようかいち）	0
新八日市　（しんようかいち）	0.6
太郎坊宮前　（たろうぼうぐうまえ）	1.3
市辺　（いちのべ）	3.0
平田　（ひらた）	5.0
武佐　（むさ）	6.5
近江八幡　（おうみはちまん）	9.3

嵯峨野観光鉄道

Challenge!

　　　　年　　月　　日

Complete!!

　　　　年　　月　　日

駅名	営業キロ
トロッコ嵯峨　（とろっこさが）	0
トロッコ嵐山　（とろっこあらしやま）	1.0
トロッコ保津峡　（とろっこほづきょう）	3.4
トロッコ亀岡　（とろっこかめおか）	7.3

京都丹後鉄道
宮福線

Challenge!

　　　　年　　月　　日

Complete!!

　　　　年　　月　　日

駅名	営業キロ
福知山　（ふくちやま）	0
福知山市民病院口　（ふくちやましみんびょういんぐち）	1.5
荒河かしの木台　（あらがかしのきだい）	2.9
牧　（まき）	5.1
下天津　（しもあまづ）	7.6
公庄　（ぐじょう）	10.0
大江　（おおえ）	12.5
大江高校前　（おおえこうこうまえ）	13.4
二俣　（ふたまた）	15.4
大江山口内宮　（おおえやまぐちないく）	17.6
辛皮　（からかわ）	21.3
喜多　（きた）	27.3
宮村　（みやむら）	28.9
宮津　（みやづ）	30.4

宮舞線

Challenge!

　　　　年　　月　　日

Complete!!

　　　　年　　月　　日

駅名	営業キロ
西舞鶴　（にしまいづる）	0
四所　（ししょ）	5.4
東雲　（しののめ）	8.9
丹後神崎　（たんごかんざき）	12.7
丹後由良　（たんごゆら）	14.4
栗田　（くんだ）	20.2
宮津　（みやづ）	24.7

宮豊線

Challenge!

　　　　年　　月　　日

Complete!!

　　　　年　　月　　日

駅名	営業キロ
宮津　（みやづ）	0
天橋立　（あまのはしだて）	4.4
岩滝口　（いわたきぐち）	8.1
与謝野　（よさの）	11.0
京丹後大宮　（きょうたんごおおみや）	18.0
峰山　（みねやま）	23.6
網野　（あみの）	30.8
夕日ケ浦木津温泉　（ゆうひがうらきつおんせん）	36.4
小天橋　（しょうてんきょう）	41.8
かぶと山　（かぶとやま）	45.0
久美浜　（くみはま）	47.3
コウノトリの郷　（こうのとりのさと）	55.9
豊岡　（とよおか）	58.9

京都市交通局
（京都市営地下鉄）
烏丸線

Challenge!

　　　　年　　月　　日

Complete!!

　　　　年　　月　　日

駅名	営業キロ
国際会館　（こくさいかいかん）	0
松ケ崎　（まつがさき）	1.6
北山　（きたやま）	2.6
北大路　（きたおおじ）	3.8
鞍馬口　（くらまぐち）	4.6
今出川　（いまでがわ）	5.4
丸太町　（まるたまち）	6.9
烏丸御池　（からすまおいけ）	7.6
四条　（しじょう）	8.5
五条　（ごじょう）	9.3
京都　（きょうと）	10.3
九条　（くじょう）	11.1
十条　（じゅうじょう）	11.8
くいな橋　（くいなばし）	13.0
竹田　（たけだ）	13.7

東西線

Challenge!

　　　　年　　月　　日

Complete!!

　　　　年　　月　　日

駅名	営業キロ
太秦天神川　（うずまさてんじんがわ）	0
西大路御池　（にしおおじおいけ）	1.3
二条　（にじょう）	2.4
二条城前　（にじょうじょうまえ）	3.2
烏丸御池　（からすまおいけ）	4.0
京都市役所前　（きょうとしやくしょまえ）	4.9
三条京阪　（さんじょうけいはん）	5.4
東山　（ひがしやま）	6.0
蹴上　（けあげ）	7.0
御陵　（みささぎ）	8.8
山科　（やましな）	10.5
東野　（ひがしの）	11.6
椥辻　（なぎつじ）	12.6

（続き上段）

駅名	営業キロ
小野　（おの）	13.9
醍醐　（だいご）	15.1
石田　（いしだ）	16.4
六地蔵　（ろくじぞう）	17.5

京福電気鉄道
（嵐電）
嵐山本線

Challenge!

　　　　年　　月　　日

Complete!!

　　　　年　　月　　日

駅名	営業キロ
四条大宮　（しじょうおおみや）	0
西院　（さい）	1.4
西大路三条　（にしおおじさんじょう）	2.0
山ノ内　（やまのうち）	2.8
嵐電天神川　（らんでんてんじんがわ）	3.7
蚕ノ社　（かいこのやしろ）	3.9
太秦広隆寺　（うずまさこうりゅうじ）	4.4
帷子ノ辻　（かたびらのつじ）	5.2
有栖川　（ありすがわ）	5.7
車折神社　（くるまざきじんじゃ）	6.2
鹿王院　（ろくおういん）	6.5
嵐電嵯峨　（らんでんさが）	6.9
嵐山　（あらしやま）	7.2

北野線

Challenge!

　　　　年　　月　　日

Complete!!

　　　　年　　月　　日

駅名	営業キロ
帷子ノ辻　（かたびらのつじ）	0
撮影所前　（さつえいしょまえ）	0.3
常盤　（ときわ）	0.9
鳴滝　（なるたき）	1.2
宇多野　（うたの）	1.7
御室仁和寺　（おむろにんなじ）	2.1
妙心寺　（みょうしんじ）	2.5
龍安寺　（りょうあんじ）	2.9
等持院・立命館大学衣笠キャンパス前　（とうじいん・りつめいかんだいがくきぬがさきゃんぱすまえ）	3.1
北野白梅町　（きたのはくばいちょう）	3.8

叡山電鉄
叡山本線

Challenge!

　　　　年　　月　　日

Complete!!

　　　　年　　月　　日

駅名	営業キロ
出町柳　（でまちやなぎ）	0
元田中　（もとたなか）	0.9
茶山　（ちゃやま）	1.4
一乗寺　（いちじょうじ）	2.1
修学院　（しゅうがくいん）	2.9
宝ケ池　（たからがいけ）	3.8
三宅八幡　（みやけはちまん）	4.4
八瀬比叡山口　（やせひえいざんぐち）	5.6

鞍馬線

Challenge!

　　　　年　　月　　日

Complete!!

　　　　年　　月　　日

駅名	営業キロ
宝ケ池　（たからがいけ）	0
八幡前　（はちまんまえ）	0.9
岩倉　（いわくら）	1.7
木野　（きの）	2.7
京都精華大前　（きょうとせいかだいまえ）	3.5
二軒茶屋　（にけんぢゃや）	4.1
市原　（いちはら）	5.3
二ノ瀬　（にのせ）	6.6
貴船口　（きぶねぐち）	7.6
鞍馬　（くらま）	8.8

近畿日本鉄道
大阪線

Challenge!

　　　　年　　月　　日

Complete!!

　　　　年　　月　　日

駅名	営業キロ
大阪上本町　（おおさかうえほんまち）	0
鶴橋　（つるはし）	1.1
今里　（いまざと）	2.8
布施　（ふせ）	4.1
俊徳道　（しゅんとくみち）	5.1
長瀬　（ながせ）	6.2
弥刀　（みと）	7.4
久宝寺口　（きゅうほうじぐち）	8.3
近鉄八尾　（きんてつやお）	9.6
河内山本　（かわちやまもと）	11.1
高安　（たかやす）	12.2
恩智　（おんぢ）	13.3
法善寺　（ほうぜんじ）	14.9
堅下　（かたしも）	15.7
安堂　（あんどう）	16.6
河内国分　（かわちこくぶ）	18.2
大阪教育大前　（おおさかきょういくだいまえ）	19.8
関屋　（せきや）	22.0
二上　（にじょう）	24.1
近鉄下田　（きんてつしもだ）	25.7
五位堂　（ごいどう）	27.1
築山　（つきやま）	28.8
大和高田　（やまとたかだ）	29.9
松塚　（まつづか）	31.8
真菅　（ますが）	32.8
大和八木　（やまとやぎ）	34.8
耳成　（みみなし）	36.9
大福　（だいふく）	38.2
桜井　（さくらい）	39.8
大和朝倉　（やまとあさくら）	41.9
長谷寺　（はせでら）	45.6
榛原　（はいばら）	50.1
室生口大野　（むろうぐちおおの）	57.2
三本松　（さんぼんまつ）	59.7
赤目口　（あかめぐち）	64.0
名張　（なばり）	67.2
桔梗が丘　（ききょうがおか）	70.0
美旗　（みはた）	73.1

（続き）

駅名	営業キロ
伊賀神戸　（いがかんべ）	75.5
青山町　（あおやまちょう）	77.9
伊賀上津　（いがこうづ）	80.6
西青山　（にしあおやま）	83.8
東青山　（ひがしあおやま）	91.5
榊原温泉口　（さかきばらおんせんぐち）	95.4
大三　（おおみつ）	97.6
伊勢石橋　（いせいしばし）	101.6
川合高岡　（かわいたかおか）	104.4
伊勢中川　（いせなかがわ）	108.9

山田線

Challenge!

　　　　年　　月　　日

Complete!!

　　　　年　　月　　日

駅名	営業キロ
伊勢中川　（いせなかがわ）	0
伊勢中原　（いせなかはら）	3.0
松ケ崎　（まつがさき）	5.7
松阪　（まつさか）	8.4
東松阪　（ひがしまつさか）	10.0
櫛田　（くしだ）	13.9
漕代　（こいしろ）	15.8
斎宮　（さいくう）	17.1
明星　（みょうじょう）	19.8
明野　（あけの）	22.4
小俣　（おばた）	24.2
宮町　（みやまち）	26.3
伊勢市　（いせし）	27.7
宇治山田　（うじやまだ）	28.3

鳥羽線

Challenge!

　　　　年　　月　　日

Complete!!

　　　　年　　月　　日

駅名	営業キロ
宇治山田　（うじやまだ）	0
五十鈴川　（いすずがわ）	1.9
朝熊　（あさま）	4.9
池の浦　（いけのうら）	10.6
鳥羽　（とば）	13.2

志摩線

Challenge!

　　　　年　　月　　日

Complete!!

　　　　年　　月　　日

駅名	営業キロ
鳥羽　（とば）	0
中之郷　（なかのごう）	1.0
志摩赤崎　（しまあかさき）	2.3
船津　（ふなつ）	3.9
加茂　（かも）	5.5
松尾　（まつお）	6.9
白木　（しらき）	7.9
五知　（ごち）	11.0
沓掛　（くつかけ）	12.7
上之郷　（かみのごう）	14.6
志摩磯部　（しまいそべ）	16.0
穴川　（あながわ）	17.6
志摩横山　（しまよこやま）	20.4
鵜方　（うがた）	21.3
志摩神明　（しましんめい）	23.1
賢島　（かしこじま）	24.5

信貴線

Challenge! 　　年　月　日

Complete!! 　　年　月　日

駅名	営業キロ
河内山本 （かわちやまもと）	0
服部川 （はっとりがわ）	2.0
信貴山口 （しぎさんぐち）	2.8

名古屋線

Challenge! 　　年　月　日

Complete!! 　　年　月　日

駅名	営業キロ
近鉄名古屋 （きんてつなごや）	0
米野 （こめの）	1.1
黄金 （こがね）	2.1
烏森 （かすもり）	2.8
近鉄八田 （きんてつはった）	3.8
伏屋 （ふしや）	6.4
戸田 （とだ）	8.4
近鉄蟹江 （きんてつかにえ）	9.7
富吉 （とみよし）	12.1
佐古木 （さこぎ）	13.7
近鉄弥富 （きんてつやとみ）	16.1
近鉄長島 （きんてつながしま）	19.5
桑名 （くわな）	23.7
益生 （ますお）	24.8
伊勢朝日 （いせあさひ）	27.4
川越富洲原 （かわごえとみすはら）	30.0
近鉄富田 （きんてつとみだ）	31.6
霞ケ浦 （かすみがうら）	33.5
阿倉川 （あくらがわ）	34.6
川原町 （かわらまち）	35.7
近鉄四日市 （きんてつよっかいち）	36.9
新正 （しんしょう）	38.1
海山道 （みやまど）	39.6
塩浜 （しおはま）	40.8
北楠 （きたくす）	42.6
楠 （くす）	44.2
長太ノ浦 （なごのうら）	45.6
箕田 （みだ）	47.0
伊勢若松 （いせわかまつ）	48.3
千代崎 （ちよざき）	50.1
白子 （しろこ）	52.9
鼓ケ浦 （つづみがうら）	54.1
磯山 （いそやま）	56.0
千里 （ちさと）	57.9
豊津上野 （とよつうえの）	59.8
白塚 （しらつか）	61.7
高田本山 （たかだほんざん）	64.1
江戸橋 （えどばし）	65.3
津 （つ）	66.5
津新町 （つしんまち）	68.8
南が丘 （みなみがおか）	71.5
久居 （ひさい）	74.0
桃園 （ももぞの）	75.5
伊勢中川 （いせなかがわ）	78.8

湯の山線

Challenge! 　　年　月　日

Complete!! 　　年　月　日

駅名	営業キロ
近鉄四日市 （きんてつよっかいち）	0
中川原 （なかがわら）	1.7
伊勢松本 （いせまつもと）	2.8
伊勢川島 （いせかわしま）	5.3
高角 （たかつの）	6.7
桜 （さくら）	8.7
菰野 （こもの）	11.3
中菰野 （なかこもの）	12.6
大羽根園 （おおばねえん）	13.5
湯の山温泉 （ゆのやまおんせん）	15.4

鈴鹿線

Challenge! 　　年　月　日

Complete!! 　　年　月　日

駅名	営業キロ
伊勢若松 （いせわかまつ）	0
柳 （やなぎ）	2.2
鈴鹿市 （すずかし）	4.1
三日市 （みっかいち）	6.2
平田町 （ひらたちょう）	8.2

京都線

Challenge! 　　年　月　日

Complete!! 　　年　月　日

駅名	営業キロ
京都 （きょうと）	0
東寺 （とうじ）	0.9
十条 （じゅうじょう）	1.5
上鳥羽口 （かみとばぐち）	2.5
竹田 （たけだ）	3.6
伏見 （ふしみ）	4.9
近鉄丹波橋 （きんてつたんばばし）	6.0
桃山御陵前 （ももやまごりょうまえ）	6.5
向島 （むかいじま）	8.6
小倉 （おぐら）	11.4
伊勢田 （いせだ）	12.7
大久保 （おおくぼ）	13.6
久津川 （くつかわ）	14.6
寺田 （てらだ）	15.9
富野荘 （とのしょう）	17.4
新田辺 （しんたなべ）	19.6
興戸 （こうど）	21.1
三山木 （みやまき）	22.4
近鉄宮津 （きんてつみやづ）	23.1
狛田 （こまだ）	24.4
新祝園 （しんほうその）	26.7
木津川台 （きづがわだい）	28.2
山田川 （やまだがわ）	29.2
高の原 （たかのはら）	30.8
平城 （へいじょう）	33.5
大和西大寺 （やまとさいだいじ）	34.6

橿原線

Challenge! 　　年　月　日

Complete!! 　　年　月　日

駅名	営業キロ
大和西大寺 （やまとさいだいじ）	0
尼ケ辻 （あまがつじ）	1.6
西ノ京 （にしのきょう）	2.8
九条 （くじょう）	4.0
近鉄郡山 （きんてつこおりやま）	5.5
筒井 （つつい）	8.4
平端 （ひらはた）	9.9
ファミリー公園前 （ふぁみりーこうえんまえ）	10.9
結崎 （ゆうざき）	12.4
石見 （いわみ）	13.8
田原本 （たわらもと）	15.9
笠縫 （かさぬい）	17.3
新ノ口 （にのくち）	19.1
大和八木 （やまとやぎ）	20.5
八木西口* （やぎにしぐち）	(20.5)
畝傍御陵前 （うねびごりょうまえ）	22.8
橿原神宮前 （かしはらじんぐうまえ）	23.8

*八木西口駅を乗車または降車とする運賃は、大和八木駅を乗車または降車する運賃と同額。

難波線

Challenge! 　　年　月　日

Complete!! 　　年　月　日

駅名	営業キロ
大阪難波 （おおさかなんば）	0
近鉄日本橋 （きんてつにっぽんばし）	0.8
大阪上本町 （おおさかうえほんまち）	2.0

奈良線

Challenge! 　　年　月　日

Complete!! 　　年　月　日

駅名	営業キロ
布施 （ふせ）	0
河内永和 （かわちえいわ）	0.8
河内小阪 （かわちこさか）	1.6
八戸ノ里 （やえのさと）	2.4
若江岩田 （わかえいわた）	4.1
河内花園 （かわちはなぞの）	5.0
東花園 （ひがしはなぞの）	5.8
瓢箪山 （ひょうたんやま）	7.0
枚岡 （ひらおか）	8.3
額田 （ぬかた）	9.0
石切 （いしきり）	10.1
生駒 （いこま）	14.2
東生駒 （ひがしいこま）	15.4
富雄 （とみお）	17.7
学園前 （がくえんまえ）	19.1
菖蒲池 （あやめいけ）	20.1
大和西大寺 （やまとさいだいじ）	22.3
新大宮 （しんおおみや）	25.0
近鉄奈良 （きんてつなら）	26.7

けいはんな線

Challenge! 　　年　月　日

Complete!! 　　年　月　日

駅名	営業キロ
長田 （ながた）	0
荒本 （あらもと）	1.2
吉田 （よした）	3.0
新石切 （しんいしきり）	4.5
生駒 （いこま）	10.2
白庭台 （しらにわだい）	15.3
学研北生駒 （がっけんきたいこま）	16.1
学研奈良登美ケ丘 （がっけんならとみがおか）	18.8

天理線

Challenge! 　　年　月　日

Complete!! 　　年　月　日

駅名	営業キロ
平端 （ひらはた）	0
二階堂 （にかいどう）	1.3
前栽 （せんざい）	3.2
天理 （てんり）	4.5

田原本線

Challenge! 　　年　月　日

Complete!! 　　年　月　日

駅名	営業キロ
西田原本 （にしたわらもと）	0
黒田 （くろだ）	2.0
但馬 （たじま）	3.0
箸尾 （はしお）	4.5
池部 （いけべ）	6.1
佐味田川 （さみたがわ）	7.1
大輪田 （おおわだ）	8.2
新王寺 （しんおうじ）	10.1

生駒線

Challenge! 　　年　月　日

Complete!! 　　年　月　日

駅名	営業キロ
生駒 （いこま）	0
菜畑 （なばた）	1.2
一分 （いちぶ）	2.3
南生駒 （みなみいこま）	3.5
萩の台 （はぎのだい）	4.5
東山 （ひがしやま）	5.4
元山上口 （もとさんじょうぐち）	6.7

平群 （へぐり）	7.9
竜田川 （たつたがわ）	9.3
勢野北口 （せやきたぐち）	10.7
信貴山下 （しぎさんした）	11.5
王寺 （おうじ）	12.4

南大阪線

Challenge! 　　年　月　日

Complete!! 　　年　月　日

駅名	営業キロ
大阪阿部野橋 （おおさかあべのばし）	0
河堀口 （こぼれぐち）	1.0
北田辺 （きたたなべ）	2.1
今川 （いまがわ）	2.7
針中野 （はりなかの）	3.8
矢田 （やた）	5.1
河内天美 （かわちあまみ）	7.3
布忍 （ぬのせ）	8.3
高見ノ里 （たかみのさと）	9.1
河内松原 （かわちまつばら）	10.0
恵我ノ荘 （えがのしょう）	11.6
高鷲 （たかわし）	12.6
藤井寺 （ふじいでら）	13.7
土師ノ里 （はじのさと）	15.6
道明寺 （どうみょうじ）	16.3
古市 （ふるいち）	18.3
駒ケ谷 （こまがたに）	20.0
上ノ太子 （かみのたいし）	22.0
二上山 （にじょうざん）	27.3
二上神社口 （にじょうじんじゃぐち）	28.4
当麻寺 （たいまでら）	30.4
磐城 （いわき）	31.1
尺土 （しゃくど）	32.3
高田市 （たかだし）	34.2
浮孔 （うきあな）	35.6
坊城 （ぼうじょう）	36.8
橿原神宮西口 （かしはらじんぐうにしぐち）	38.5
橿原神宮前 （かしはらじんぐうまえ）	39.7

吉野線

Challenge! 　　年　月　日

Complete!! 　　年　月　日

駅名	営業キロ
橿原神宮前 （かしはらじんぐうまえ）	0
岡寺 （おかでら）	1.1
飛鳥 （あすか）	2.2
壺阪山 （つぼさかやま）	3.9
市尾 （いちお）	6.0
葛 （くず）	7.9
吉野口 （よしのぐち）	9.5
薬水 （くすりみず）	11.2
福神 （ふくがみ）	12.8
大阿太 （おおあだ）	14.6
下市口 （しもいちぐち）	17.0
越部 （こしべ）	18.7
六田 （むだ）	20.7
大和上市 （やまとかみいち）	22.9
吉野神宮 （よしのじんぐう）	23.7
吉野 （よしの）	25.2

私鉄路線リスト

道明寺線

Challenge!　年　月　日
Complete!!　年　月　日

駅名	営業キロ
道明寺　（どうみょうじ）	0
柏原南口　（かしわらみなみぐち）	1.6
柏原　（かしわら）	2.2

長野線

Challenge!　年　月　日
Complete!!　年　月　日

駅名	営業キロ
古市　（ふるいち）	0
喜志　（きし）	3.4
富田林　（とんだばやし）	5.7
富田林西口　（とんだばやしにしぐち）	6.3
川西　（かわにし）	7.3
滝谷不動　（たきだにふどう）	8.7
汐ノ宮　（しおのみや）	10.5
河内長野　（かわちながの）	12.5

御所線

Challenge!　年　月　日
Complete!!　年　月　日

駅名	営業キロ
尺土　（しゃくど）	0
近鉄新庄　（きんてつしんじょう）	2.4
忍海　（おしみ）	3.9
近鉄御所　（きんてつごせ）	5.2

京阪電気鉄道

鴨東線

Challenge!　年　月　日
Complete!!　年　月　日

駅名	営業キロ
三条　（さんじょう）	0
神宮丸太町　（じんぐうまるたまち）	1.0
出町柳　（でまちやなぎ）	2.3

京阪本線

Challenge!　年　月　日
Complete!!　年　月　日

駅名	営業キロ
三条　（さんじょう）	0
祇園四条　（ぎおんしじょう）	0.7
清水五条　（きよみずごじょう）	1.6
七条　（しちじょう）	2.3
東福寺　（とうふくじ）	3.2
鳥羽街道　（とばかいどう）	4.1
伏見稲荷　（ふしみいなり）	4.7
龍谷大前深草　（りゅうこくだいまえふかくさ）	5.2
藤森　（ふじのもり）	6.0
墨染　（すみぞめ）	7.0
丹波橋　（たんばばし）	8.0
伏見桃山　（ふしみももやま）	8.7
中書島　（ちゅうしょじま）	9.6
淀　（よど）	14.0
石清水八幡宮　（いわしみずはちまんぐう）	17.5
橋本　（はしもと）	19.2
樟葉　（くずは）	21.6
牧野　（まきの）	23.8
御殿山　（ごてんやま）	25.8
枚方市　（ひらかたし）	27.5
枚方公園　（ひらかたこうえん）	28.5
光善寺　（こうぜんじ）	30.2
香里園　（こうりえん）	31.7
寝屋川市　（ねやがわし）	34.3
萱島　（かやしま）	36.5
大和田　（おおわだ）	37.3
古川橋　（ふるかわばし）	38.5
門真市　（かどまし）	39.2
西三荘　（にしさんそう）	39.9
守口市　（もりぐちし）	41.0
土居　（どい）	41.7
滝井　（たきい）	42.1
千林　（せんばやし）	42.5
森小路　（もりしょうじ）	43.1
関目　（せきめ）	44.0
野江　（のえ）	44.7
京橋　（きょうばし）	46.3
天満橋　（てんまばし）	48.0
北浜　（きたはま）	48.8
淀屋橋　（よどやばし）	49.3

中之島線

Challenge!　年　月　日
Complete!!　年　月　日

駅名	営業キロ
天満橋　（てんまばし）	0
なにわ橋　（なにわばし）	1.0
大江橋　（おおえばし）	1.6
渡辺橋　（わたなべばし）	2.1
中之島　（なかのしま）	3.0

宇治線

Challenge!　年　月　日
Complete!!　年　月　日

駅名	営業キロ
中書島　（ちゅうしょじま）	0
観月橋　（かんげつきょう）	0.7
桃山南口　（ももやまみなみぐち）	2.3
六地蔵　（ろくじぞう）	3.1
木幡　（こわた）	3.9
黄檗　（おうばく）	5.4
三室戸　（みむろど）	7.2
宇治　（うじ）	7.6

交野線

Challenge!　年　月　日
Complete!!　年　月　日

駅名	営業キロ
枚方市　（ひらかたし）	0
宮之阪　（みやのさか）	1.0
星ケ丘　（ほしがおか）	1.7
村野　（むらの）	2.5
郡津　（こうづ）	3.4
交野市　（かたのし）	4.4
河内森　（かわちもり）	6.1
私市　（きさいち）	6.9

京津線

Challenge!　年　月　日
Complete!!　年　月　日

駅名	営業キロ
びわ湖浜大津　（びわこはまおおつ）	0
上栄町　（かみさかえまち）	0.8
大谷　（おおたに）	2.4
追分　（おいわけ）	4.1
四宮　（しのみや）	5.4
京阪山科　（けいはんやましな）	6.0
御陵　（みささぎ）	7.5

石山坂本線

Challenge!　年　月　日
Complete!!　年　月　日

駅名	営業キロ
石山寺　（いしやまでら）	0
唐橋前　（からはしまえ）	0.7
京阪石山　（けいはんいしやま）	1.6
粟津　（あわづ）	2.4
瓦ヶ浜　（かわらがはま）	2.8
中ノ庄　（なかのしょう）	3.3
膳所本町　（ぜぜほんまち）	3.8
錦　（にしき）	4.2
京阪膳所　（けいはんぜぜ）	4.7
石場　（いしば）	5.5
島ノ関　（しまのせき）	6.0
びわ湖浜大津　（びわこはまおおつ）	6.7
三井寺　（みいでら）	7.2
大津市役所前　（おおつしやくしょまえ）	8.0
京阪大津京　（けいはんおおつきょう）	8.5
近江神宮前　（おうみじんぐうまえ）	9.1
南滋賀　（みなみしが）	10.0
滋賀里　（しがさと）	10.8
穴太　（あのお）	12.3
松ノ馬場　（まつのばんば）	13.5
坂本比叡山口　（さかもとひえいざんぐち）	14.1

南海電気鉄道

南海本線

Challenge!　年　月　日
Complete!!　年　月　日

駅名	営業キロ
難波　（なんば）	0
新今宮　（しんいまみや）	1.4
天下茶屋　（てんがちゃや）	3.0
岸里玉出　（きしのさとたまで）	3.9
粉浜　（こはま）	5.1
住吉大社　（すみよしたいしゃ）	5.7
住ノ江　（すみのえ）	6.7
七道　（しちどう）	8.2
堺　（さかい）	9.8
湊　（みなと）	11.2
石津川　（いしづがわ）	12.7
諏訪ノ森　（すわのもり）	13.8
浜寺公園　（はまでらこうえん）	14.8
羽衣　（はごろも）	15.5
高石　（たかいし）	17.4
北助松　（きたすけまつ）	18.5
松ノ浜　（まつのはま）	19.5
泉大津　（いずみおおつ）	20.4
忠岡　（ただおか）	22.3
春木　（はるき）	23.7
和泉大宮　（いずみおおみや）	25.0
岸和田　（きしわだ）	26.0
蛸地蔵　（たこじぞう）	26.9
貝塚　（かいづか）	28.6
二色浜　（にしきのはま）	30.4
鶴原　（つるはら）	31.3
井原里　（いはらのさと）	32.4
泉佐野　（いずみさの）	34.0
羽倉崎　（はぐらざき）	36.1
吉見ノ里　（よしみのさと）	37.4
岡田浦　（おかだうら）	38.8
樽井　（たるい）	40.6
尾崎　（おざき）	43.1
鳥取ノ荘　（とっとりのしょう）	44.6
箱作　（はこつくり）	46.6
淡輪　（たんのわ）	50.2
みさき公園　（みさきこうえん）	51.9
孝子　（きょうし）	56.3
和歌山大学前　（わかやまだいがくまえ）	58.0
紀ノ川　（きのかわ）	61.6
和歌山市　（わかやまし）	64.2

和歌山港線

Challenge!　年　月　日
Complete!!　年　月　日

駅名	営業キロ
和歌山市　（わかやまし）	0
和歌山港　（わかやまこう）	2.8

加太線

Challenge!　年　月　日
Complete!!　年　月　日

駅名	営業キロ
紀ノ川　（きのかわ）	0
東松江　（ひがしまつえ）	2.6
中松江　（なかまつえ）	3.3
八幡前　（はちまんまえ）	4.4
西ノ庄　（にしのしょう）	5.5
二里ケ浜　（にりがはま）	6.2
磯ノ浦　（いそのうら）	7.1
加太　（かだ）	9.6

多奈川線

Challenge!　年　月　日
Complete!!　年　月　日

駅名	営業キロ
みさき公園　（みさきこうえん）	0
深日町　（ふけちょう）	1.4
深日港　（ふけこう）	2.1
多奈川　（たながわ）	2.6

空港線

Challenge!　年　月　日
Complete!!　年　月　日

駅名	営業キロ
泉佐野　（いずみさの）	0
りんくうタウン　（りんくうたうん）	1.9
関西空港　（かんさいくうこう）	8.8

高師浜線

Challenge!　年　月　日
Complete!!　年　月　日

駅名	営業キロ
羽衣　（はごろも）	0
伽羅橋　（きゃらばし）	1.0
高師浜　（たかしのはま）	1.5

高野線

Challenge!　年　月　日
Complete!!　年　月　日

駅名	営業キロ
難波　（なんば）	0
今宮戎　（いまみやえびす）	0.9
新今宮　（しんいまみや）	1.4
萩ノ茶屋　（はぎのちゃや）	2.0
天下茶屋　（てんがちゃや）	3.0
岸里玉出　（きしのさとたまで）	3.9
帝塚山　（てづかやま）	4.8
住吉東　（すみよしひがし）	5.7
沢ノ町　（さわのちょう）	6.6
我孫子前　（あびこまえ）	7.2
浅香山　（あさかやま）	8.5
堺東　（さかいひがし）	10.1
三国ケ丘　（みくにがおか）	11.6
百舌鳥八幡　（もずはちまん）	12.5
中百舌鳥　（なかもず）	13.2
白鷺　（しらさぎ）	14.2
初芝　（はつしば）	15.7
萩原天神　（はぎはらてんじん）	16.6
北野田　（きたのだ）	18.4
狭山　（さやま）	19.3
大阪狭山市　（おおさかさやまし）	20.9
金剛　（こんごう）	22.0
滝谷　（たきだに）	23.7
千代田　（ちよだ）	25.0
河内長野　（かわちながの）	27.1
三日市町　（みっかいちちょう）	28.8
美加の台　（みかのだい）	30.4
千早口　（ちはやぐち）	32.3
天見　（あまみ）	34.0
紀見峠　（きみとうげ）	37.7
林間田園都市　（りんかんでんえんとし）	39.0
御幸辻　（みゆきつじ）	41.0
橋本　（はしもと）	43.8
紀伊清水　（きいしみず）	46.9
学文路　（かむろ）	49.5
九度山　（くどやま）	51.3

駅名	営業キロ
高野下 （こうやした）	53.3
下古沢 （しもこさわ）	55.0
上古沢 （かみこさわ）	56.7
紀伊細川 （きいほそかわ）	59.7
紀伊神谷 （きいかみや）	62.1
極楽橋 （ごくらくばし）	63.6

高野線
（岸里玉出—汐見橋）

Challenge!　　　年　　月　　日

Complete!!　　　年　　月　　日

駅名	営業キロ
岸里玉出 （きしのさとたまで）	0
西天下茶屋 （にしてんがちゃや）	1.0
津守 （つもり）	2.0
木津川 （きづがわ）	3.0
芦原町 （あしはらちょう）	3.7
汐見橋 （しおみばし）	4.6

泉北高速鉄道

Challenge!　　　年　　月　　日

Complete!!　　　年　　月　　日

駅名	営業キロ
中百舌鳥 （なかもず）	0
深井 （ふかい）	3.7
泉ケ丘 （いずみがおか）	7.8
栂・美木多 （とが・みきた）	10.2
光明池 （こうみょういけ）	12.1
和泉中央 （いずみちゅうおう）	14.3

水間鉄道

Challenge!　　　年　　月　　日

Complete!!　　　年　　月　　日

駅名	営業キロ
貝塚 （かいづか）	0
貝塚市役所前 （かいづかしやくしょまえ）	0.8
近義の里 （こぎのさと）	1.2
石才 （いしざい）	2.0
清児 （せちご）	2.8
名越 （なごせ）	3.2
森 （もり）	4.3
三ツ松 （みつまつ）	4.7
三ケ山口 （みかやまぐち）	5.1
水間観音 （みずまかんのん）	5.5

北大阪急行電鉄

Challenge!　　　年　　月　　日

Complete!!　　　年　　月　　日

駅名	営業キロ
千里中央 （せんりちゅうおう）	0
桃山台 （ももやまだい）	2.0
緑地公園 （りょくちこうえん）	4.0
江坂 （えさか）	5.9

大阪市高速電気軌道
（Osaka Metro・大阪市営地下鉄・ニュートラム）

御堂筋線

Challenge!　　　年　　月　　日

Complete!!　　　年　　月　　日

駅名	営業キロ
江坂 （えさか）	0
東三国 （ひがしみくに）	2.0
新大阪 （しんおおさか）	2.9
西中島南方 （にしなかじまみなみがた）	3.6
中津 （なかつ）	5.4
梅田 （うめだ）	6.4
淀屋橋 （よどやばし）	7.7
本町 （ほんまち）	8.6
心斎橋 （しんさいばし）	9.6
なんば （なんば）	10.5
大国町 （だいこくちょう）	11.7
動物園前 （どうぶつえんまえ）	12.9
天王寺 （てんのうじ）	13.9
昭和町 （しょうわちょう）	15.7
西田辺 （にしたなべ）	17.0
長居 （ながい）	18.3
あびこ （あびこ）	19.5
北花田 （きたはなだ）	21.4
新金岡 （しんかなおか）	23.0
なかもず （なかもず）	24.5

谷町線

Challenge!　　　年　　月　　日

Complete!!　　　年　　月　　日

駅名	営業キロ
大日 （だいにち）	0
守口 （もりぐち）	1.8
太子橋今市 （たいしばしいまいち）	3.0
千林大宮 （せんばやしおおみや）	4.0
関目高殿 （せきめたかどの）	5.1
野江内代 （のえうちんだい）	5.9
都島 （みやこじま）	7.2
天神橋筋六丁目 （てんじんばしすじろくちょうめ）	8.5
中崎町 （なかざきちょう）	9.3
東梅田 （ひがしうめだ）	10.3
南森町 （みなみもりまち）	11.5
天満橋 （てんまばし）	13.3
谷町四丁目 （たにまちよんちょうめ）	14.2
谷町六丁目 （たにまちろくちょうめ）	15.2
谷町九丁目 （たにまちきゅうちょうめ）	16.1
四天王寺前夕陽ケ丘 （してんのうじまえゆうひがおか）	16.9
天王寺 （てんのうじ）	17.8
阿倍野 （あべの）	18.4
文の里 （ふみのさと）	19.5
田辺 （たなべ）	20.5
駒川中野 （こまがわなかの）	21.5
平野 （ひらの）	23.2
喜連瓜破 （きれうりわり）	24.6
出戸 （でと）	25.9
長原 （ながはら）	27.1
八尾南 （やおみなみ）	28.3

四つ橋線

Challenge!　　　年　　月　　日

Complete!!　　　年　　月　　日

駅名	営業キロ
西梅田 （にしうめだ）	0
肥後橋 （ひごばし）	1.3
本町 （ほんまち）	2.2
四ツ橋 （よつばし）	3.2
なんば （なんば）	4.1
大国町 （だいこくちょう）	5.3
花園町 （はなぞのちょう）	6.6
岸里 （きしのさと）	7.7
玉出 （たまで）	9.0
北加賀屋 （きたかがや）	10.1
住之江公園 （すみのえこうえん）	11.8

堺筋線

Challenge!　　　年　　月　　日

Complete!!　　　年　　月　　日

駅名	営業キロ
天神橋筋六丁目 （てんじんばしすじろくちょうめ）	0
扇町 （おうぎまち）	0.7
南森町 （みなみもりまち）	1.3
北浜 （きたはま）	2.1
堺筋本町 （さかいすじほんまち）	3.0
長堀橋 （ながほりばし）	4.0
日本橋 （にっぽんばし）	4.9
恵美須町 （えびすちょう）	5.9
動物園前 （どうぶつえんまえ）	6.6
天下茶屋 （てんがちゃや）	8.1

千日前線

Challenge!　　　年　　月　　日

Complete!!　　　年　　月　　日

駅名	営業キロ
野田阪神 （のだはんしん）	0
玉川 （たまがわ）	0.6
阿波座 （あわざ）	1.9
西長堀 （にしながほり）	2.9
桜川 （さくらがわ）	3.8
なんば （なんば）	4.9
日本橋 （にっぽんばし）	5.6
谷町九丁目 （たにまちきゅうちょうめ）	6.6
鶴橋 （つるはし）	7.7
今里 （いまざと）	9.2
新深江 （しんふかえ）	10.1
小路 （しょうじ）	11.1
北巽 （きたたつみ）	12.0
南巽 （みなみたつみ）	13.1

長堀鶴見緑地線

Challenge!　　　年　　月　　日

Complete!!　　　年　　月　　日

駅名	営業キロ
大正 （たいしょう）	0
ドーム前千代崎 （どーむまえちよざき）	0.6
西長堀 （にしながほり）	1.6
西大橋 （にしおおはし）	2.2
心斎橋 （しんさいばし）	2.7
長堀橋 （ながほりばし）	3.4
松屋町 （まつやまち）	4.0
谷町六丁目 （たにまちろくちょうめ）	4.4
玉造 （たまつくり）	5.7
森ノ宮 （もりのみや）	6.7
大阪ビジネスパーク （おおさかびじねすぱーく）	7.8
京橋 （きょうばし）	8.5
蒲生四丁目 （がもうよんちょうめ）	10.2
今福鶴見 （いまふくつるみ）	11.4
横堤 （よこづつみ）	12.5
鶴見緑地 （つるみりょくち）	13.7
門真南 （かどまみなみ）	15.0

今里筋線

Challenge!　　　年　　月　　日

Complete!!　　　年　　月　　日

駅名	営業キロ
井高野 （いたかの）	0
瑞光四丁目 （ずいこうよんちょうめ）	0.9
だいどう豊里 （だいどうとよさと）	1.9
太子橋今市 （たいしばしいまいち）	3.7
清水 （しみず）	4.9
新森古市 （しんもりふるいち）	5.8
関目成育 （せきめせいいく）	7.1
蒲生四丁目 （がもうよんちょうめ）	8.5
鴫野 （しぎの）	9.4
緑橋 （みどりばし）	10.6
今里 （いまざと）	11.9

中央線

Challenge!　　　年　　月　　日

Complete!!　　　年　　月　　日

駅名	営業キロ
コスモスクエア （こすもすくえあ）	0
大阪港 （おおさかこう）	2.4
朝潮橋 （あさしおばし）	3.9
弁天町 （べんてんちょう）	5.5
九条 （くじょう）	6.8
阿波座 （あわざ）	8.3
本町 （ほんまち）	9.4
堺筋本町 （さかいすじほんまち）	10.1
谷町四丁目 （たにまちよんちょうめ）	11.1
森ノ宮 （もりのみや）	12.4
緑橋 （みどりばし）	13.6
深江橋 （ふかえばし）	14.7
高井田 （たかいだ）	16.1
長田 （ながた）	17.9

南港ポートタウン線
（ニュートラム）

Challenge!　　　年　　月　　日

Complete!!　　　年　　月　　日

駅名	営業キロ
コスモスクエア （こすもすくえあ）	0
トレードセンター前 （とれーどせんたーまえ）	0.6
中ふ頭 （なかふとう）	1.3
ポートタウン西 （ぽーとたうんにし）	2.0
ポートタウン東 （ぽーとたうんひがし）	2.5
フェリーターミナル （ふぇりーたーみなる）	4.0
南港東 （なんこうひがし）	4.8
南港口 （なんこうぐち）	5.4
平林 （ひらばやし）	6.7
住之江公園 （すみのえこうえん）	7.9

阪堺電気軌道

阪堺線

Challenge!　　　年　　月　　日

Complete!!　　　年　　月　　日

駅名	営業キロ
恵美須町 （えびすちょう）	0
新今宮駅前 （しんいまみやえきまえ）	0.5
今池 （いまいけ）	0.9
今船 （いまふね）	1.2
松田町 （まつだちょう）	1.6
北天下茶屋 （きたてんがちゃや）	1.9
聖天坂 （しょうてんさか）	2.3
天神ノ森 （てんじんのもり）	2.7
東玉出 （ひがしたまで）	3.1
塚西 （つかにし）	3.6
東粉浜 （ひがしこはま）	4.1
住吉 （すみよし）	4.5
住吉鳥居前 （すみよしとりいまえ）	4.7
細井川 （ほそいがわ）	5.0
安立町 （あんりゅうまち）	5.5
我孫子道 （あびこみち）	6.1
大和川 （やまとがわ）	6.7
高須神社 （たかすじんしゃ）	7.2
綾ノ町 （あやのちょう）	7.6
神明町 （しんめいちょう）	8.0
妙国寺前 （みょうこくじまえ）	8.3
花田口 （はなたぐち）	8.6
大小路 （おおしょうじ）	8.9
宿院 （しゅくいん）	9.3
寺地町 （てらぢちょう）	9.7
御陵前 （ごりょうまえ）	10.2
東湊 （ひがしみなと）	10.8
石津北 （いしづきた）	11.5
石津 （いしづ）	12.1
船尾 （ふなお）	12.8
浜寺駅前 （はまでらえきまえ）	14.0

上町線

Challenge! 　　年　月　日

Complete!! 　　年　月　日

駅名	営業キロ
住吉　（すみよし）	0
神ノ木　（かみのき）	0.6
帝塚山四丁目　（てづかやまよんちょうめ）	0.9
帝塚山三丁目　（てづかやまさんちょうめ）	1.2
姫松　（ひめまつ）	1.7
北畠　（きたばたけ）	2.1
東天下茶屋　（ひがしてんがちゃや）	2.8
松虫　（まつむし）	3.1
阿倍野　（あべの）	3.8
天王寺駅前　（てんのうじえきまえ）	4.3

阪急電鉄

京都線

Challenge! 　　年　月　日

Complete!! 　　年　月　日

駅名	営業キロ
京都河原町　（きょうとかわらまち）	0
烏丸　（からすま）	0.9
大宮　（おおみや）	2.0
西院　（さいいん）	3.4
西京極　（にしきょうごく）	5.2
桂　（かつら）	7.3
洛西口　（らくさいぐち）	9.0
東向日　（ひがしむこう）	10.3
西向日　（にしむこう）	11.7
長岡天神　（ながおかてんじん）	13.6
西山天王山　（にしやまてんのうざん）	15.1
大山崎　（おおやまざき）	17.6
水無瀬　（みなせ）	19.6
上牧　（かんまき）	20.4
高槻市　（たかつきし）	24.7
富田　（とんだ）	28.0
総持寺　（そうじじ）	29.1
茨木市　（いばらきし）	30.5
南茨木　（みなみいばらき）	32.4
摂津市　（せっつし）	34.4
正雀　（しょうじゃく）	35.9
相川　（あいかわ）	38.1
上新庄　（かみしんじょう）	39.0
淡路　（あわじ）	41.1
崇禅寺　（そうぜんじ）	42.1
南方　（みなみかた）	43.4
十三　（じゅうそう）	45.3

嵐山線

Challenge! 　　年　月　日

Complete!! 　　年　月　日

駅名	営業キロ
桂　（かつら）	0
上桂　（かみかつら）	1.4
松尾大社　（まつおたいしゃ）	2.8
嵐山　（あらしやま）	4.1

千里線

Challenge! 　　年　月　日

Complete!! 　　年　月　日

駅名	営業キロ
北千里　（きたせんり）	0
山田　（やまだ）	2.0
南千里　（みなみせんり）	3.4
千里山　（せんりやま）	5.0
関大前　（かんだいまえ）	5.8
豊津　（とよつ）	6.7
吹田　（すいた）	7.6
下新庄　（しもしんじょう）	9.2
淡路　（あわじ）	10.1
柴島　（くにじま）	11.4
天神橋筋六丁目　（てんじんばしすじろくちょうめ）	13.6

宝塚線

Challenge! 　　年　月　日

Complete!! 　　年　月　日

駅名	営業キロ
十三　（じゅうそう）	0
三国　（みくに）	2.0
庄内　（しょうない）	3.6
服部天神　（はっとりてんじん）	5.1
曽根　（そね）	6.3
岡町　（おかまち）	7.1
豊中　（とよなか）	8.1
蛍池　（ほたるがいけ）	9.5
石橋阪大前　（いしばしはんだいまえ）	11.1
池田　（いけだ）	13.5
川西能勢口　（かわにしのせぐち）	14.8
雲雀丘花屋敷　（ひばりがおかはなやしき）	15.8
山本　（やまもと）	17.3
中山観音　（なかやまかんのん）	19.1
売布神社　（めふじんじゃ）	20.0
清荒神　（きよしこうじん）	20.9
宝塚　（たからづか）	22.1

箕面線

Challenge! 　　年　月　日

Complete!! 　　年　月　日

駅名	営業キロ
石橋阪大前　（いしばしはんだいまえ）	0
桜井　（さくらい）	1.6
牧落　（まきおち）	2.7
箕面　（みのお）	4.0

今津線

Challenge! 　　年　月　日

Complete!! 　　年　月　日

駅名	営業キロ
宝塚　（たからづか）	0
宝塚南口　（たからづかみなみぐち）	0.9
逆瀬川　（さかせがわ）	1.8
小林　（おばやし）	2.8
仁川　（にがわ）	4.5
甲東園　（こうとうえん）	5.4

駅名	営業キロ
門戸厄神　（もんどやくじん）	6.4
西宮北口　（にしのみやきたぐち）	7.7
阪神国道　（はんしんこくどう）	8.6
今津　（いまづ）	9.3

神戸線

Challenge! 　　年　月　日

Complete!! 　　年　月　日

駅名	営業キロ
大阪梅田　（おおさかうめだ）	0
中津　（なかつ）	0.9
十三　（じゅうそう）	2.4
神崎川　（かんざきがわ）	4.1
園田　（そのだ）	7.2
塚口　（つかぐち）	10.2
武庫之荘　（むこのそう）	12.3
西宮北口　（にしのみやきたぐち）	15.6
夙川　（しゅくがわ）	18.3
芦屋川　（あしやがわ）	21.0
岡本　（おかもと）	23.4
御影　（みかげ）	25.6
六甲　（ろっこう）	27.4
王子公園　（おうじこうえん）	29.2
春日野道　（かすがのみち）	30.7
神戸三宮　（こうべさんのみや）	32.3

伊丹線

Challenge! 　　年　月　日

Complete!! 　　年　月　日

駅名	営業キロ
塚口　（つかぐち）	0
稲野　（いなの）	1.4
新伊丹　（しんいたみ）	2.2
伊丹　（いたみ）	3.1

甲陽線

Challenge! 　　年　月　日

Complete!! 　　年　月　日

駅名	営業キロ
夙川　（しゅくがわ）	0
苦楽園口　（くらくえんぐち）	0.9
甲陽園　（こうようえん）	2.2

大阪モノレール
（大阪高速鉄道）
本線

Challenge! 　　年　月　日

Complete!! 　　年　月　日

駅名	営業キロ
大阪空港　（おおさかくうこう）	0
蛍池　（ほたるがいけ）	1.4
柴原阪大前　（しばはらはんだいまえ）	3.1
少路　（しょうじ）	4.8
千里中央　（せんりちゅうおう）	6.6
山田　（やまだ）	8.5

駅名	営業キロ
万博記念公園　（ばんぱくきねんこうえん）	9.9
宇野辺　（うのべ）	12.1
南茨木　（みなみいばらき）	13.3
沢良宜　（さわらぎ）	14.5
摂津　（せっつ）	16.0
南摂津　（みなみせっつ）	17.8
大日　（だいにち）	19.9
門真市　（かどまし）	21.2

彩都線

Challenge! 　　年　月　日

Complete!! 　　年　月　日

駅名	営業キロ
万博記念公園　（ばんぱくきねんこうえん）	0
公園東口　（こうえんひがしぐち）	1.1
阪大病院前　（はんだいびょういんまえ）	2.6
豊川　（とよかわ）	4.4
彩都西　（さいとにし）	6.8

能勢電鉄
妙見線

Challenge! 　　年　月　日

Complete!! 　　年　月　日

駅名	営業キロ
川西能勢口　（かわにしのせぐち）	0
絹延橋　（きぬのべばし）	1.2
滝山　（たきやま）	2.1
鶯の森　（うぐいすのもり）	2.7
鼓滝　（つづみがたき）	3.5
多田　（ただ）	4.2
平野　（ひらの）	5.2
一の鳥居　（いちのとりい）	6.4
畦野　（うねの）	7.1
山下　（やました）	8.2
笹部　（ささべ）	8.6
光風台　（こうふうだい）	10.3
ときわ台　（ときわだい）	11.2
妙見口　（みょうけんぐち）	12.2

日生線

Challenge! 　　年　月　日

Complete!! 　　年　月　日

駅名	営業キロ
山下　（やました）	0
日生中央　（にっせいちゅうおう）	2.6

阪神電気鉄道
阪神本線

Challenge! 　　年　月　日

Complete!! 　　年　月　日

駅名	営業キロ
大阪梅田　（おおさかうめだ）	0
福島　（ふくしま）	1.1
野田　（のだ）	2.3
淀川　（よどがわ）	3.3
姫島　（ひめじま）	4.4
千船　（ちぶね）	5.9

駅名	営業キロ
杭瀬　（くいせ）	6.8
大物　（だいもつ）	8.0
尼崎　（あまがさき）	8.9
出屋敷　（でやしき）	10.1
尼崎センタープール前　（あまがさきせんたーぷーるまえ）	10.8
武庫川　（むこがわ）	12.0
鳴尾・武庫川女子大前　（なるお・むこがわじょしだいまえ）	13.2
甲子園　（こうしえん）	14.1
久寿川　（くすがわ）	14.8
今津　（いまづ）	15.4
西宮　（にしのみや）	16.7
香櫨園　（こうろえん）	17.8
打出　（うちで）	19.0
芦屋　（あしや）	20.2
深江　（ふかえ）	21.5
青木　（おおぎ）	22.6
魚崎　（うおざき）	23.8
住吉　（すみよし）	24.6
御影　（みかげ）	25.1
石屋川　（いしやがわ）	25.7
新在家　（しんざいけ）	26.6
大石　（おおいし）	27.6
西灘　（にしなだ）	28.2
岩屋　（いわや）	28.8
春日野道　（かすがのみち）	29.9
神戸三宮　（こうべさんのみや）	31.2
元町　（もとまち）	32.1

阪神なんば線

Challenge! 　　年　月　日

Complete!! 　　年　月　日

駅名	営業キロ
大物　（だいもつ）	0
出来島　（できじま）	1.4
福　（ふく）	2.4
伝法　（でんぽう）	3.9
千鳥橋　（ちどりばし）	4.6
西九条　（にしくじょう）	5.4
九条　（くじょう）	6.7
ドーム前　（どーむまえ）	7.3
桜川　（さくらがわ）	8.1
大阪難波　（おおさかなんば）	9.2

武庫川線

Challenge! 　　年　月　日

Complete!! 　　年　月　日

駅名	営業キロ
武庫川　（むこがわ）	0
東鳴尾　（ひがしなるお）	0.7
洲先　（すざき）	1.1
武庫川団地前　（むこがわだんちまえ）	1.7

北条鉄道

Challenge! 　　年　月　日

Complete!! 　　年　月　日

駅名	営業キロ
粟生　（あお）	0
網引　（あびき）	3.5
田原　（たはら）	4.6
法華口　（ほっけぐち）	6.1

駅名	営業キロ
播磨下里 (はりましもさと)	8.0
長 (おさ)	9.8
播磨横田 (はりまよこた)	11.4
北条町 (ほうじょうまち)	13.6

神戸高速

東西線（元町—西代）

Challenge! 年 月 日
Complete!! 年 月 日

駅名	営業キロ
元町 (もとまち)	0
西元町 (にしもとまち)	0.8
高速神戸 (こうそくこうべ)	1.5
新開地 (しんかいち)	2.1
大開 (だいかい)	3.1
高速長田 (こうそくながた)	4.1
西代 (にしだい)	5.0

東西線（高速神戸—神戸三宮）

Challenge! 年 月 日
Complete!! 年 月 日

駅名	営業キロ
高速神戸 (こうそくこうべ)	0
花隈 (はなくま)	0.9
神戸三宮 (こうべさんのみや)	2.2

南北線

Challenge! 年 月 日
Complete!! 年 月 日

駅名	営業キロ
新開地 (しんかいち)	0
湊川 (みなとがわ)	0.4

山陽電気鉄道

本線

Challenge! 年 月 日
Complete!! 年 月 日

駅名	営業キロ
西代 (にしだい)	0
板宿 (いたやど)	1.0
東須磨 (ひがしすま)	1.8
月見山 (つきみやま)	2.6
須磨寺 (すまでら)	3.3
山陽須磨 (さんようすま)	3.7
須磨浦公園 (すまうらこうえん)	5.1
山陽塩屋 (さんようしおや)	6.8
滝の茶屋 (たきのちゃや)	7.8
東垂水 (ひがしたるみ)	8.6
山陽垂水 (さんようたるみ)	9.6
霞ケ丘 (かすみがおか)	10.7
舞子公園 (まいここうえん)	11.5
西舞子 (にしまいこ)	12.4
大蔵谷 (おおくらだに)	14.3
人丸前 (ひとまるまえ)	14.9
山陽明石 (さんようあかし)	15.7
西新町 (にししんまち)	16.9
林崎松江海岸 (はやしさきまつえかいがん)	18.4
藤江 (ふじえ)	20.4
中八木 (なかやぎ)	21.8
江井ケ島 (えいがしま)	23.5
西江井ケ島 (にしえいがしま)	24.9
山陽魚住 (さんよううおずみ)	25.6
東二見 (ひがしふたみ)	27.3
西二見 (にしふたみ)	28.6
播磨町 (はりまちょう)	29.9
別府 (べふ)	32.2
浜の宮 (はまのみや)	34.1
尾上の松 (おのえのまつ)	35.5
高砂 (たかさご)	37.3
荒井 (あらい)	38.5
伊保 (いほ)	39.7
山陽曽根 (さんようそね)	41.3
大塩 (おおしお)	42.8
的形 (まとがた)	44.2
八家 (やか)	46.2
白浜の宮 (しらはまのみや)	47.6
妻鹿 (めが)	49.0
飾磨 (しかま)	50.9
亀山 (かめやま)	52.3
手柄 (てがら)	53.4
山陽姫路 (さんようひめじ)	54.7

網干線

Challenge! 年 月 日
Complete!! 年 月 日

駅名	営業キロ
飾磨 (しかま)	0
西飾磨 (にししかま)	2.4
夢前川 (ゆめさきがわ)	3.6
広畑 (ひろはた)	4.7
山陽天満 (さんようてんま)	5.6
平松 (ひらまつ)	7.3
山陽網干 (さんようあぼし)	8.5

神戸電鉄

有馬線

Challenge! 年 月 日
Complete!! 年 月 日

駅名	営業キロ
湊川 (みなとがわ)	0
長田 (ながた)	1.9
丸山 (まるやま)	2.6
鵯越 (ひよどりごえ)	3.6
鈴蘭台 (すずらんだい)	7.5
北鈴蘭台 (きたすずらんだい)	9.4
山の街 (やまのまち)	10.3
箕谷 (みのたに)	12.0
谷上 (たにがみ)	13.7
花山 (はなやま)	15.4
大池 (おおいけ)	17.1
神鉄六甲 (しんてつろっこう)	18.1
唐櫃台 (からとだい)	18.9
有馬口 (ありまぐち)	20.0
有馬温泉 (ありまおんせん)	22.5

三田線

Challenge! 年 月 日
Complete!! 年 月 日

駅名	営業キロ
有馬口 (ありまぐち)	0
五社 (ごしゃ)	1.4
岡場 (おかば)	3.3
田尾寺 (たおじ)	4.9
二郎 (にろう)	6.4
道場南口 (どうじょうみなみぐち)	7.3
神鉄道場 (しんてつどうじょう)	8.5
横山 (よこやま)	10.0
三田本町 (さんだほんまち)	11.0
三田 (さんだ)	12.0

公園都市線

Challenge! 年 月 日
Complete!! 年 月 日

駅名	営業キロ
横山 (よこやま)	0
フラワータウン (ふらわーたうん)	2.3
南ウッディタウン (みなみうっでぃたうん)	4.5
ウッディタウン中央 (うっでぃたうんちゅうおう)	5.5

粟生線

Challenge! 年 月 日
Complete!! 年 月 日

駅名	営業キロ
鈴蘭台 (すずらんだい)	0
鈴蘭台西口 (すずらんだいにしぐち)	0.8
西鈴蘭台 (にしすずらんだい)	1.3
藍那 (あいな)	3.0
木津 (きづ)	6.4
木幡 (こばた)	8.1
栄 (さかえ)	9.6
押部谷 (おしべだに)	11.2
緑が丘 (みどりがおか)	12.8
広野ゴルフ場前 (ひろのごるふじょうまえ)	13.5
志染 (しじみ)	15.6
恵比寿 (えびす)	17.6
三木上の丸 (みきうえのまる)	18.6
三木 (みき)	19.3
大村 (おおむら)	20.8
樫山 (かしやま)	23.2
市場 (いちば)	23.9
小野 (おの)	26.2
葉多 (はた)	27.7
粟生 (あお)	29.2

神戸新交通（ポートライナー・六甲ライナー）

ポートアイランド線（ポートライナー）

Challenge! 年 月 日
Complete!! 年 月 日

駅名	営業キロ
三宮 (さんのみや)	0
貿易センター (ぼうえきせんたー)	0.8
ポートターミナル (ぽーとたーみなる)	1.8
中公園 (なかこうえん)	2.8
みなとじま (みなとじま)	3.3
市民広場 (しみんひろば)	3.8
医療センター (いりょうせんたー)	4.6
京コンピュータ前 (けいこんぴゅーたまえ)	5.4
神戸空港 (こうべくうこう)	8.2

ポートアイランド線（市民広場—中埠頭—中公園）

Challenge! 年 月 日
Complete!! 年 月 日

駅名	営業キロ
市民広場 (しみんひろば)	0
南公園 (みなみこうえん)	0.6
中埠頭 (なかふとう)	1.2
北埠頭 (きたふとう)	1.7
中公園 (なかこうえん)	2.6

六甲アイランド線（六甲ライナー）

Challenge! 年 月 日
Complete!! 年 月 日

駅名	営業キロ
住吉 (すみよし)	0
魚崎 (うおざき)	1.2
南魚崎 (みなみうおざき)	2.0
アイランド北口 (あいらんどきたぐち)	3.5
アイランドセンター (あいらんどせんたー)	3.9
マリンパーク (まりんぱーく)	4.5

神戸市交通局（神戸市営地下鉄）

北神線, 西神・山手線

Challenge! 年 月 日
Complete!! 年 月 日

駅名	営業キロ
谷上 (たにがみ)	0
新神戸 (しんこうべ)	7.5
三宮 (さんのみや)	8.8
県庁前 (けんちょうまえ)	9.7
大倉山 (おおくらやま)	10.8
湊川公園 (みなとがわこうえん)	11.8
上沢 (かみさわ)	12.8
長田（長田神社前） (ながた（ながたじんじゃまえ）)	13.6
新長田 (しんながた)	15.1
板宿 (いたやど)	16.3
妙法寺 (みょうほうじ)	19.2
名谷 (みょうだに)	20.8
総合運動公園 (そうごううんどうこうえん)	22.6
学園都市 (がくえんとし)	24.3
伊川谷 (いかわだに)	25.9
西神南 (せいしんみなみ)	27.6
西神中央 (せいしんちゅうおう)	30.2

海岸線（夢かもめ）

Challenge! 年 月 日
Complete!! 年 月 日

駅名	営業キロ
新長田 (しんながた)	0
駒ケ林 (こまがばやし)	0.6
苅藻 (かるも)	1.4
御崎公園 (みさきこうえん)	2.2
和田岬 (わだみさき)	3.3
中央市場前 (ちゅうおういちばまえ)	4.2
ハーバーランド (はーばーらんど)	5.6
みなと元町 (みなともとまち)	6.6
旧居留地・大丸前 (きゅうきょりゅうち・だいまるまえ)	7.4
三宮・花時計前 (さんのみや・はなどけいまえ)	7.9

紀州鉄道

Challenge! 年 月 日
Complete!! 年 月 日

駅名	営業キロ
御坊 (ごぼう)	0
学門 (がくもん)	1.5
紀伊御坊 (きいごぼう)	1.8
市役所前 (しやくしょまえ)	2.4
西御坊 (にしごぼう)	2.7

和歌山電鐵・貴志川線

Challenge! 年 月 日
Complete!! 年 月 日

駅名	営業キロ
和歌山 (わかやま)	0
田中口 (たなかぐち)	0.6
日前宮 (にちぜんぐう)	1.4
神前 (こうざき)	2.9
竃山 (かまやま)	3.7
交通センター前 (こうつうせんたーまえ)	4.8
岡崎前 (おかざきまえ)	5.4
吉礼 (きれい)	6.4
伊太祈曽 (いだきそ)	8.0
山東 (さんどう)	9.1
大池遊園 (おおいけゆうえん)	11.3
西山口 (にしやまぐち)	12.1

私鉄　神戸高速／山陽電気鉄道／神戸電鉄／ポートライナー／六甲ライナー／神戸市営地下鉄／紀州鉄道／和歌山電鐵

私鉄路線リスト

駅名	営業キロ
甘露寺前 （かんろじまえ）	13.1
貴志 （きし）	14.3

智頭急行

Challenge!　　　年　月　日
Complete!!　　　年　月　日

駅名	営業キロ
上郡 （かみごおり）	0
苔縄 （こけなわ）	4.8
河原円心 （こうのはらえんしん）	7.4
久崎 （くざき）	12.2
佐用 （さよ）	17.2
平福 （ひらふく）	22.5
石井 （いしい）	27.1
宮本武蔵 （みやもとむさし）	30.6
大原 （おおはら）	33.2
西粟倉 （にしあわくら）	37.4
あわくら温泉 （あわくらおんせん）	40.6
山郷 （やまさと）	47.2
恋山形 （こいやまがた）	50.0
智頭 （ちず）	56.1

若桜鉄道

Challenge!　　　年　月　日
Complete!!　　　年　月　日

駅名	営業キロ
郡家 （こおげ）	0
八頭高校前 （やずこうこうまえ）	0.9
因幡船岡 （いなばふなおか）	2.4
隼 （はやぶさ）	4.4
安部 （あべ）	7.1
八東 （はっとう）	9.8
徳丸 （とくまる）	11.6
丹比 （たんぴ）	13.5
若桜 （わかさ）	19.2

一畑電車

北松江線

Challenge!　　　年　月　日
Complete!!　　　年　月　日

駅名	営業キロ
電鉄出雲市 （でんてついずもし）	0
出雲科学館パークタウン前 （いずもかがくかんぱーくたうんまえ）	0.8
大津町 （おおつまち）	2.0
武志 （たけし）	4.1
川跡 （かわと）	4.9
大寺 （おおてら）	6.4
美談 （みだみ）	7.7
旅伏 （たぶし）	9.0
雲州平田 （うんしゅうひらた）	10.9
布崎 （ぬのざき）	14.5
湖遊館新駅 （こゆうかんしんえき）	15.2
園 （その）	15.9
一畑口 （いちばたぐち）	17.6
伊野灘 （いのなだ）	19.4
津ノ森 （つのもり）	21.2
高ノ宮 （たかのみや）	22.5
松江フォーゲルパーク （まつえふぉーげるぱーく）	23.8
秋鹿町 （あいかまち）	25.0
長江 （ながえ）	26.7
朝日ケ丘 （あさひがおか）	28.0
松江イングリッシュガーデン前 （まつえいんぐりっしゅがーでんまえ）	29.6
松江しんじ湖温泉 （まつえしんじこおんせん）	33.9

大社線

Challenge!　　　年　月　日
Complete!!　　　年　月　日

駅名	営業キロ
川跡 （かわと）	0
高浜 （たかはま）	2.8
遙堪 （ようかん）	4.8
浜山公園北口 （はまやまこうえんきたぐち）	6.4
出雲大社前 （いずもたいしゃまえ）	8.3

井原鉄道

Challenge!　　　年　月　日
Complete!!　　　年　月　日

駅名	営業キロ
総社 （そうじゃ）	0
清音 （きよね）	3.4
川辺宿 （かわべじゅく）	6.0
吉備真備 （きびのまきび）	8.2
備中呉妹 （びっちゅうくれせ）	11.1
三谷 （みたに）	15.1
矢掛 （やかげ）	18.2
小田 （おだ）	23.4
早雲の里荏原 （そううんのさとえばら）	26.8
井原 （いばら）	30.5
いずえ （いずえ）	32.3
子守唄の里高屋 （こもりうたのさとたかや）	34.1
御領 （ごりょう）	37.6
湯野 （ゆの）	39.5
神辺 （かんなべ）	41.7

岡山電気軌道

東山線

Challenge!　　　年　月　日
Complete!!　　　年　月　日

駅名	営業キロ
岡山駅前 （おかやまえきまえ）	0
西川緑道公園 （にしがわりょくどうこうえん）	0.3
柳川 （やながわ）	0.5
城下 （岡山城・後楽園口）（しろした〈おかやまじょう・おかやまこうらくえんぐち〉）	0.9
県庁通り （けんちょうどおり）	1.3
西大寺町 （さいだいじちょう）	1.7
小橋 （こばし）	2.3
中納言 （ちゅうなごん）	2.4
門田屋敷 （かどたやしき）	2.7
東山 （ひがしやま）	3.0

清輝橋線

Challenge!　　　年　月　日
Complete!!　　　年　月　日

駅名	営業キロ
柳川 （やながわ）	0
郵便局前 （ゆうびんきょくまえ）	0.4
田町 （たまち）	0.6
新西大寺町筋 （しんさいだいじちょうすじ）	0.8
大雲寺前 （だいうんじまえ）	1.1
東中央町 （ひがしちゅうおうちょう）	1.3
清輝橋 （せいきばし）	1.6

水島臨海鉄道

Challenge!　　　年　月　日
Complete!!　　　年　月　日

駅名	営業キロ
倉敷市 （くらしきし）	0
球場前 （きゅうじょうまえ）	2.0
西富井 （にしとみい）	3.6
福井 （ふくい）	4.4
浦田 （うらだ）	5.5
弥生 （やよい）	7.5
栄 （さかえ）	8.2
常盤 （ときわ）	8.6
水島 （みずしま）	9.2
三菱自工前 （みつびしじこうまえ）	10.4

スカイレールサービス

Challenge!　　　年　月　日
Complete!!　　　年　月　日

駅名	営業キロ
みどり口* （みどりぐち）	0
みどり中街 （みどりなかまち）	0.7
みどり中央 （みどりちゅうおう）	1.3

＊JR 山陽本線瀬野駅隣接。

広島高速交通（アストラムライン）

Challenge!　　　年　月　日
Complete!!　　　年　月　日

駅名	営業キロ
本通 （ほんどおり）	0
県庁前 （けんちょうまえ）	0.3
城北 （じょうほく）	1.4
新白島 （しんはくしま）	1.7
白島 （はくしま）	2.1
牛田 （うした）	2.9
不動院前 （ふどういんまえ）	4.0
祇園新橋北 （ぎおんしんばしきた）	5.0
西原 （にしはら）	6.0
中筋 （なかすじ）	7.0
古市 （ふるいち）	7.8
大町 （おおまち）	8.4
毘沙門台 （びしゃもんだい）	9.6
安東 （やすひがし）	10.6
上安 （かみやす）	11.4
高取 （たかとり）	12.0
長楽寺 （ちょうらくじ）	12.7
伴 （とも）	13.9
大原 （おおばら）	14.9
伴中央 （ともちゅうおう）	16.0
大塚 （おおづか）	17.6
広域公園前 （こういきこうえんまえ）	18.4

広島電鉄

本線（市内線，2号線）

Challenge!　　　年　月　日
Complete!!　　　年　月　日

駅名	営業キロ
広島駅 （ひろしまえき）	0
猿猴橋町 （えんこうばしちょう）	0.2
的場町 （まとばちょう）	0.5
稲荷町 （いなりまち）	0.8
銀山町 （かなやまちょう）	1.2
胡町 （えびすちょう）	1.4
八丁堀 （はっちょうぼり）	1.5
立町 （たてまち）	1.7
紙屋町東 （かみやちょうひがし）	2.1
紙屋町西 （かみやちょうにし）	2.1
原爆ドーム前 （げんばくどーむまえ）	2.4
本川町 （ほんかわちょう）	2.8
十日市町 （とうかいちまち）	3.1
土橋 （どばし）	3.4
小網町 （こあみちょう）	3.6
天満町 （てんまちょう）	4.0
観音町 （かんおんまち）	4.2
西観音町 （にしかんおんまち）	4.5
福島町 （ふくしままち）	4.7
広電西広島（己斐）（ひろでんにしひろしま〈こい〉）	5.4

宮島線（2号線）

Challenge!　　　年　月　日
Complete!!　　　年　月　日

駅名	営業キロ
広電西広島（己斐）（ひろでんにしひろしま〈こい〉）	0
東高須 （ひがしたかす）	1.0
高須 （たかす）	1.4
古江 （ふるえ）	2.1
草津 （くさつ）	2.9
草津南 （くさつみなみ）	3.5
商工センター入口 （しょうこうせんたーいりぐち）	4.2
井口 （いのくち）	4.8
修大協創中高前 （しゅうだいきょうそうちゅうこうまえ）	6.0
広電五日市 （ひろでんいつかいち）	6.6
佐伯区役所前 （さえきくやくしょまえ）	7.2
楽々園 （らくらくえん）	8.2
山陽女学園前 （さんようじょがくえんまえ）	9.2
広電廿日市 （ひろでんはつかいち）	9.9
廿日市市役所前（平良）（はつかいちしやくしょまえ〈へら〉）	10.7
宮内 （みやうち）	11.5
JA 広島病院前 （じぇいえーひろしまびょういんまえ）	11.9
地御前 （じごぜん）	12.4
阿品東 （あじなひがし）	13.9
広電阿品 （ひろでんあじな）	14.6
広電宮島口 （ひろでんみやじまぐち）	16.1

宇品線（市内線，1号線／3号線）

Challenge!　　　年　月　日
Complete!!　　　年　月　日

駅名	営業キロ
紙屋町東／紙屋町西 （かみやちょうひがし／かみやちょうにし）	0
本通 （ほんどおり）	0.2
袋町 （ふくろまち）	0.5
中電前 （ちゅうでんまえ）	0.8
市役所前 （しやくしょまえ）	1.1
鷹野橋 （たかのばし）	1.5
日赤病院前 （にっせきびょういんまえ）	1.7
広電本社前 （ひろでんほんしゃまえ）	2.1
御幸橋 （みゆきばし）	2.4
皆実町六丁目 （みなみまちろくちょうめ）	2.8
広大附属学校前 （ひろだいふぞくがっこうまえ）	3.2
県病院前 （けんびょういんまえ）	3.5
宇品二丁目 （うじなにちょうめ）	3.8
宇品三丁目 （うじなさんちょうめ）	4.0
宇品四丁目 （うじなよんちょうめ）	4.4
宇品五丁目 （うじなごちょうめ）	4.7
海岸通 （かいがんどおり）	5.0
元宇品口 （もとうじなぐち）	5.4
広島港（宇品）（ひろしまこう〈うじな〉）	5.9

江波線（市内線，6号線・8号線）

Challenge!　　　年　月　日
Complete!!　　　年　月　日

駅名	営業キロ
土橋 （どばし）	0
舟入町 （ふないりまち）	0.6
舟入本町 （ふないりほんまち）	1.0
舟入幸町 （ふないりさいわいちょう）	1.7
舟入川口町 （ふないりかわぐちちょう）	1.7
舟入南 （ふないりみなみ）	2.3
江波 （えば）	2.6

横川線（市内線，7号線・8号線）

Challenge! 年 月 日
Complete!! 年 月 日

駅名	営業キロ
十日市町 （とうかいちまち）	0
寺町 （てらまち）	0.4
別院前 （べついんまえ）	0.8
横川一丁目 （よこがわいっちょうめ）	1.2
横川駅 （よこがわえき）	1.4

皆実線（市内線，5号線）

Challenge! 年 月 日
Complete!! 年 月 日

駅名	営業キロ
的場町 （まとばちょう）	0
段原一丁目 （だんばらいっちょうめ）	0.5
比治山下 （ひじやました）	0.9
比治山橋 （ひじやまばし）	1.4
南区役所前 （みなみやくしょまえ）	1.7
皆実町二丁目 （みなみまちにちょうめ）	2.1
皆実町六丁目 （みなみまちろくちょうめ）	2.5

白島線（市内線，9号線）

Challenge! 年 月 日
Complete!! 年 月 日

駅名	営業キロ
八丁堀 （はっちょうぼり）	0
女学院前 （じょがくいんまえ）	0.5
縮景園前 （しゅっけいえんまえ）	0.7
家庭裁判所前 （かていさいばんしょまえ）	1.0
白島 （はくしま）	1.2

錦川鉄道・錦川清流線

Challenge! 年 月 日
Complete!! 年 月 日

駅名	営業キロ
川西 （かわにし）	0
清流新岩国 （せいりゅうしんいわくに）	3.9
守内かさ神 （しゅうちかさがみ）	5.4
南河内 （みなみごうち）	8.6
行波 （ゆかば）	11.2
北河内 （きたごうち）	13.9
椋野 （むくの）	17.7
南桑 （なぐわ）	20.8
（臨）清流みはらし （せいりゅうみはらし）	22.5
根笠 （ねかさ）	23.5
河山 （かわやま）	27.9
柳瀬 （やなぜ）	31.0
錦町 （にしきちょう）	32.7

阿佐海岸鉄道

Challenge! 年 月 日
Complete!! 年 月 日

駅名	営業キロ
海部 （かいふ）	0
宍喰 （ししくい）	6.1
甲浦 （かんのうら）	8.5

高松琴平電気鉄道

琴平線

Challenge! 年 月 日
Complete!! 年 月 日

駅名	営業キロ
高松築港 （たかまつちっこう）	0
片原町 （かたはらまち）	0.9
瓦町 （かわらまち）	1.7
栗林公園 （りつりんこうえん）	2.9
三条 （さんじょう）	3.9
太田 （おおた）	6.2
仏生山 （ぶっしょうざん）	8.0
空港通り （くうこうどおり）	9.0
一宮 （いちのみや）	10.0
円座 （えんざ）	11.2
岡本 （おかもと）	13.8
挿頭丘 （かざしがおか）	15.0
畑田 （はただ）	15.8
陶 （すえ）	18.3
綾川（イオンモール綾川）（あやがわ〈いおんもーるあやがわ〉）	19.8
滝宮 （たきのみや）	20.7
羽床 （はゆか）	22.8
栗熊 （くりくま）	24.6
岡田 （おかだ）	27.2
羽間 （はざま）	29.1
榎井 （えない）	31.6
琴電琴平 （ことでんことひら）	32.9

志度線

Challenge! 年 月 日
Complete!! 年 月 日

駅名	営業キロ
瓦町 （かわらまち）	0
今橋 （いまばし）	0.6
松島二丁目 （まつしまにちょうめ）	1.2
沖松島 （おきまつしま）	1.9
春日川 （かすががわ）	3.0
潟元 （かたもと）	4.3
琴電屋島 （ことでんやしま）	5.0
古高松 （ふるたかまつ）	5.7
八栗 （やくり）	6.7
六万寺 （ろくまんじ）	7.8
大町 （おおまち）	8.7
八栗新道 （やくりしんみち）	9.3
塩屋 （しおや）	10.0
房前 （ふさざき）	10.6
原 （はら）	11.5
琴電志度 （ことでんしど）	12.5

長尾線

Challenge! 年 月 日
Complete!! 年 月 日

駅名	営業キロ
瓦町 （かわらまち）	0
花園 （はなぞの）	0.9
林道 （はやしみち）	2.7
木太東口 （きたひがしぐち）	3.4
元山 （もとやま）	4.5
水田 （みずた）	5.8
西前田 （にしまえだ）	7.2
高田 （たかた）	8.3
池戸 （いけのべ）	9.6
農学部前 （のうがくぶまえ）	10.4
平木 （ひらぎ）	10.9
学園通り （がくえんどおり）	11.5
白山 （しらやま）	12.8
井戸 （いど）	13.3
公文明 （くもんみょう）	13.9
長尾 （ながお）	14.6

伊予鉄道

市内線（1系統・2系統，環状線）

Challenge! 年 月 日
Complete!! 年 月 日

駅名	営業キロ
松山市駅 （まつやましえき）	0
南堀端（愛媛県美術館前）（みなみほりばた〈えひめけんびじゅつかんまえ〉）	0.4
西堀端 （にしほりばた）	0.7
大手町駅前 （おおてまちえきまえ）	1.0
JR松山駅前 （じぇいあーるまつやまえきまえ）	1.3
宮田町 （みやたちょう）	1.7
古町 （こまち）	2.1
萱町六丁目 （かやまちろくちょうめ）	2.6
本町六丁目 （ほんまちろくちょうめ）	3.0
木屋町 （きやちょう）	3.2
高砂町 （たかさごちょう）	3.5
清水町 （しみずまち）	3.9
鉄砲町 （てっぽうちょう）	4.3
赤十字病院前 （せきじゅうじびょういんまえ）	4.6
平和通一丁目 （へいわどおりいっちょうめ）	4.8
上一万 （かみいちまん）	4.9
警察署前 （けいさつしょまえ）	5.2
勝山町 （かつやまちょう）	5.5
大街道（松山城・坂の上の雲ミュージアム前）（おおかいどう〈まつやまじょう・さかのうえのくもみゅーじあむまえ〉）	5.9
県庁前（二之丸史跡庭園前）（けんちょうまえ〈にのまるしせきていえんまえ〉）	6.3
市役所前 （しやくしょまえ）	6.5
南堀端（愛媛県美術館前）	6.9
松山市駅	7.3

＊1系統は表の通り。2系統は表の下一上。

市内線（3系統／5系統，松山市駅線／JR松山駅前線）

Challenge! 年 月 日
Complete!! 年 月 日

駅名	営業キロ
上一万 （かみいちまん）	0
南町（県民文化会館前）（みなみまち〈けんみんぶんかかいかんまえ〉）	0.4
道後公園（湯築城跡前）（どうごこうえん〈ゆづきじょうあとまえ〉）	0.9
道後温泉 （どうごおんせん）	1.2

市内線（6系統，本町線）

Challenge! 年 月 日
Complete!! 年 月 日

駅名	営業キロ
南堀端（愛媛県美術館前）（みなみほりばた〈えひめけんびじゅつかんまえ〉）	0
本町一丁目 （ほんまちいっちょうめ）	0.3
本町三丁目 （ほんまちさんちょうめ）	0.9
本町四丁目 （ほんまちよんちょうめ）	1.2
本町五丁目 （ほんまちごちょうめ）	1.5
本町六丁目 （ほんまちろくちょうめ）	1.8

郊外線（高浜線）

Challenge! 年 月 日
Complete!! 年 月 日

駅名	営業キロ
松山市 （まつやまし）	0
大手町 （おおてまち）	0.9
古町 （こまち）	1.8
衣山 （きぬやま）	3.3
西衣山 （にしきぬやま）	4.2
山西 （やまにし）	5.4
三津 （みつ）	6.4
港山 （みなとやま）	7.4
梅津寺 （ばいしんじ）	8.2
高浜 （たかはま）	9.4

郊外線（横河原線）

Challenge! 年 月 日
Complete!! 年 月 日

駅名	営業キロ
松山市 （まつやまし）	0
石手川公園 （いしてがわこうえん）	0.8
いよ立花 （いよたちばな）	1.4
福音寺 （ふくおんじ）	2.9
北久米 （きたくめ）	3.9
久米 （くめ）	4.5
鷹ノ子 （たかのこ）	5.6
平井 （ひらい）	6.9
梅本（四国がんセンター前）（うめのもと〈しこくがんせんたーまえ〉）	8.2
牛渕団地前 （うしぶちだんちまえ）	9.0
牛渕 （うしぶち）	10.0
田窪 （たのくぼ）	10.9
見奈良 （みなら）	11.6
愛大医学部南口 （あいだいいがくぶみなみぐち）	12.4
横河原 （よこがわら）	13.2

郊外線（郡中線）

Challenge! 年 月 日
Complete!! 年 月 日

駅名	営業キロ
松山市 （まつやまし）	0
土橋 （どばし）	0.7
土居田 （どいだ）	2.2
余戸 （ようご）	3.5
鎌田 （かまた）	4.2
岡田 （おかだ）	5.6
古泉 （こいずみ）	6.6
松前 （まさき）	7.9
地蔵町 （じぞうまち）	8.6
新川 （しんかわ）	9.5
郡中 （ぐんちゅう）	10.7
郡中港 （ぐんちゅうこう）	11.3

土佐くろしお鉄道

中村線

Challenge! 年 月 日
Complete!! 年 月 日

駅名	営業キロ
窪川 （くぼかわ）	0
若井 （わかい）	4.4
荷稲 （かいな）	13.8
伊与喜 （いよき）	18.1
土佐佐賀 （とささが）	20.8
佐賀公園 （さがこうえん）	22.9
土佐白浜 （とさしらはま）	24.1
有井川 （ありいがわ）	27.6
土佐上川口 （とさかみかわぐち）	29.2
海の王迎 （うみのおうむかえ）	30.1
浮鞭 （うきぶち）	31.7
土佐入野 （とさいりの）	34.3
西大方 （にしおおがた）	37.2
古津賀 （こつか）	40.9
中村 （なかむら）	43.0

宿毛線

Challenge! 年 月 日
Complete!! 年 月 日

駅名	営業キロ
中村 （なかむら）	0
具同 （ぐどう）	3.2
国見 （くにみ）	6.2
有岡 （ありおか）	11.6
工業団地 （こうぎょうだんち）	14.7
平田 （ひらた）	15.3
東宿毛 （ひがしすくも）	22.2
宿毛 （すくも）	23.6

私鉄　広島電鉄／錦川鉄道／阿佐海岸鉄道／高松琴平電気鉄道／伊予鉄道／土佐くろしお鉄道

ごめん・なはり線

Challenge! 　年　月　日
Complete!! 　年　月　日

駅名	営業キロ
後免 （ごめん）	0
後免町 （ごめんまち）	1.1
立田 （たてだ）	2.9
のいち （のいち）	5.7
よしかわ （よしかわ）	8.0
あかおか （あかおか）	9.3
香我美 （かがみ）	10.7
夜須 （やす）	12.4
西分 （にしぶん）	16.4
和食 （わじき）	18.2
赤野 （あかの）	19.6
穴内 （あなない）	23.6
球場前 （きゅうじょうまえ）	26.2
安芸 （あき）	27.7
伊尾木 （いおき）	30.4
下山 （しもやま）	34.7
唐浜 （とうのはま）	37.0
安田 （やすだ）	38.7
田野 （たの）	41.5
奈半利 （なはり）	42.7

とさでん交通

後免線

Challenge! 　年　月　日
Complete!! 　年　月　日

駅名	営業キロ
はりまや橋 （はりまやばし）	0
デンテツターミナルビル前 （でんてつたーみなるびるまえ）	0.1
菜園場町 （さえんばちょう）	0.6
宝永町 （ほうえいちょう）	1.0
知寄町一丁目 （ちよりちょういっちょうめ）	1.3
知寄町二丁目 （ちよりちょうにちょうめ）	1.6
知寄町 （ちよりちょう）	1.8
知寄町三丁目 （ちよりちょうさんちょうめ）	2.2
葛島橋東詰 （かずらしまばしひがしづめ）	2.5
西高須 （にしたかす）	2.9
県立美術館通 （けんりつびじゅつかんどおり）	3.1
高須 （たかす）	3.3
文珠通 （もんじゅどおり）	3.5
介良通 （けらどおり）	3.9
新木 （しんぎ）	4.3
東新木 （ひがししんぎ）	4.7
田辺島通 （たべしまどおり）	5.0
鹿児 （かこ）	5.5
舟戸 （ふなと）	5.9
北浦 （きたうら）	6.4
領石通 （りょうせきどおり）	6.8
清和学園前 （せいわがくえんまえ）	7.3
一条橋 （いちじょうばし）	7.4
明見橋 （みょうけんばし）	7.8
長崎 （ながさき）	8.1
小篭通 （こごめどおり）	8.5
篠原 （しのはら）	9.1
住吉通 （すみよしどおり）	9.5
東工業前 （ひがしこうぎょうまえ）	9.7
後免西町 （ごめんにしまち）	10.2
後免中町 （ごめんなかまち）	10.4
後免東町 （ごめんひがしまち）	10.7
後免町 （ごめんまち）	10.9

伊野線

Challenge! 　年　月　日
Complete!! 　年　月　日

駅名	営業キロ
はりまや橋 （はりまやばし）	0
堀詰 （ほりづめ）	0.3
大橋通 （おおはしどおり）	0.6
高知城前 （こうちじょうまえ）	0.8
県庁前 （けんちょうまえ）	1.0
グランド通 （ぐらんどどおり）	1.3
枡形 （ますがた）	1.5
上町一丁目 （かみまちいっちょうめ）	1.7
上町二丁目 （かみまちにちょうめ）	1.9
上町四丁目 （かみまちよんちょうめ）	2.2
上町五丁目 （かみまちごちょうめ）	2.4
旭町一丁目 （あさひまちいっちょうめ）	2.8
旭駅前通 （あさひえきまえどおり）	3.1
旭町三丁目 （あさひまちさんちょうめ）	3.4
蛍橋 （ほたるばし）	3.7
鏡川橋 （かがみがわばし）	4.2
鴨部 （かもべ）	4.7
曙町東町 （あけぼのちょうひがしまち）	5.1
曙町 （あけぼのちょう）	5.4
朝倉（大学前）（あさくらだいがくまえ）	5.6
朝倉駅前 （あさくらえきまえ）	5.8
朝倉神社前 （あさくらじんじゃまえ）	6.3
宮の奥 （みやのおく）	6.8
咥内 （こうない）	7.3
宇治団地前 （うじだんちまえ）	8.2
八代通 （やしろどおり）	8.6
中山 （なかやま）	8.9
枝川 （えだがわ）	9.2
伊野商業前 （いのしょうぎょうまえ）	9.8
北内 （きたうち）	9.9
北山 （きたやま）	10.3
鳴谷 （なるたに）	10.8
伊野駅前 （いのえきまえ）	11.0
伊野 （いの）	11.2

駅前線

Challenge! 　年　月　日
Complete!! 　年　月　日

駅名	営業キロ
はりまや橋 （はりまやばし）	0
蓮池町通 （はすいけまちどおり）	0.3
高知橋 （こうちばし）	0.5
高知駅前 （こうちえきまえ）	0.8

桟橋線

Challenge! 　年　月　日
Complete!! 　年　月　日

駅名	営業キロ
はりまや橋 （はりまやばし）	0
梅の辻 （うめのつじ）	0.6
桟橋通一丁目 （さんばしどおりいっちょうめ）	1.1
桟橋通二丁目 （さんばしどおりにちょうめ）	1.3
桟橋通三丁目 （さんばしどおりさんちょうめ）	1.6
桟橋通四丁目 （さんばしどおりよんちょうめ）	1.8
桟橋車庫前 （さんばししゃこまえ）	2.2
桟橋通五丁目 （さんばしどおりごちょうめ）	2.4

甘木鉄道

Challenge! 　年　月　日
Complete!! 　年　月　日

駅名	営業キロ
基山 （きやま）	0
立野 （たての）	1.3
小郡 （おごおり）	3.8
大板井 （おおいたい）	4.5
松崎 （まつざき）	6.4
今隈 （いまぐま）	7.7
西太刀洗 （にしたちあらい）	8.4
山隈 （やまぐま）	9.6
太刀洗 （たちあらい）	10.4
高田 （たかた）	11.8
甘木 （あまぎ）	13.7

平成筑豊鉄道

糸田線

Challenge! 　年　月　日
Complete!! 　年　月　日

駅名	営業キロ
金田 （かなだ）	0
豊前大熊 （ぶぜんおおくま）	1.5
松山 （まつやま）	2.1
糸田 （いとだ）	3.4
大藪 （おおやぶ）	4.9
田川後藤寺 （たがわごとうじ）	6.8

伊田線

Challenge! 　年　月　日
Complete!! 　年　月　日

駅名	営業キロ
直方 （のおがた）	0
南直方御殿口 （みなみのおがたごてんぐち）	1.1
あかち （あかち）	2.4
藤棚 （ふじたな）	3.6
中泉 （なかいずみ）	4.3
市場 （いちば）	6.5
ふれあい生力 （ふれあいしょうりき）	7.6
赤池 （あかいけ）	8.5
人見 （ひとみ）	9.1
金田 （かなだ）	9.8
上金田 （かみかなだ）	11.6
糒 （ほしい）	12.8
田川市立病院 （たがわしりつびょういん）	13.4
下伊田 （しもいた）	14.5
田川伊田 （たがわいた）	16.1

田川線

Challenge! 　年　月　日
Complete!! 　年　月　日

駅名	営業キロ
田川伊田 （たがわいた）	0
上伊田 （かみいた）	1.4
勾金 （まがりかね）	2.7
柿下温泉口 （かきしたおんせんぐち）	3.8
内田 （うちだ）	5.6
赤 （あか）	7.9
油須原 （ゆすばる）	9.4
源じいの森 （げんじいのもり）	10.5
崎山 （さきやま）	13.9
犀川 （さいがわ）	16.6
東犀川三四郎 （ひがしさいがわさんしろう）	18.1
新豊津 （しんとよつ）	20.5
豊津 （とよつ）	21.4
今川河童 （いまがわかっぱ）	23.3
美夜古泉 （みやこいずみ）	24.0
令和コスタ行橋 （れいわこすたゆくはし）	25.0
行橋 （ゆくはし）	26.3

門司港レトロ観光線（北九州銀行レトロライン）

Challenge! 　年　月　日
Complete!! 　年　月　日

駅名	営業キロ
九州鉄道記念館 （きゅうしゅうてつどうきねんかん）	0
出光美術館 （いでみつびじゅつかん）	0.5
ノーフォーク広場 （のーふぉーくひろば）	1.4
関門海峡めかり （かんもんかいきょうめかり）	2.1

西日本鉄道

天神大牟田線

Challenge! 　年　月　日
Complete!! 　年　月　日

駅名	営業キロ
福岡（天神）（ふくおか〈てんじん〉）	0
薬院 （やくいん）	0.8
西鉄平尾 （にしてつひらお）	1.8
高宮 （たかみや）	2.9
大橋 （おおはし）	4.3
井尻 （いじり）	6.1
雑餉隈 （ざっしょのくま）	8.0
春日原 （かすがばる）	9.5
白木原 （しらきばる）	10.8
下大利 （しもおおり）	11.6
都府楼前（令和の里）（とふろうまえ〈れいわのさと〉）	13.8
西鉄二日市 （にしてつふつかいち）	15.2
紫 （むらさき）	16.1
朝倉街道 （あさくらがいどう）	17.6
桜台 （さくらだい）	19.4
筑紫 （ちくし）	20.8
津古 （つこ）	23.0
三国が丘 （みくにがおか）	24.1
三沢 （みつさわ）	25.6
大保 （おおほ）	27.0
西鉄小郡 （にしてつおごおり）	28.7
端間 （はたま）	30.7
味坂 （あじさか）	33.7
宮の陣 （みやのじん）	36.5
櫛原 （くしわら）	37.7
西鉄久留米 （にしてつくるめ）	38.6
花畑 （はなばたけ）	39.5
試験場前 （しけんじょうまえ）	40.1
津福 （つぶく）	41.4
安武 （やすたけ）	42.8
大善寺 （だいぜんじ）	45.1
三潴 （みずま）	46.9
犬塚 （いぬづか）	48.0
大溝 （おおみぞ）	50.6
八丁牟田 （はっちょうむた）	52.9
蒲池 （かまち）	55.5
矢加部 （やかべ）	57.3
西鉄柳川 （にしてつやながわ）	58.4
徳益 （とくます）	59.7
塩塚 （しおつか）	61.1
西鉄中島 （にしてつなかしま）	63.5
江の浦 （えのうら）	65.1
開 （ひらき）	66.6
西鉄渡瀬 （にしてつわたぜ）	67.9
倉永 （くらなが）	69.6
東甘木 （ひがしあまぎ）	70.8
西鉄銀水 （にしてつぎんすい）	72.1
新栄町 （しんさかえまち）	73.7
大牟田 （おおむた）	74.8

太宰府線

Challenge! 　年　月　日
Complete!! 　年　月　日

駅名	営業キロ
西鉄二日市 （にしてつふつかいち）	0
西鉄五条 （にしてつごじょう）	1.4
太宰府 （だざいふ）	2.4

甘木線

Challenge! 年 月 日
Complete!! 年 月 日

駅名	営業キロ
宮の陣 （みやのじん）	0
五郎丸 （ごろうまる）	0.9
学校前 （がっこうまえ）	1.7
古賀茶屋 （こがんちゃや）	3.9
北野 （きたの）	5.4
大城 （おおき）	8.0
金島 （かねしま）	9.4
大堰 （おおぜき）	11.6
本郷 （ほんごう）	13.1
上浦 （かみうら）	14.9
馬田 （まだ）	16.1
甘木 （あまぎ）	17.9

貝塚線

Challenge! 年 月 日
Complete!! 年 月 日

駅名	営業キロ
貝塚 （かいづか）	0
名島 （なじま）	1.4
西鉄千早 （にしてつちはや）	2.5
香椎宮前 （かしいみやまえ）	3.0
西鉄香椎 （にしてつかしい）	3.6
香椎花園前 （かしいかえんまえ）	5.0
唐の原 （とうのはる）	6.1
和白 （わじろ）	7.2
三苫 （みとま）	9.0
西鉄新宮 （にしてつしんぐう）	11.0

福岡市交通局
（福岡市営地下鉄）
空港線

Challenge! 年 月 日
Complete!! 年 月 日

駅名	営業キロ
福岡空港 （ふくおかくうこう）	0
東比恵 （ひがしひえ）	2.1
博多 （はかた）	3.3
祇園 （ぎおん）	4.0
中洲川端 （なかすかわばた）	5.0
天神 （てんじん）	5.8
赤坂 （あかさか）	6.6
大濠公園（福岡市美術館口） （おおほりこうえん〈ふくおかしびじゅつかんぐち〉）	7.7
唐人町 （とうじんまち）	8.5
西新 （にしじん）	9.7
藤崎 （ふじさき）	10.8
室見 （むろみ）	11.6
姪浜 （めいのはま）	13.1

箱崎線

Challenge! 年 月 日
Complete!! 年 月 日

駅名	営業キロ
中洲川端 （なかすかわばた）	0
呉服町 （ごふくまち）	0.5
千代県庁口 （ちよけんちょうぐち）	1.2
馬出九大病院前 （まいだしきゅうだいびょういんまえ）	2.1
箱崎宮前 （はこざきみやまえ）	2.9
箱崎九大前 （はこざききゅうだいまえ）	3.7
貝塚 （かいづか）	4.7

七隈線

Challenge! 年 月 日
Complete!! 年 月 日

駅名	営業キロ
天神南 （てんじんみなみ）	0
渡辺通 （わたなべどおり）	0.7
薬院 （やくいん）	1.2
薬院大通（動植物園口） （やくいんおおどおり〈どうしょくぶつえんぐち〉）	1.8
桜坂 （さくらざか）	2.8
六本松（科学館前） （ろっぽんまつ〈かがくかんまえ〉）	3.7
別府 （べふ）	4.5
茶山 （ちゃやま）	5.5
金山 （かなやま）	6.3
七隈 （ななくま）	7.1
福大前 （ふくだいまえ）	7.7
梅林 （うめばやし）	8.6
野芥 （のけ）	9.4
賀茂 （かも）	10.3
次郎丸 （じろうまる）	11.0
橋本 （はしもと）	12.0

北九州高速鉄道
（北九州モノレール）

Challenge! 年 月 日
Complete!! 年 月 日

駅名	営業キロ
小倉 （こくら）	0
平和通 （へいわどおり）	0.4
旦過 （たんが）	0.7
香春口三萩野 （かわらぐちみはぎの）	1.6
片野 （かたの）	2.4
城野 （じょうの）	3.2
北方 （きたがた）	4.2
競馬場前 （けいばじょうまえ）	4.9
守恒 （もりつね）	5.7
徳力公団前 （とくりきこうだんまえ）	6.6
徳力嵐山口 （とくりきあらしやまぐち）	7.3
志井 （しい）	8.2
企救丘 （きくがおか）	8.8

筑豊電気鉄道

Challenge! 年 月 日
Complete!! 年 月 日

駅名	営業キロ
黒崎駅前 （くろさきえきまえ）	0
西黒崎 （にしくろさき）	0.2
熊西 （くまにし）	0.6
萩原 （はぎわら）	1.7
穴生 （あのお）	2.3
森下 （もりした）	2.8
今池 （いまいけ）	3.7
永犬丸 （えいのまる）	4.5
三ケ森 （さんがもり）	5.0
西山 （にしやま）	5.7
通谷 （とおりたに）	6.7
東中間 （ひがしなかま）	7.2
筑豊中間 （ちくほうなかま）	7.9
希望が丘高校前 （きぼうがおかこうこうまえ）	8.8
筑豊香月 （ちくほうかつき）	10.2
楠橋 （くすばし）	11.5
新木屋瀬 （しんこやのせ）	12.1
木屋瀬 （こやのせ）	12.6
遠賀野 （おんがの）	13.9
感田 （がんだ）	15.2
筑豊直方 （ちくほうのおがた）	16.0

松浦鉄道・西九州線

Challenge! 年 月 日
Complete!! 年 月 日

駅名	営業キロ
有田 （ありた）	0
三代橋 （みだいばし）	1.7
黒川 （くろごう）	2.8
蔵宿 （ぞうしゅく）	3.8
西有田 （にしありた）	4.8
大木 （おおぎ）	6.1
山谷 （やまだに）	7.0
夫婦石 （めおといし）	7.9
金武 （かなたけ）	9.7
川東 （かわひがし）	11.6
伊万里 （いまり）	13.0
東山代 （ひがしやましろ）	16.3
里 （さと）	17.5
楠久 （くすく）	18.6
鳴石 （なるいし）	20.0
久原 （くばら）	21.7
波瀬 （はぜ）	22.8
浦ノ崎 （うらのさき）	24.8
福島口 （ふくしまぐち）	25.3
今福 （いまぶく）	27.5
鷹島口 （たかしまぐち）	28.7
前浜 （まえはま）	32.4
調川 （つきのかわ）	33.5
松浦 （まつうら）	35.6
松浦発電所前 （まつうらはつでんしょまえ）	38.2
御厨 （みくりや）	41.6
西木場 （にしこば）	44.4
東田平 （ひがしたびら）	46.3
中田平 （なかたびら）	48.1
たびら平戸口 （たびらひらどぐち）	51.2
西田平 （にしたびら）	53.8
すえたちばな （すえたちばな）	58.2
江迎鹿町 （えむかえしかまち）	60.0
高岩 （たかいわ）	61.4
いのつき （いのつき）	64.9
潜竜ケ滝 （せんりゅうがたき）	66.5
吉井 （よしい）	68.8
神田 （こうだ）	70.3
清峰高校前 （せいほうこうこうまえ）	72.4
佐々 （さざ）	74.0
小浦 （こうら）	75.8
真申 （まさる）	77.7
棚方 （たながた）	78.3
相浦 （あいのうら）	79.7
大学 （だいがく）	80.9
上相浦 （かみあいのうら）	81.7
本山 （もとやま）	83.5
中里 （なかざと）	84.0
皆瀬 （かいぜ）	85.5
野中 （のなか）	86.2
左石 （ひだりいし）	87.4
泉福寺 （せんぷくじ）	88.4
山の田 （やまのた）	89.5
北佐世保 （きたさせぼ）	90.6
中佐世保 （なかさせぼ）	92.6
佐世保中央 （させぼちゅうおう）	92.8
佐世保 （させぼ）	93.8

長崎電気軌道
1系統

Challenge! 年 月 日
Complete!! 年 月 日

駅名	営業キロ
赤迫 （あかさこ）	0
住吉 （すみよし）	0.3
昭和町通* （しょうわまちどおり）	0.5
千歳町 （ちとせまち）	0.6
若葉町 （わかばまち）	0.8
長崎大学 （ながさきだいがく）	1.1
岩屋橋 （いわやばし）	1.4
浦上車庫 （うらかみしゃこ）	1.7
大橋 （おおはし）	1.9
平和公園 （へいわこうえん）	2.4
原爆資料館 （げんばくしりょうかん）	2.8
大学病院 （だいがくびょういん）	3.0
浦上駅前 （うらかみえきまえ）	3.4
茂里町 （もりまち）	3.6
銭座町 （ぜんざまち）	3.9
宝町 （たからまち）	4.4
八千代町 （やちよまち）	4.7
長崎駅前 （ながさきえきまえ）	5.1
五島町 （ごとうまち）	5.5
大波止 （おおはと）	5.8
出島 （でじま）	6.1
新地中華街 （しんちちゅうかがい）	6.4
西浜町 （にしはまのまち）	6.6
観光通 （かんこうどおり）	6.8
思案橋 （しあんばし）	7.0
崇福寺 （そうふくじ）	7.3

*赤迫行きのみ停車。

2系統

Challenge! 年 月 日
Complete!! 年 月 日

駅名	営業キロ
赤迫 （あかさこ）	0
↓	
大波止 （おおはと）	5.8
蛍茶屋 （ほたるぢゃや）	8.8

＊2系統は蛍茶屋行き深夜最終便。

3系統

Challenge! 年 月 日
Complete!! 年 月 日

駅名	営業キロ
赤迫 （あかさこ）	0
長崎駅前 （ながさきえきまえ）	5.1 (0)
桜町 （さくらまち）	(0.5)
市民会館（3系統） （しみんかいかん）	(0.9)
諏訪神社 （すわじんじゃ）	(1.4)
↓	
蛍茶屋 （ほたるぢゃや）	7.4

4系統

Challenge! 年 月 日
Complete!! 年 月 日

駅名	営業キロ
崇福寺 （そうふくじ）	0
↓	
観光通 （かんこうどおり）	0.5 (0)
浜町アーケード （はまのまちあーけーど）	(0.2)
めがね橋 （めがねばし）	(0.5)
市民会館（4系統・5系統） （しみんかいかん）	(0.9)
諏訪神社 （すわじんじゃ）	(1.4)
新大工町 （しんだいくまち）	(1.7)
新中川町 （しんなかがわまち）	(2.0)
蛍茶屋 （ほたるぢゃや）	(2.3) 2.9

5系統

Challenge! 年 月 日
Complete!! 年 月 日

駅名	営業キロ
石橋 （いしばし）	0
大浦天主堂 （おおうらてんしゅどう）	0.3
大浦海岸通 （おおうらかいがんどおり）	0.5
メディカルセンター （めでぃかるせんたー）	0.7
新地中華街 （しんちちゅうかがい）	1.1
西浜町 （にしはまのまち）	1.3
浜町アーケード （はまのまちあーけーど）	1.4
↓	
蛍茶屋 （ほたるぢゃや）	3.5

私鉄

島原鉄道／肥薩おれんじ鉄道／南阿蘇鉄道／くま川鉄道／熊本電気鉄道／熊本市電／鹿児島市電／ゆいレール

島原鉄道

Challenge!　　　年　月　日

Complete!!　　　年　月　日

駅名	営業キロ
諫早　（いさはや）	0
本諫早　（ほんいさはや）	1.5
幸　（さいわい）	2.9
小野　（おの）	4.8
干拓の里　（かんたくのさと）	5.5
森山　（もりやま）	7.5
釜ノ鼻　（かまのはな）	9.6
諫早東高校（いさはやひがしこうこう）	11.4
愛野　（あいの）	12.4
阿母崎　（あぼざき）	14.4
吾妻　（あづま）	16.6
古部　（こべ）	19.6
大正　（たいしょう）	20.8
西郷　（さいごう）	23.0
神代　（こうじろ）	25.5
多比良　（たいら）	29.4
有明湯江（ありあけゆえ）	31.8
大三東　（おおみさき）	34.1
松尾　（まつお）	35.2
三会　（みえ）	37.5
島原　（しまばら）	40.5
霊丘公園体育館（れいきゅうこうえんたいいくかん）	41.5
島原船津（しまばらふなつ）	42.3
島原港　（しまばらこう）	43.2

肥薩おれんじ鉄道

Challenge!　　　年　月　日

Complete!!　　　年　月　日

駅名	営業キロ
八代　（やつしろ）	0
肥後高田　（ひごこうだ）	4.8
日奈久温泉（ひなぐおんせん）	10.1
肥後二見　（ひごふたみ）	13.7
上田浦　（かみたのうら）	18.0
たのうら御立岬公園（たのうらおたちみさきこう）	22.1
肥後田浦（ひごたのうら）	23.6
海浦　（うみのうら）	26.7
佐敷　（さしき）	29.8
湯浦　（ゆのうら）	33.7
津奈木　（つなぎ）	42.4
新水俣　（しんみなまた）	45.8
水俣　（みなまた）	49.6
袋　（ふくろ）	55.4
米ノ津　（こめのつ）	61.3
出水　（いずみ）	65.6
西出水　（にしいずみ）	68.3
高尾野　（たかおの）	72.1
野田郷　（のだごう）	75.3
折口　（おりぐち）	80.7
阿久根　（あくね）	86.2
牛ノ浜　（うしのはま）	92.2
薩摩大川（さつまおおかわ）	95.7
西方　（にしかた）	99.6
薩摩高城　（さつまたき）	102.3
草道　（くさみち）	107.3
上川内　（かみせんだい）	113.7

川内　（せんだい）	116.9

南阿蘇鉄道

Challenge!　　　年　月　日

Complete!!　　　年　月　日

駅名	営業キロ
立野　（たての）	0
長陽　（ちょうよう）	4.7
加勢　（かせ）	5.7
阿蘇下田城ふれあい温泉（あそしもだじょうふれあいおんせん）	7.2
南阿蘇水の生まれる里白水高原（みなみあそみずのうまれるさとはくすいこうげん）	9.1
中松　（なかまつ）	10.5
阿蘇白川（あそしらかわ）	13.5
南阿蘇白川水源（みなみあそしらかわすいげん）	14.3
見晴台　（みはらしだい）	16.1
高森　（たかもり）	17.7

くま川鉄道

Challenge!　　　年　月　日

Complete!!　　　年　月　日

駅名	営業キロ
人吉温泉（ひとよしおんせん）	0
相良藩願成寺（さがらはんがんじょうじ）	1.5
川村　（かわむら）	4.4
肥後西村（ひごにしのむら）	5.8
一武　（いちぶ）	9.2
木上　（きのえ）	11.3
おかどめ幸福（おかどめこうふく）	13.0
あさぎり　（あさぎり）	15.0
東免田　（ひがしめんだ）	17.4
公立病院前（こうりつびょういんまえ）	18.5
多良木　（たらぎ）	19.8
東多良木（ひがしたらぎ）	21.7
新鶴羽　（しんつるば）	23.3
湯前　（ゆのまえ）	24.8

熊本電気鉄道

上熊本—北熊本

Challenge!　　　年　月　日

Complete!!　　　年　月　日

駅名	営業キロ
上熊本　（かみくまもと）	0
韓々坂　（かんかんざか）	0.7
池田　（いけだ）	1.4
打越　（うちごし）	2.1
坪井川公園（つぼいがわこうえん）	2.6
北熊本　（きたくまもと）	3.4

藤崎宮前—御代志

Challenge!　　　年　月　日

Complete!!　　　年　月　日

駅名	営業キロ
藤崎宮前（ふじさきぐうまえ）	0
黒髪町　（くろかみまち）	1.1
北熊本　（きたくまもと）	2.3
亀井　（かめい）	3.5
八景水谷　（はけのみや）	3.9
堀川　（ほりかわ）	4.8
新須屋　（しんすや）	5.8
須屋　（すや）	6.3
三ツ石　（みついし）	7.1
黒石　（くろいし）	7.9
熊本高専前（くまもとこうせんまえ）	8.8
再春医療センター前（さいしゅんいりょうせんたーまえ）	9.2
御代志　（みよし）	9.7

熊本市交通局
（熊本市電）

A系統

Challenge!　　　年　月　日

Complete!!　　　年　月　日

駅名	営業キロ
健軍町　（けんぐんまち）	0
健軍交番前（けんぐんこうばんまえ）	0.3
動植物園入口（どうしょくぶつえんいりぐち）	0.6
健軍校前（けんぐんこうまえ）	1.0
神水交差点（くわみずこうさてん）	1.5
八丁馬場（はっちょうばば）	1.9
商業高校前（しょうぎょうこうこうまえ）	2.2
市立体育館前（しりつたいいくかんまえ）	2.7
水前寺公園（すいぜんじこうえん）	3.0
国府　（こくぶ）	3.4
新水前寺駅前（しんすいぜんじえきまえ）	3.7
味噌天神前（みそてんじんまえ）	4.1
交通局前（こうつうきょくまえ）	4.6
九品寺交差点（くほんじこうさてん）	4.9
水道町　（すいどうちょう）	5.4
通町筋（とおりちょうすじ）	5.7
熊本城・市役所前（くまもとじょう・しやくしょまえ）	6.0
花畑町　（はなばたちょう）	6.3
辛島町　（からしまちょう）	6.5
慶徳校前（けいとくこうまえ）	6.9
河原町　（かわらまち）	7.3
呉服町　（ごふくまち）	7.7
祇園橋　（ぎおんばし）	8.2
熊本駅前（くまもとえきまえ）	8.8
二本木口（にほんぎぐち）	9.1
田崎橋　（たさきばし）	9.2

B系統

Challenge!　　　年　月　日

Complete!!　　　年　月　日

駅名	営業キロ
健軍町　（けんぐんまち）	0
↓	
辛島町　（からしまちょう）	6.5
西辛島町（にしからしまちょう）	6.8
洗馬橋　（せんばばし）	7.0
新町　（しんまち）	7.2
蔚山町　（うるさんまち）	7.6
段山町　（だにやままち）	8.0
杉塘　（すぎども）	8.5
本妙寺入口（ほんみょうじいりぐち）	8.9
県立体育館前（けんりつたいいくかんまえ）	9.0
上熊本　（かみくまもと）	9.4

鹿児島市交通局
（鹿児島市電）

1系統

Challenge!　　　年　月　日

Complete!!　　　年　月　日

駅名	営業キロ
鹿児島駅前（かごしまえきまえ）	0
桜島桟橋通（さくらじまさんばしどおり）	0.2
水族館口（すいぞくかんぐち）	0.4
市役所前（しやくしょまえ）	0.6
朝日通（あさひどおり）	0.9
いづろ通　（いづろどおり）	1.2
天文館通（てんもんかんどおり）	1.5
高見馬場　（たかみばば）	2.0
甲東中学校前（こうとうちゅうがっこうまえ）	2.3
新屋敷　（しんやしき）	2.5
武之橋　（たけのはし）	3.0
二中通　（にちゅうどおり）	3.3
荒田八幡（あらたはちまん）	3.7
騎射場　（きしゃば）	4.2
鴨池　（かもいけ）	4.7
郡元　（こおりもと）	5.0
郡元（南側）（こおりもと・みなみがわ）	(5.0)
涙橋　（なみだばし）	5.4
南鹿児島駅前（みなみかごしまえきまえ）	5.9
二軒茶屋（にけんぢゃや）	6.6
宇宿一丁目（うすきいっちょうめ）	7.0
脇田　（わきだ）	7.3
笹貫　（ささぬき）	7.9
上塩屋　（かみしおや）	8.7
谷山　（たにやま）	9.4

2系統

Challenge!　　　年　月　日

Complete!!　　　年　月　日

駅名	営業キロ
鹿児島駅前（かごしまえきまえ）	0
↓	
天文館通（てんもんかんどおり）	1.5
高見馬場　（たかみばば）	2.0
加治屋町　（かじやちょう）	2.3
高見橋　（たかみばし）	2.7
鹿児島中央駅前（かごしまちゅうおうえきまえ）	3.0
都通　（みやこどおり）	3.4
中洲通　（なかすどおり）	3.6
市立病院前（しりつびょういんまえ）	4.0
神田（交通局前）（しんでん・こうつうきょくまえ）	4.2
唐湊　（とうそう）	4.5
工学部前（こうがくぶまえ）	4.7
純心学園前（じゅんしんがくえんまえ）	4.9
中郡　（なかごおり）	5.2
郡元　（こおりもと）	5.7

沖縄都市モノレール
（ゆいレール）

Challenge!　　　年　月　日

Complete!!　　　年　月　日

駅名	営業キロ
那覇空港　（なはくうこう）	0
赤嶺　（あかみね）	2.0
小禄　（おろく）	2.8
奥武山公園（おうのやまこうえん）	3.8
壺川　（つぼがわ）	4.6
旭橋　（あさひばし）	5.4
県庁前　（けんちょうまえ）	6.0
美栄橋　（みえばし）	6.7
牧志　（まきし）	7.7
安里　（あさと）	8.3
おもろまち（おもろまち）	9.0
古島　（ふるじま）	10.0
市立病院前（しりつびょういんまえ）	10.9
儀保　（ぎぼ）	11.9
首里　（しゅり）	12.9
石嶺　（いしみね）	13.8
経塚　（きょうづか）	15.0
浦添前田（うらそえまえだ）	16.0
てだこ浦西（てだこうらにし）	17.0

都道府県別路線一覧

〈本誌のご利用にあたって〉

・路線名は案内上使用される名称や愛称名・会社名，通称を記載しています。
・「私鉄」には第三セクターや公共自治体が運営するものを含みます。
・誌面の都合上，割愛した鉄道路線があります。
・特定日のみ営業の臨時駅は駅名の前に「(臨)」と表記しています。
・一部の例外を除き，文字の大きさや書体を統一しています。
・地図では一部を除いて離島や湖沼・河川等の記載を割愛しています。
・地図では一部の旅客列車が利用する貨物線等を掲載している場合があります。
・地図では見やすさ・塗りやすさを優先した結果，立体交差などで現実と異なるところがあります。
・一部区間については運賃や料金，分岐点の設定に複数の例が存在するため，巻末の路線リストに掲載した営業キロと計算上の営業キロが大きく異なる場合があります。また，重複区間を掲載していない場合もあります。
・宮島航路・大船渡線 BRT（バス・ラピッド・トランジット）・気仙沼線 BRT は JR「青春 18 きっぷ」で乗車できるため地図・路線リストに掲載しています。
・本誌掲載データは 2020 年 6 月現在のものです。本誌発行後に路線名や駅名が変更になることがあります。また，自然災害等の影響により不通または運休となっている区間も掲載しています。最新の情報はインターネットや時刻表などでご確認ください。
・本誌に掲載された内容による損害等は弊社では補償いたしかねます。予めご了承ください。

主要参考文献・ホームページ

国土交通省鉄道局監修『令和元年度　鉄道要覧』電気車研究会・鉄道図書刊行会　2019 年
『JTB 時刻表』JTB パブリッシング　2020 年
『マイライン東京時刻表』交通新聞社　2020 年
各鉄道会社ホームページ（最終閲覧日：2020 年 4 月～6 月）

氏名

住所　〒

電話　　　　　　（　　　　　　）

メールアドレス

血液型　　　　　　　型

備考

※この本を拾われた方はお手数ですが上記までご連絡頂けますと幸いです。

・測量法に基づく国土地理院長承認（使用）R 2JHs 281。
・本誌掲載データは2020年6月現在のものです。

■装丁　黒岩二三［Fomalhaut］
■地図　ジェイ・マップ
■写真提供　PPS通信社
（カバー表写真：釧網本線　止別～知床斜里間〈北海道斜里郡斜里町〉）

都道府県別 **鉄路乗りつぶしマップ** 塗り鉄路線図

2020年9月10日　初版印刷
2020年9月15日　初版発行

編　者　鉄路乗りつぶしマップ編集委員会
発行者　野澤伸平
発行所　株式会社　山川出版社
〒101-0047　東京都千代田区内神田1-13-13
電話　03-3293-8131（営業）03-3293-8134（編集）
https://www.yamakawa.co.jp/

印刷・製本　図書印刷株式会社

●造本には十分注意しておりますが，万一，落丁本・乱丁本などがございましたら小社営業部宛にお送りください。送料小社負担にてお取り替えいたします。
●定価はカバーに表示してあります。

　ISBN978-4-634-59307-7